SIDNEY AGUILAR FILHO

ENTRE INTEGRALISTAS E NAZISTAS

RACISMO, EDUCAÇÃO
E AUTORITARISMO NO
SERTÃO DE SÃO PAULO

CONSELHO EDITORIAL
Ana Paula Torres Megiani
Andréa Sirihal Werkema
Eunice Ostrensky
Haroldo Ceravolo Sereza
Joana Monteleone
Maria Luiza Ferreira de Oliveira
Ruy Braga

SIDNEY AGUILAR FILHO

ENTRE INTEGRALISTAS E NAZISTAS

RACISMO, EDUCAÇÃO
E AUTORITARISMO NO
SERTÃO DE SÃO PAULO

Copyright © 2021 Sidney Aguilar Filho

Grafia atualizada segundo o Acordo Ortográfico da Língua Portuguesa de 1990, que entrou em vigor no Brasil em 2009.

Edição: Haroldo Ceravolo Sereza e Joana Monteleone
Editora assistente: Danielly de Jesus Teles
Editor de projetos digitais: Brunno Moura
Projeto gráfico, diagramação e capa: Danielly de Jesus Teles
Assistente acadêmica: Tamara Cristina dos Santos
Revisão: Alexandra Colontini
Imagem da capa: Mario Franca

CIP-BRASIL. CATALOGAÇÃO NA PUBLICAÇÃO
SINDICATO NACIONAL DOS EDITORES DE LIVROS, RJ

A235e

    Aguilar Filho, Sidney
        Entre integralistas e nazistas : racismo, educação e autoritarismo no sertão de São Paulo / Sidney Aguilar Filho. - 1. ed. - São Paulo : Alameda, 2021.
        342 p. ; 23 cm.

    Inclui bibliografia e índice
    ISBN 978-65-5966-073-5

    1. Racismo - História - São Paulo (SP). 2. Integralismo - São Paulo (SP) - História. 3. Nazismo - São Paulo (Estado). 4. Crianças e violência. I. Título.

21-74512   CDD: 305.8960816109
                              CDU: 316.347(815.6)(09)

ALAMEDA CASA EDITORIAL
Rua 13 de Maio, 353 – Bela Vista
CEP 01327-000 – São Paulo, SP
Tel. (11) 3012-2403
www.alamedaeditorial.com.br

*Dedico este livro à minha esposa, Renata,
pela sua compreensão, apoio e incentivo,
sem os quais essa jornada teria sido impossível.*

*Dedico, também, aos meus pais, Sidney e Ana, por terem
me dado o direito a memórias de uma infância feliz.*

Sumário

Prefácio — 9
Mário Augusto Medeiros da Silva

Apresentação e descrição do fundo documental das fazendas Cruzeiro do Sul, Santa Albertina e Reunidas do Arquivo Edgard Leuenroth — 13

Introdução — 21

1. Da Eugenia da Glória e da Misericórdia aos Sertões do Paranapanema — 35

2. O Estado Eugênico — 53

3. Os pensadores eugenistas e suas influências na construção do Estado — 65

4. A cultura da segregação — 111

5. Colônia Educacional Agrícola e Eugenia — 125

6. O cotidiano dos meninos trabalhadores — 141

7. Os Meninos do Brasil — 161

Considerações finais — 169

Referências — 173

Entrevista com Aloysio Silva — 185

Caderno de imagens — 291

Prefácio

Espero que você, ao chegar à conclusão da leitura deste trabalho, seja tão impactado como fomos, num dia em fins abril de 2012, ao recebermos no Grupo de Estudos de Inventários da Unidade de Preservação do Patrimônio Histórico da Secretaria de Estado da Cultura de São Paulo, a notícia publicada no jornal *O Estado de São Paulo*, por José Maria Tomazzela, de que havia uma fazenda no interior paulista com tijolos gravados com suásticas e, não bastando isso, que ela estava prestes a ser totalmente destruída, após sua compra, para dar lugar a um canavial. Aquilo provocou um movimento interno na secretaria, a então presidenta do Condephaat, Fernanda F. Bandeira de Mello, fez abrir rapidamente um dossiê preliminar para que, tão célere quanto, pudesse haver um estudo de tombamento pelo Conselho de Defesa do Patrimônio Histórico, Arqueológico, Artístico, e Turístico do Estado de São Paulo, visando a preservação daquela história.

Também espero que seja surpreendente a quem lê saber que, na referida fazenda, houve um experimento violento com 50 crianças e adolescentes, 48 delas pretas e pardas (que foram selecionadas por atração de um saco de doces), entre o final dos anos 1930 e meados dos anos 1940, no contexto da guerra, confinadas e mal tratadas durante o período que lá estiveram, sendo para lá conduzidas por pessoas muito bem relacionadas da classe dominante da época, adeptas do Integralismo e do Nazismo, que não eram seus pais, tutores ou responsáveis legalmente autorizados, retiradas de um orfanato católico. Uma história do Brasil, envolvendo poder econômico, eugenia, política estatal para infância, religião e racismo. Que deixe estupefatos os olhos de quem lê descobrir que naquele local, além disso tudo, a bandeira de um time de futebol, o gado e documentos administrativos da propriedade também tinham inscritos o símbolo da suástica.

Mas que seja ainda mais espantoso e provoque reflexões críticas em quem lê o fato de que, daquele conjunto de crianças, o destino da maioria foi incerto. Poucas, após fim da Segunda Guerra e da literal "abertura de porteira" da Fazenda Cruzeiro do Sul por seus proprietários – em duplo sentido – tiveram condições de construir suas vidas adultas de maneira digna. Muitos ainda se chamavam pelos números recebidos no lugar de seus nomes – deles, o mais famoso se tornou Aloysio Silva, o "Menino 23", interlocutor da pesquisa e narrador principal do documentário premiado de Belisário França – e suas memórias de sobreviventes da experiência concentracionária passou décadas sendo desacreditada. Com isso, vidas foras dilapidadas pela vergonha, descrédito e silêncio. Os garotos, em maioria, sumidos na estrada, em trilhos de trem ou em navios, como o "Marinheiro" Argemiro dos Santos, que apareceu anos depois, confirmando as histórias de seu Aloysio. Os que ficaram nas imediações de Itapetininga e Campina do Monte Alegre faleceram em épocas variadas, com trajetórias marcadas por diferentes formas de estigmatização. Tudo isso, eu aprendi lendo a tese *Educação, autoritarismo e eugenia: exploração do trabalho e violência à infância desamparada no Brasil (1930-1945)*, do professor e historiador Sidney Aguilar Filho, base de toda a preservação que foi empreendida pelo Condephaat, com o qual instruí parte do processo.

Apenas o compromisso ético, o rigor científico e a dignidade da pesquisa histórica conduzida por Sidney desde 1998 e defendida em sua tese de doutorado em 2011, de um lado; e, doutro, a preservação física da memória edificada e em papel por dona Senhorinha Barreto e o senhor José Ricardo Maciel (Tatão), juntos da memória dos sobreviventes, por décadas, tornaram possível que hoje conheçamos algo a respeito desses eventos. Foram eles que receberam os técnicos do Grupo de Estudos de Inventários e mostraram os espaços da fazenda, os documentos e partilharam as histórias que estão aqui preservadas neste livro agora.

Foi com eles que nós chegamos à conclusão, à ocasião, de que seria necessário também ir além salvaguarda das edificações – o que não foi possível, aliás. Tratavam-se de memórias dolorosas e documentos que atestavam à adesão ao fascismo nazista no interior de São Paulo, tendo o racismo arianista ganho cor e alvos locais. Entendemos, portanto, que aqueles documentos, assim como os tijolos e as estruturas remanescentes da fazenda que passaram a ser destruídos depois da primeira visita dos técnicos do GEI-UPPH, estavam sob risco iminente. A idade avançada dos sobreviventes, quase octagenários, também inspirava cuidados – alguns deles já em andamento por Aguilar Filho, através da gravação em áudio e vídeo e a produção de um documentário.

Desta forma, entendemos que o Arquivo Edgar Leuenroth da Universidade Estadual de Campinas, instituição renomada internacionalmente pela preservação de história social e dos movimentos subalternizados, era o local adequado para se aliar à salvaguarda da preservação do patrimônio histórico. No AEL-Unicamp, a ideia foi acolhida de imediato pela equipe técnica então comandada pela historiadora Elaine Marques Zanatta, com quem Sidney e eu passamos a dialogar, para realizar as tratativas necessárias para preservação.

Recordando essas histórias agora, quase uma década passada, é curioso pensar que tudo concorria para dar errado. Nós, na Secretaria da Cultura, tentávamos rapidamente descobrir quem era o novo proprietário da fazenda, para tentar convencê-lo a interromper seus planos, notificando a abertura do estudo de tombamento. Descobrimos que ele faleceu em um acidente pouco tempo depois da compra, entrando a fazenda em inventário. Enquanto isso, a visibilidade do caso passou a gerar a destruição criminosa dos remanescentes físicos e, a cada visita que fazíamos ao local, de difícil acesso e distante da capital paulista, menos edificações ou tijolos encontravam-se inteiros, sobrando nossas fotos e relatórios como provas. Um episódio tragicômico daquele momento é a história da "maldição da fazenda nazista assombrada", lançada por Tatão, que impediu um pouco mais a destruição dos remanescentes. O convencimento pela preservação das memórias doloridas e seus documentos também não foi fácil, e os caminhos para que a documentação, bem como alguns tijolos, chegassem ao AEL-Unicamp, idem. Mesmo assim, conseguimos, um dia, lotar nossos carros pessoais e da Secretaria, com a anuência legal dos envolvidos, com a documentação disponível e tijolos, salvaguardando-os no AEL-Unicamp. Aos agentes públicos da preservação dessa história, técnicos Adda Ungaretti, Amanda Caporrino, Antônio Zagatto, Alberto Candido, Deborah Neves, Ana Luiza Martins, Silvia Wolff e Elisabete Mitiko Watanabe, integrantes dos GEI/UPPH, cabem muitos agradecimentos.

Se a Fazenda Cruzeiro do Sul e suas semelhantes Santa Albertina, Retiro Feliz e Lago do Sino, felizmente, não existem mais para os fins que são contados neste livro e, infelizmente, a política de preservação proposta pelos técnicos não foi implementada, com a construção de um Memorial/Museu em homenagem aos sobreviventes para que a história não fosse esquecida, ainda assim é gratificante ver que coisas boas aconteceram neste processo. A documentação está preservada num arquivo de uma das mais importantes universidades do mundo e, quando ocorrem as visitas guiadas ao acervo, os visitantes se emocionam e se questionam ao chegar ao "momento do tijolo"; Lagoa do Sino, depois de ter sido adquirida e administrada por anos pelo escritor Raduan Nassar (também um guardião da memória); foi doada para o governo federal e se tornou um dos campi da Universidade Federal de São Carlos, UFSCar; foi realizado um documentário internacionalmente conhecido sobre o tema, tendo o "Menino 23" Aloysio Silva como fio condutor; a tese de doutoramento de Sidney Aguilar Filho disputou prêmios e distinções importantes, manteve-se ereta e digna frente a tentativas de descrédito, tornando-se também este livro agora apoiado pela Secretaria de Estado da Cultura de São Paulo e seu ProAc. Se personagens importantes como seu Aloysio, seu Roque, seu Carmo, seu Argemiro e outros meninos e familiares não estão mais entre nós, parte de suas histórias não será mais esquecida, silenciada ou vilipendiada como foi durante a enormidade de suas existências.

Então, que você então tenha sensibilidade para ler e escutar as falas de quem sobreviveu às experiências limites de dor, abandono, estigmatização e fantasmagoria por décadas. Que tenha também compromisso público com memória coletiva e a responsabilidade do trato que ela impõe àqueles que entram em contato com tanta violência física e simbólica. Que você seja impactado pela pesquisa do historiador Sidney Aguilar Filho e ajude, como ele, na preservação dessas memórias, para que casos como esses não voltem mais a acontecer. Infelizmente, em nossa história nacional, eles não são exceção. O silêncio e o esquecimento coletivos são cúmplices das violências e de todas as mortes que se pode viver em vida e na memória social.

São Paulo, abril de 2021

Mário Augusto Medeiros da Silva
Professor do Departamento de Sociologia da
Unicamp e Diretor Adjunto do AEL-Unicamp
Ex-Técnico do GEI/UPPH da Secretaria de Estado da Cultura de São Paulo.

Apresentação e descrição do fundo documental das fazendas Cruzeiro do Sul, Santa Albertina e Reunidas do Arquivo Edgard Leuenroth

O instrumento de pesquisa que ora apresentamos é fruto de um trabalho coletivo. O inventário ganhou forma pelas mãos das documentalistas que atuam na Seção de Tratamento da Informação e Apoio à Pesquisa, Lívia Cristina Correa e Tainá Guimarães Paschoal. Quando se debruçaram sobre a documentação, ao lado de Marilza Aparecida da Silva e Maria Dutra de Lima, encontraram uma lista prévia descrevendo documento a documento deste acervo. Essa primeira listagem, produzida pelas alunas de graduação em História por ocasião da realização de estágio nas dependências do AEL, trazia um relatório detalhado do conteúdo do acervo doado, o que facilitou a organização da documentação. Nossos agradecimentos às documentalistas e às estagiárias: Elisielly Falasqui da Silva, Paula Mazzaro Pavan e Renata Dell'Arriva pelo cuidado com a documentação e produção da listagem e inventário. A incorporação desse conjunto ao acervo do AEL se deve ainda ao trabalho dos técnicos Mário Augusto Medeiros da Silva e Adda A. P. Ungaretti, da Unidade de Preservação do Patrimônio Histórico da Secretaria de Estado da Cultura de São Paulo (UPPH/SEC-SP) em 2013, que entraram em contato com a então diretora técnica do AEL, a socióloga Elaine Marques Zanatta, para abrigar o acervo. Este contato foi decisivo para a recepção e salvaguarda dos documentos na Unicamp, como parte de preservação do patrimônio cultural, em concordância com o Condephaat.

A escolha do AEL, entre tantas instituições, recaiu porque Mário Medeiros era aluno da pós-graduação do IFCH, conhecia a temática do acervo e considerava a instituição um porto seguro. Hoje, Mário é professor do IFCH e diretor adjunto do AEL, que ao lado de Aldair Carlos Rodrigues, diretor acadêmico, define o futuro da instituição na aquisição de novos acervos.

Registramos ainda o empenho de Sidney Aguilar Filho, "descobridor deste acervo", que não mediu esforços para que a documentação ficasse no AEL. Por várias vezes veio até a instituição e apresentou o resultado de suas pesquisas e a riqueza do conjunto, ao mostrar a adesão, de certo segmento da sociedade, às ideologias totalitárias na região.

Somos devedores de um agradecimento especial a toda a equipe que planeja, recebe, higieniza, trata, descreve, atende, divulga e disponibiliza a documentação por meio dos instrumentos de pesquisa, repositório e redes sociais. Sintetizamos esses agradecimentos na figura de Castorina A. M. Camargo, responsável, à época, pela seção de preservação, que recebeu os documentos com sua equipe em condições inspiradoras de cuidados, tornando-os acessíveis, posteriormente, para descrição técnica, difusão e acesso ao público geral.

Por fim, um agradecimento especial à doadora Dona Senhorinha Barreto da Silva e ao senhor José Ricardo Maciel [Tatão], que aceitaram o desafio de tornar visível uma parte da história pouco conhecida pela sociedade brasileira, que ambos ajudaram a preservar. A nossa gratidão manifesta está na divulgação deste acervo e nas possibilidades de pesquisa que a documentação encerra. Nosso muito obrigado.

Silvia Rosana Modena Martini
Seção de Tratamento da Informação e Apoio à Pesquisa

Apresentação e descrição do fundo documental das 13 fazendas Cruzeiro do Sul, Santa Albertina e Reunidas do Arquivo Edgard Leuenroth

ÁREA DE IDENTIFICAÇÃO

Código de referência
BR SPAEL FCSSAR

Título
Fazendas Cruzeiro do Sul, Santa Albertina e Reunidas

Local
Itaí SP Brasil, Paranapanema SP Brasil, Itapetininga SP Brasil e outras localidades

Data(s)
1922-1989 (predominante 1930-1950)

Nível de descrição
Fundo

Dimensão e suporte
155 documentos textuais, 22 plantas, 5 mapas, 3 desenhos, 839 fotografias, 110 negativos fotográficos, 7 cópias contato, 52 cartões-postais e 5 tijolos.

ÁREA DE CONTEXTUALIZAÇÃO

Nome(s) do(s) produtor(es)
Família Rocha Miranda

História administrativa/Biografia
Em 1916, o engenheiro e capitalista Luis da Rocha Miranda (1862-1926), filho do Barão de Bananal, adquiriu o latifúndio denominado Lagoa do Sino dos espólios do Brigadeiro Tobias de Aguiar (1794-1857). Com sua morte em 1926, a propriedade, que se localizava no interior do estado de São Paulo, foi dividida entre os filhos de seu segundo casamento: Otávio, Sérgio, Armênio, Osvaldo e Renato da Rocha Miranda. A área que conformou a fazenda Cruzeiro do Sul passou a ser de Sérgio da Rocha Miranda e a que constituiu a fazenda

Santa Albertina ficou nas mãos de Oswaldo da Rocha Miranda. A partir de 1958, Renato da Rocha Miranda Filho adquiriu partes das fazendas Cruzeiro do Sul e Santa Albertina e passou a chamá-las de "Fazendas Reunidas". A família era uma das mais importantes da elite carioca do início do século XX, sendo proprietária de diversas empresas e companhias industriais e agrícolas tanto no Rio de Janeiro, quanto em São Paulo. Nas fazendas Cruzeiro do Sul e Santa Albertina, investiam na importação e aprimoramento genético de gado Nelore e cavalos crioulos. As propriedades tiveram intensa atividade nas mãos dos Rocha Miranda – principalmente entre as décadas de 1930 e 1940 – sendo que, a partir da década de 1960, passaram por sucessivos arrendamentos, desapropriações e transferências. Em 1998, ao abordar o tema do nazismo em uma aula de História, Sidney Aguilar Filho soube por parte de uma aluna que na fazenda de sua família foram encontrados diversos tijolos com o símbolo da suástica. A partir dessa informação, o historiador iniciou uma série de visitas às remanescentes instalações da fazenda Cruzeiro do Sul (que datavam das décadas de 1910, 1920 e 1930), bem como entrevistas com antigos empregados e moradores da região. Em suas pesquisas, Sidney descobriu que não só os tijolos eram marcados com o símbolo nazista, mas também o gado que participava de exposições e competições nacionais e documentos administrativos da fazenda. Revelou também que Otávio, Osvaldo e Renato da Rocha Miranda fizeram parte da "Câmara dos Quarenta", um dos órgãos superiores da Ação Integralista Brasileira (AIB). Para além da associação da família Rocha Miranda com a ideologia nazista e o movimento integralista, a pesquisa de Sidney trouxe à tona o fato de Osvaldo da Rocha Miranda ter sido responsável pela transferência de 50 meninos com idades entre 9 e 12 anos, 48 deles "pretos ou pardos", de um orfanato no Rio de Janeiro para as fazendas da família. A remoção dos meninos teria ocorrido entre 1933 e 1934 e, sob a "tutela" legal de Osvaldo Rocha Miranda, foram submetidos a rotinas de trabalho sem remuneração, castigos físicos e impedidos de circular livremente. A intensa investigação empreendida pelo historiador resultou em sua tese de doutorado, defendida em 2011 pela Faculdade de Educação da Universidade Estadual de Campinas. Além disso, em 2012, o Conselho de Defesa do Patrimônio Histórico do Estado de São Paulo (Condephaat) iniciou estudo para o processo de tombamento das antigas instalações da fazenda Cruzeiro do Sul, sob a justificativa de que o referido acervo reúne os únicos registros oficiais probatórios dessa história de violações de direitos humanos, o que foi efetivado em 2015 (Processo de tombamento 74865/2015).

História arquivística

O conjunto documental foi reunido em momentos distintos: uma parte foi recebida junto da herança de Manoel das Graças Araújo, então primeiro marido de Dona Senhorinha Barreto da Silva. Tanto a Fazenda Santa Albertina quanto essa documentação tornaram-se espólio da viúva. Outra parte foi encontrada e recolhida do lixo por José Ricardo Maciel ("Tatão") e Senhorinha Barreto da Silva, quando do falecimento de um antigo dono da Fazenda Cruzeiro do Sul, membro da família Rocha Miranda. A documentação chegou ao AEL por intermédio da Secretaria de Estado da Cultura (SEC-SP). Foi recolhida na cidade de Buri por Mário Augusto Medeiros da Silva e Adda A. P. Ungaretti, então técnicos da Unidade de Preservação do Patrimônio Histórico, e doada por Dona Senhorinha Barreto da Silva. A primeira remessa da documentação chegou nos dias 2 e 3 de julho e a segunda, em 31 de julho, ambas no ano de 2013. Uma organização preliminar foi feita pelas estagiárias do curso de História, Elisielly Falasqui da Silva, Paula Mazzaro Pavan e Renata Dell'Arriva em outubro de 2013, que resultou em um relatório detalhado do conteúdo das caixas e documentos. Em 2015, o acervo foi totalmente organizado e descrito pela Seção de Processamento Técnico do AEL.

Procedência

Doação de Dona Senhorinha Barreto da Silva em 30 de julho de 2013.

ÁREA DE CONTEÚDO E ESTRUTURA

Âmbito e conteúdo

O conjunto reúne documentação das fazendas Cruzeiro do Sul, Santa Albertina e Reunidas. A maior parte dos documentos textuais é relativa à Fazenda Cruzeiro do Sul e constitui-se principalmente de documentos contábeis e administrativos. O volume maior dos documentos é de fotografias relativas aos animais e às instalações da fazenda, para as quais houve a necessidade, em sua maioria, de atribuição de datas, locais e títulos pelas catalogadoras. Identificam-se ainda documentos das fazendas Santa Albertina e Reunidas em pequena quantidade. De modo geral, a documentação é escassa e bastante lacunar. No entanto, a importância do conjunto baseia-se justamente naqueles itens que revelam a presença de simpatizantes da ideologia nazista em território nacional, especificamente entre importantes figuras da elite financeira e industrial da primeira metade do século XX. Entre os documentos de maior destaque, encontram-se uma fotografia em que se observa um grupo de pessoas com o uniforme integralista (FT/00094), um certificado de pedigree animal com uma suástica na parte superior (FCSSAR FCS s.003 doc.001), fotografias em que o símbolo nazista também aparece em uma bandeira e no gado da fazenda (FT/00471; FT/00486-FT/00501; CP/00948), alguns exemplares dos tijolos de antigas construções da fazenda Cruzeiro do Sul que contém a suástica estampada no centro, além do documento de registro do Núcleo Escolar da Fazenda Santa Albertina (datado de 1932), local em que os meninos órfãos receberiam o ensino primário, mas que pouco frequentaram (FCSSAR FSA s.003 doc.001).

Incorporações
Não são esperadas novas incorporações.

Sistema de Arranjo
O conjunto documental foi organizado em três grupos: 1) Fazenda Cruzeiro do Sul, 2) Fazenda Santa Albertina e 3) Fazendas Reunidas, com suas respectivas séries. O conjunto também agrega documentos anexos como cartões-postais, desenhos, fotografias, mapas, plantas e objetos tridimensionais.

ÁREA DE CONDIÇÕES DE ACESSO E USO

Condições de acesso
Consulta livre.

Condições de reprodução
Consulte as normas do AEL.

Idioma
Espanhol, inglês e português

Características físicas e requisitos técnicos
Documentos digitalizados devem preferencialmente ser acessados através de suas cópias a fim de preservar os originais.

ÁREA DE FONTES RELACIONADAS

Existência e localização de cópias

Reproduções digitais dessa documentação estão disponíveis no repositório local do AEL.

Nota sobre publicação

AGUILAR FILHO, Sidney. Educação, autoritarismo e eugenia: exploração do trabalho e violência à infância desamparada no Brasil (1930-1945). Tese (Doutorado em Educação) – Universidade Estadual de Campinas, Faculdade de Educação, Campinas, 2011. Disponível em: http://repositorio.unicamp.br/jspui/handle/REPOSIP/251194. Acesso em: 21 jan. 2021.

ÁREA DE CONTROLE DA DESCRIÇÃO

Nota do arquivista

Conjunto documental organizado por Lívia Cristina Corrêa, Maria Dutra de Lima, Marilza Aparecida da Silva e Tainá Guimarães Paschoal. Descrição elaborada por Lívia Cristina Corrêa, Maria Dutra de Lima e Tainá Guimarães Paschoal.

Regras ou convenções

Descrição baseada em: CONSELHO INTERNACIONAL DE ARQUIVOS. ISAD (G): Norma Geral Internacional de Descrição Arquivística: segunda edição, adotada pelo Comitê de Descrição, Estocolmo, Suécia, 19-22 de setembro de 1999, versão final pelo CIA-Rio de Janeiro: Arquivo Nacional, 2000.

Data da descrição

Junho de 2015

QUADRO DE ARRANJO
FUNDO FAZENDAS CRUZEIRO DO SUL, SANTA ALBERTINA E REUNIDAS

GRUPO 1 – FAZENDA CRUZEIRO DO SUL
SÉRIE 1 – Correspondência
SÉRIE 2 – Documentos pessoais
SÉRIE 3 – Certificado
SÉRIE 4 – Escritura
SÉRIE 5 – Registro de animais
SÉRIE 6 – Relações de animais
SÉRIE 7 – Documentos de transportes
SÉRIE 8 – Lista de material da escola
SÉRIE 9 – Livro de ponto
SÉRIE 10 – Documentos contábeis

GRUPO 2 – FAZENDA SANTA ALBERTINA
SÉRIE 1 – Certificado
SÉRIE 2 – Recibo
SÉRIE 3 – Registro do núcleo escolar

GRUPO 3 – FAZENDAS REUNIDAS
SÉRIE 1 – Certificado
SÉRIE 2 – Escritura
SÉRIE 3 – Documentos contábeis
SÉRIE 4 – Controle do maquinário

ANEXOS
Plantas
Mapas
Desenhos
Fotografias
Cartões-postais
Tridimensionais

Introdução

Este trabalho defende a tese de que, no Brasil das décadas de 1930 e 1940, houve política estatal de segregação para fins de eugenia. Ocorreu, em particular, na área da Educação e da Saúde; favoreceu o uso da exploração do trabalho e da violência como práticas educativas de crianças e de adolescentes, dando continuidade ao preconceito racial existente no Brasil, modernizando-o, por meio de fundamentos pretensamente científicos. As crianças pesquisadas foram vítimas dessa política segregacionista.

No ano de 1998, ao analisar a ascensão do nazismo alemão em uma aula de História no terceiro ano do Ensino Médio, uma aluna afirmou que, na fazenda de sua família, fora encontrado, por conta do desmanche de uma construção, grande quantidade de tijolos com o símbolo da suástica. A informação mostrou-se, posteriormente, ser somente a ponta do novelo de Ariadne.

A primeira visita de pesquisa de campo à Fazenda Cruzeiro do Sul, no Município de Campina do Monte Alegre (SP), foi feita em 12 de outubro daquele mesmo ano. Constatou-se, no local, a existência de construções das décadas de 1910, 1920 e 1930, algumas parcialmente demolidas, expondo tijolos com o símbolo nazista (suástica). A visita incluiu uma ida ao Município de Paranapanema (SP), à casa de Vicente Rochel.

Rochel foi motorista da família Rocha Miranda por muitos anos, nas décadas de 1940 e 1950. Elogiosamente, ele falou das idas e vindas ao Rio de Janeiro, ao Hotel Glória e ao Palácio do Catete, das mansões e riquezas e, também, de muitos meninos negros levados da Capital para viverem na fazenda onde foram localizados os símbolos nazistas. A relação entre Nazismo e transferência de crianças da Capital Nacional para os sertões do Paranapanema nas décadas de 1930 e 1940 provocou curiosidade e angústia no pesquisador.

Na Fazenda Cruzeiro do Sul, à época de propriedade de Sérgio Rocha Miranda, não só os tijolos eram marcados com o símbolo nazista, mas também o gado que participava e vencia as principais exposições e competições nacionais. O símbolo nazista apareceu, também, nos documentos da fazenda, como talonário de *pedigree* animal. A documentação pesquisada confirmou que se tratava de um fazendeiro assumidamente nazista.

As fazendas vizinhas à Fazenda Cruzeiro do Sul, Santa Albertina e Retiro Feliz, outrora compunham uma única propriedade: a Fazenda Lagoa do Sino, comprada em 1916 dos espólios do Brigadeiro Tobias de Aguiar, marido de Domitila de Castro Canto e Melo, por Luis Rocha Miranda (filho do Barão de Bananal) e partilhadas entre os filhos do segundo casamento: Otávio, Sérgio, Armênio, Osvaldo e Renato Rocha Miranda. Os irmãos Otávio, Osvaldo, Sérgio e Renato Rocha Miranda são os que mais aparecem nas documentações da época.

Otávio, Osvaldo e Renato Rocha Miranda fizeram parte da *Câmara dos Quarenta*, um dos órgãos superiores da Ação Integralista Brasileira (AIB), logo abaixo do líder Plínio Salgado, que em mais de uma oportunidade citou Renato como amigo próximo e em comum com Getúlio Vargas.

Havia, portanto, uma história a ser explicada que envolvia crianças desamparadas, orfanato católico, integralismo, nazismo, membros das elites econômicas e intelectuais da política nacional. Mais de meio século depois, continuava o mistério e o incômodo. O silêncio, quebrado por algum rumor na pequena cidade graciosamente chamada de Campininha, quase sempre esteve relacionado a alguns poucos sobreviventes (dentre os meninos) que continuaram na região. Na localidade, foi perceptível o desconforto inicial ao se conversar sobre o tema, principalmente depois das primeiras matérias jornalísticas.[1]

As indagações iniciais da pesquisa foram sobre as possíveis relações entre os resquícios arquitetônicos e seus símbolos nazistas com as crianças sob a guarda do Estado. Essas indagações levaram a outras: de qual orfanato as crianças saíram? Quem retirou os meninos e por quê? O ato foi legal ou ilegal? Quem foram os responsáveis? Quantos meninos foram levados? Quem eram eles? Como viviam e como foram educados na infância e na adolescência? Sofreram exploração ou violência? Por que foram retirados do Rio de Janeiro? Tratou-se de caso isolado ou foi prática corrente com os órfãos, abandonados e desamparados daquele período? Foi política de Estado? Quais as associações entre os fatos ocorridos, o nazismo,

---

1 As descobertas foram relatadas pelo pesquisador ao jornal *Folha de São Paulo*, representado à época por Ricardo Gandour e, por intermédio dele, ao jornalista João Maurício Rosa, originando publicação digital em 1999.

a política diplomática e as relações econômicas entre Brasil e Alemanha? Cabe responsabilidade e culpa ao(s) Estado(s) envolvido(s)? E, finalmente, se houve política de Estado eugenista no Brasil, essas crianças foram vítimas dela?

Essas perguntas só poderiam ser respondidas por meio da busca de fontes documentais, de memórias materiais e orais. Motivos para suspeitas existiam: desde fins do século XIX, houve condições econômicas e culturais favoráveis a tais violências. As teorias racistas se fortaleceram como ideologia da *Unidade da Nação e do Mercado Nacional*. A explicação pretensamente científico-biológica mostrou-se mais coerente com a percepção liberal das "leis naturais do Mercado". Racismo e Liberalismo associaram-se na construção da ideologia do capitalismo industrial. O Racismo foi um instrumento ideológico do capitalismo a partir da segunda metade do século XIX e sustentador do ideal de "progresso da civilização".

Na Europa industrializada e nos Estados Unidos da América (EUA), as teorias raciais compuseram o ideário do capitalismo imperialista de maneira mais intensa com a conquista do continente africano e asiático, aumentando conforme os massacres perpetrados exigiam explicação sobre o injustificável. A conquista e a escravização, que no colonialismo moderno foram justificadas pela religião e pela guerra justa,[2] a partir de meados do século XIX passaram a se firmar na ciência:[3] era a "natural dominação da raça mais evoluída", levando a "civilização e o progresso" aos "inferiores, bárbaros e primitivos".

A reprodução da ordem do "superior" serviu como ideologia da conquista, de instrumentos para a dominação política e para a exploração econômica. Nas três últimas décadas do século XIX, Inglaterra, França, Bélgica, Alemanha, Itália e os EUA disputaram para si a ideologia do povo evoluído com a missão divina de civilizar a humanidade. A partilha/disputa da África e da Ásia entre as potências europeias foi uma das consequências mais diretas e mais exemplares desse processo.

A industrialização trouxe uma aceleração nas técnicas de controle da produção e transformou a ciência no tipo de conhecimento mais valorizado e poderoso na sociedade de hegemonia burguesa-capitalista-industrial. O desenvolvimento da química (Boyle e Gay Lùssac) e da Biologia (Lamarck, Darwin e Kropotkin) permitiram novos entendimentos sobre a vida e sobre os seres vivos.

---

2 Segundo Bosi (1992, p. 246).

3 Marisa Corrêa (2000) mostra como ocorreu esse processo no final do século XIX no Brasil, principalmente por meio da análise do pensamento de Nina Rodrigues.

Complementados pelos estudos de Morgan e Mendel compôs-se um novo campo de estudos científicos: o evolucionismo.

No Brasil do fim do século XIX e início do XX, as teorias racistas, quase sempre, tinham fundamento "científico" no "lamarkismo–social": o aperfeiçoamento da(s) raça(s) passaria(m) pela moralidade e por um progresso civilizatório que seria transmitido hereditariamente. Da mesma forma, a imoralidade e o regresso à barbárie também seriam transmissíveis às gerações futuras, criando assim uma relação direta entre moralização dos costumes e evolução das raças. Obviamente, para os lamarckista-sociais a moralidade e a civilização defendidas eram eurocêntricas. A transposição das teorias evolucionistas da Bioquímica para a História da Humanidade ganhou notoriedade e novas áreas do "conhecimento" se multiplicaram, dentre elas: o higienismo, o sanitarismo, a criminologia, a antropometria e a eugenia.[4] Surgiu uma politécnica de "engenharias sociais" interligadas por pressupostos "científicos" que se mostraram com o tempo grosseiramente equivocados, mas que influenciaram as políticas estatais e os serviços públicos.

---

4 O termo *eugenia* ("boa geração") foi cunhado em 1883 por Francis Galton, primo de Charles Darwin. "Eugenia" seria a ciência que lidaria com todas as influências que supostamente melhorariam as qualidades inatas de uma pressuposta raça em favor da evolução da humanidade. Galton partiu de uma proposição estatística de distribuição de talentos entre uma dada população, para defender que o caráter e as faculdades dos seres humanos seriam distribuídos de acordo com certas leis estatísticas. Desta forma, ele justificou que como os cérebros de uma raça-pátria-nação encontravam-se principalmente em suas elites, aí se deveria concentrar a atenção e os esforços para o aprimoramento. Seria estatisticamente "mais proveitoso" investir nas elites e promover o "melhor estoque do que favorecer o pior". Galton procurou demonstrar que as características humanas (inclusive as intelectuais, culturais e morais) decorriam da hereditariedade mais do que da própria História, dando início ao que seria conhecido como Darwinismo Social. O uso distorcido e falseado do pensamento darwinista agrediu a Darwin, que dele discordou publicamente e radicalmente. No entanto, o "darwinismo social" foi ainda mais caro à História das Ciências, pois ajudou a criar pressupostos de uma pretensa evolução biológica/cultural que incentivou e favoreceu diversas formas de segregação. Foi na invenção desta tradição científica que muitos racistas do fim do século XIX e início do XX se nutriram. A noção de "raça" em seu sentido "científico" foi introduzida aos debates acadêmicos por Georges Cuvier e a de "degeneração da raça" por Arthur de Gobineau. Estes homens defenderam a supremacia do noroeste da Europa por uma pretensa superioridade racial. Esta presunção serviu de justificativa para imperialismo do capital europeu e estadunidense sobre o mundo. Formou-se um campo conceitual em que setores das elites econômicas e seus intelectuais elaboraram novos conceitos a serviço da perpetuação, por uma modernização conservadora, de uma sociedade de exclusão e de exploração.

O racismo sustentado na ciência possuía um forte componente classista. Na Europa da Segunda Revolução Industrial (sobretudo na Inglaterra, na Bélgica, na França e na Alemanha), as ideias eugenistas de Galton, sobre a "superioridade" da elite econômica e a burguesia capitalista de sua época, fazia sucesso entre esses grupos. A pretensa inferioridade recaía, dessa maneira, aos trabalhadores mais empobrecidos, de maneira geral, e aos camponeses e operários com histórias e culturas diferentes das elites: sobretudo, estrangeiros e minorias culturais e religiosas.

Na concepção racista/eugenista, a inferioridade eugênica era acompanhada de menor direito político e jurídico ou da ausência deles. Essa concepção justificou o Estado Autoritário ("liderado pelo gênio, expressão maior da raça") ou o Estado Oligárquico (tido como "aristocrático"). Ao mesmo tempo, fortaleceu a exploração sobre a classe trabalhadora, empurrando a base da pirâmide salarial para baixo e desvalorizando a remuneração do trabalho, o que favoreceu a acumulação econômica do capitalismo. Nessa lógica capitalista e preconceituosa, a "liberdade dos detentores da propriedade e da superioridade" suplantava a igualdade de direitos entre os seres humanos. A idealização de uma sociedade tida como uma raça-nação evoluída, formada por indivíduos perfeitos, exigia, também, a imposição da ideia do "trabalhador perfeito" e da "sociedade trabalhadora ideal". A concepção da sociedade como máquina a ser aperfeiçoada ou como um organismo vivo a ser cultivado e tratado conjugou-se com as necessidades e interesses da burguesia, principalmente a industrial.

O pensamento eugenista foi uma das contribuições da "ciência" às consolidações dos estados nacionais burgueses, a partir da segunda metade do século XIX, e do modo de produção capitalista industrial, fossem eles centrais e imperialistas ou periféricos e coloniais. As teorias das raças rearranjaram-se e firmaram-se na Medicina, no Direito, no Urbanismo e na Educação. Multiplicaram-se as explicações sobre a "superioridade e a inferioridade racial", a "miscigenação e a degeneração humana" e sobre a "mistura racional para o aprimoramento da raça". A "sociologia do gene" e a "engenharia racial e social" tornaram-se temáticas centrais, influenciando as políticas públicas, legitimando o nacionalismo, o imperialismo e outras formas de opressão.

A higienização, a sanitarização e a eugenização das sociedades passavam, na visão de seus defensores, pelo controle social. Somente com o controle se tornariam viáveis experimentos "oportunos ou necessários ao progresso dos Estados Nacionais e à evolução da(s) raça(s)". As políticas estatais de segregação foram acompanhadas de moralismo comportamental e de disciplinamento da força de trabalho. As teorias racistas que buscaram legitimação no "darwinismo social" acabaram influenciando políticas de segregação, escravidão e extermínio seletivo no século XX (nos EUA, na Alemanha e na África do Sul, por exemplo), em lamentáveis períodos para a humanidade: a Ku Klux Klan, os campos de concentração e o *apartheid*.

No Brasil, as relações socioeconômicas sustentadas na lógica das raças e na exclusão racista foram profundamente marcadas pela história escravocrata. No século XIX, a ideologia liberal-burguesa-eugenista-eurocêntrica expandiu-se no mais tardio reduto escravocrata do mundo – realidade oriunda da conquista europeia sobre a África e América.[5] No Brasil da segunda metade do século XIX, as teorias das raças de orientação "científica" foram acompanhadas das teorias do "progresso e da evolução dos povos", principalmente do positivismo comtiano brasileiro, que associou republicanismo com escravismo, o que gerou a contestação dos republicanos comtianos franceses. A eugenia foi adotada como discurso também entre os ultraliberais antiabolicionistas do Partido Conservador, que defendiam a prerrogativa do "direito absoluto do proprietário sobre sua propriedade privada" e, por isso, contrários ao fim da escravidão por decreto. O Barão de Cotegipe, por exemplo, presidente da Assembleia Nacional, aprovou a Lei do Sexagenário (1885) sob alegações humanitárias; mas, como fiel liberal, era antiabolicionista.

Para quem defendia o direito de propriedade sobre um ser humano, as teorias raciais chegaram para reforçar a permanência da escravidão ou, diante da possibilidade de seu fim, fortalecer a ideia de que a liberdade (como a "propriedade de si mesmo" na lógica liberal-escravocrata) não seria acompanhada de igualdade jurídica, política e de cidadania. As "teorias raciais", nesta parte do mundo, serviram para justificar tanto a exploração da força de trabalho quanto à figura jurídica do "homem bom", que corria riscos de perda de seus interesses com a crise do Império e da Escravidão. A Fidalguia das legislações coloniais (o homem, branco, católico, pai de família e senhor), que se perpetuara sob influências liberais por

---

5 Stepan (2005) tratou da eugenia na América Latina nas décadas de 1920 e 1930, comparando alguns países, entre eles o Brasil. O capítulo "Identidades Nacionais e Transformações Raciais" é particularmente interessante ao aprofundamento desta discussão na região.

meio do voto censitário durante o período imperial, precisou de novos mecanismos para sobreviver e garantir seus interesses.

Ao longo das primeiras décadas do século XX, o pensamento eugenista tornou-se cada vez mais geneticista.[6] O "darwinismo-social" vencia a batalha teórica entre os pensadores racistas modernizados e, na sua extensão, também o mendelismo-social. Para esses racistas, a preservação e o incentivo à superioridade racial só era possível com segregação racista ou, de maneira mais ampla, eugenista. Na década de 1930, os modelos segregacionistas expandiram-se e tornaram-se políticas de Estado nas duas principais sedes do Capitalismo, na Alemanha e nos EUA. No Brasil, as diferentes teorias racistas estranharam-se nas lógicas explicativas e nos argumentos, mas coincidiram em pelo menos três aspectos: (1) sustentaram pressupostos que o futuro se encarregou de demonstrar equivocados, (2) serviram a processos históricos de dominação e exploração dos trabalhadores e (3) favoreceram a consolidação do Estado Autoritário e Capitalista.

No Brasil, as concepções de República e de Nação possuíram diferentes significados ao longo da História, também distinções em uma mesma época, revelando variados interesses de classes, concepções filosóficas e visões de mundo. Nem todos eram eugenistas e racistas; diferentes concepções de mundo e de humanidade conflitaram-se e articularam-se na realidade brasileira do período. As décadas de 1920 a 1940 foram marcadas pelos que pensaram e agiram por uma República sem Estado, por um Estado republicano socialista, pelos que pensaram o Estado Nacional como república representativa burguesa, e, mesmo dentro do pensamento autoritário e conservador, existiam diferenças entre níveis de autoritarismo e de intervenção do Estado no bem público e no bem privado. Tais diferenças expressaram conflitos entre classes sociais e, também, conflitos de interesses dentro de uma mesma classe.

Os eugenistas identificados na pesquisa, que serão abordados no segundo e no terceiro capítulos, se enquadram entre os mais autoritários e conservadores, quase sempre defensores de uma modernização entendida como progresso e evolução. Os defensores das teorias racistas construíram lógicas explicativas para as instituições no Estado-Nacional Republicano de fundamentação eugenista le-

---

6   Principalmente nos EUA, na Alemanha, na França, na Rússia, na Inglaterra, na Suécia e no Japão.

gitimadoras das elites no poder. Neste trabalho, enfatizaremos suas lógicas e suas práticas voltadas à Educação nas décadas de 1930 e de 1940.

Nos discursos e nas narrativas políticas localizados e analisados pela pesquisa foi muito comum o uso da expressão "corpo da nação". O conceito de corporativismo apareceu ora como fé religiosa, ora como metáfora política, ora como um reducionismo analítico de uma concepção biológica de Nação. Como fé, o corporativismo apareceu nos discursos religiosos da tradição colonial portuguesa de unidade da nação: a sacralidade do corpo de Cristo e da unidade do povo católico.[7] Como metáfora política, apareceu nas narrativas como o corpo humano: o Estado é a cabeça do corpo, os trabalhadores são as mãos e os pés do corpo, o líder político é a mente da nação. E, também, como a família: o ditador é o pai da nação. O corporativismo apareceu, finalmente, como visão biológica da política. A sociedade brasileira aparece nestes discursos como um organismo vivo, único e coletivo preso pela genética a determinações políticas, culturais e sociais.

Segregacionistas ou não, os racistas, de modo geral, concordavam que o mais importante seria fazer com que todos acreditassem e buscassem o modelo estabelecido como o supostamente "mais evoluído", mais adequado para introduzir o país na modernidade, cabendo ao Estado adotar mecanismos de políticas públicas para promover a evolução da(s) "raça(s)-nação", delegando às elites políticas e intelectuais essa missão. Entre os segregacionistas, o importante era isolar, transferir ou eliminar indivíduos ou grupos sociais fora das normas, considerados menos úteis e incapazes, priorizando os "dentro da ordem do processo evolutivo-civilizatório".

À concepção da sociedade como máquina a ser aperfeiçoada ou como um organismo vivo a ser cultivado conjugou-se as necessidades e interesses da burguesia.[8] Também na concepção de urbanismo, as práticas higienistas e eugenistas tiveram influência, por exemplo, buscando preservar o *locus quo* das elites e garantir os espaços e acessos da mão de obra para os seus negócios.[9]

---

7   Destaca-se aqui o trabalho, já clássico, de Alcir Lenharo (1986): *A Sacralização da Política*.

8   As relações entre culto, cultivo, colonização e cultura que Alfredo Bosi deu em *Dialética da Colonização* (1992, p. 16) ajudam a perceber como a conquista trouxe consigo uma cultura de culto, para o culto e para o cultivo de uma colonização autoritária.

9   Urbanismos, como o ocorrido na cidade de São Paulo nas primeiras décadas do século XX, são exemplares: o bairro higiênico (Higienópolis) para a elite fugir da "degeneração" dos Campos Elíseos; as ruas curvas do Pacaembu para evitar circulação de trabalhadores do centro em direção às fábricas da zona oeste (Macedo, 1987); e o bairro industrial

Depois do holocausto judeu produzido pelo nazismo, houve uma tendência de declínio da lógica de pensar a humanidade dividida em raças. O termo "raça" manteve-se em uso corriqueiro, em metáforas de mau gosto ("o time de futebol mostrou raça") e em anedotas racistas. Ao mesmo tempo, o termo "eugenia" praticamente desapareceu do vocabulário cotidiano. Antes do holocausto, porém, o uso do termo eugenia e a crença na possibilidade de sua prática assim como a utilização do pensamento racista no cotidiano eram bastante difundidos. A teoria mais emblemática, por suas consequências terríveis, foi o arianismo e sua pressuposta superioridade evolutiva.

Depois da Segunda Guerra Mundial (1939-1945), a temática do racismo/eugenia e de suas práticas no Brasil foi transformada em tabu e o mito da "nação sem preconceitos" e da "democracia racial" se consolidou. A política do esquecimento tornou-se padrão e as memórias ficaram contidas. Nessa narrativa contrariou-se essa tendência ao esquecimento e por uma conjunção de fatores veio à tona.

Ao se iniciar a investigação, procurou-se saber quem eram as crianças e os adolescentes órfãos e abandonados, quantos eram, quais eram seus nomes e se tinham famílias conhecidas. A informação inicial indicava a existência de uma "Casa da Roda" no Rio de Janeiro. Chegou-se ao arquivo do Educandário Romão de Mattos Duarte, na cidade do Rio de Janeiro. Lá, foram encontrados os Livros de Circulação dos Internos, os Livros de Documentos dos Internos e o Talonário de Saída dos Internos, onde constavam nomes de vários dos meninos investigados, os registros de entrada e saída das crianças, os responsáveis pelo processo, os nomes de familiares conhecidos dos internos, a idade, a cor da pele, atestados do Juizado de Menores do Distrito Federal, atestados da Delegacia de Polícia do Distrito Federal e outros tipos de documentos. No processo investigativo, para fins comparativos, a pesquisa se debruçou sobre os Livros de Circulação das Internas nos arquivos da Irmandade de Misericórdia de Campinas no Centro de Memória da Unicamp, muito semelhantes na forma, na linguagem e no período aos do Rio de Janeiro (Figuras 1 e 2).

O acesso à Fazenda Cruzeiro do Sul, à Fazenda Santa Albertina e ao arquivo pessoal de Senhorinha Barreto da Silva, em Campina do Monte Alegre (SP), forneceu fontes para a maior compreensão da realidade do local nas décadas de 1930

---

e operário ("centro industrial") do Jaguaré, projetado por Guilherme Dumont Villares (VILLARES, 1946).

e 1940. Forneceu informações sobre a produção das fazendas, as suas estruturas físicas, os números de empregados e sobre o cotidiano dos antigos proprietários: os irmãos Otávio, Osvaldo, Renato e Sérgio Rocha Miranda. As fontes selecionadas no arquivo particular de Senhorinha Barreto da Silva foram fotos, objetos de uso doméstico e agropecuário, registros de compra e venda de imóveis, livros de contabilidade, papéis timbrados, entre outros documentos, materiais que foram selecionados pelo tempo e pela família.

A presença de construções antigas erigidas com tijolos trazendo símbolos nazistas levou à indagação sobre eventuais crimes políticos ou de guerra, já que, em 1938, foi proibida a existência de partido político estrangeiro no Brasil e, em 1942, foi declarada guerra à Alemanha. Como a simbologia nazista se confundia, naquele período, com a do Estado alemão, decidiu-se buscar nos arquivos do Departamento Estadual de Ordem Política e Social (DEOPS-SP) no Arquivo Público do Estado de São Paulo, possíveis indícios. Foram localizados relatórios de investigação de crime político na Fazenda Santa Albertina e na Fazenda Retiro Feliz.

Os relatórios da Delegacia Regional de Ensino de Itapetininga e região, de 1937 e 1942 (referentes respectivamente aos anos de 1936 e 1941), também do acervo do Arquivo Público do Estado de São Paulo, serviram para a localização da escola pública que recebeu as crianças em Campina do Monte Alegre (SP). Por meio dos textos dos supervisores, foi possível ampliar a compreensão da realidade da região, pois eles trazem dados estatísticos da sociedade, da infância local e de sua escolarização. Eles permitiram uma aproximação das ideologias, das propostas e das críticas dos representantes do poder público estadual sobre a Educação da região (Figuras 3 e 4).

A estranheza das primeiras informações sobre a transferência de crianças da zona sul do Rio de Janeiro (RJ) para Campina do Monte Alegre (SP) trouxe a indagação sobre a eventual sustentação legal para tal ato ou sobre sua possível ilegalidade. O Código do Menor de 1927 e a Assembleia Nacional Constituinte de 1933-1934 foram os caminhos escolhidos para a obtenção da resposta, afinal, quando começou a transferência das primeiras crianças, em 1933, havia um vazio constitucional no Brasil. O volume gigantesco de documentos da Assembleia Nacional Constituinte de 1933-1934 (por volta de 40 mil fotografias digitalizadas de textos datilografados sem catalogação ou índice remissivo) só pode ser utilizado como fonte histórica com a adoção de ferramenta de pesquisa para reconhecimento ótico de caracteres e de associação de caracteres (Figura 5).

O resultado obtido permitiu afirmar a existência de uma bancada pró-eugenia na Assembleia. Esse grupo atuou nos debates constituintes sobre os temas do trabalho, da imigração, da assistência social, da saúde e da educação. Nos debates sobre educação, a eugenia tramitou como proposta de governo: o projeto obteve aprovação final e tornou-se artigo constitucional. Os discursos dos constituintes da bancada pró-eugenia e do presidente Getúlio Vargas serviram de fonte para esta pesquisa e de resposta à realidade política e jurídica que cercou a transferência das crianças estudadas.

Para conhecer o ideário das elites econômicas e da classe média da capital federal, selecionou-se a *Revista da Semana* como fonte maior. Para ilustrar os novos valores da modernidade inerentes à época, buscou-se saber como a revista e seus leitores viam as crianças, filhas órfãs ou abandonadas da Nação. A concepção de infância que emergiu na *Revista da Semana*, apresentada no terceiro capítulo, tornou-se fonte histórica relevante à pesquisa. Das 60 revistas analisadas, a ampla maioria é do período de 1930 a 1942.

Os relatos de memórias se impuseram à pesquisa como geradores de indícios e como estratégia de contraposição às fontes oficiais e aos discursos das elites políticas, econômicas e intelectuais. Acessar essas memórias exigiu rigor e tempo como metodologias. Romper o silêncio em Campina do Monte Alegre (SP) não foi fácil. Em 1998, quando os tijolos com símbolos nazistas chamaram a atenção do pesquisador, eram três os sobreviventes conhecidos do grupo dos 50 meninos retirados do Educandário Romão de Mattos Duarte: o senhor "Renatão", o senhor Roque "Paturis"[10] e o senhor Aloysio Silva. Ao serem indagados sobre os símbolos nazistas, as narrativas foram, inicialmente, de poucas palavras e provocaram reações na cidade, onde a rua principal e a maior escola levam o nome de um dos responsáveis pela traumática e relevante História que começava a assumir seu lugar por direito: o espaço público.

Renatão e Roque morreram no decorrer da pesquisa. Roque deixou suas impressões, informalmente e com fortes restrições – o pequeno registro de seus depoimentos, utilizado nesta pesquisa, foi da única entrevista dada à imprensa. Depois da primeira reação pública, fruto da matéria jornalística, calou-se. Relatou com poucos detalhes as mais importantes passagens das narrativas dos demais de-

---

10 Optou-se pelo uso dos apelidos na ausência de sobrenome na documentação ou na ausência de documentação.

poentes. A pesquisa não teve acesso ao senhor Renatão, mas as suas narrativas detalhadas sobre os traumas sofridos eram muito consistentes em relatos a terceiros, fontes coletadas e não utilizadas neste trabalho. O senhor Aloysio Silva, diante das reações contrárias na localidade, também tendeu ao silêncio.

O caminho seguido pela pesquisa priorizou, devido ao impasse, as outras fontes históricas. Ficara evidente que romper definitivamente o silêncio da comunidade e dos três senhores dependeria não só de romper as resistências vestidas com a roupagem do esquecimento individual e coletivo, como também retirar o fardo da prova das violências das costas das vítimas. Aprendeu-se, ao longo da pesquisa, que "o silêncio tem razões bastante complexas" e que "para poder relatar seus sofrimentos, uma pessoa precisa, antes de mais nada, encontrar uma escuta" (POLLACK, 1989, p. 6). Escutar, nesta pesquisa, significou construir conhecimentos (de fontes históricas, teóricos e historiográficos) que demonstrassem aos entrevistados a real possibilidade de interlocução e compreensão. Afinal, por décadas, a desqualificação pública de seus relatos fora a tônica na localidade.

O silêncio foi definitivamente interrompido quando o senhor Aloysio Silva, justificadamente relutante, ficou sabendo que a pesquisa conseguira localizar seus documentos de infância em que constava o nome de sua mãe. O nome da mãe foi mantido por ele em sigilo de todos os amigos e familiares, ao longo da vida, pelo trauma de não poder provar sua identidade. Só então se dispôs a dar seu depoimento. Compartilhar informações com os sobreviventes, amigos e familiares e convencer os sobreviventes de que suas memórias possuíam relevância coletiva e, por isso, não deveriam morrer, foram fundamentais para a viabilização das entrevistas. Os relatos de Aloysio Silva criaram a pertinência de escutar também: Divanir Theodoro de Almeida, esposa do falecido José Alves de Almeida, outro dos 50 meninos estudados; Maria da Glória de Almeida, filha do casal; e Carmo Lourenço Gomes, 77 anos, nascido e criado na localidade. Os depoimentos criaram uma maior equidade de vozes nos acontecimentos estudados nesta pesquisa: as fontes oficiais, as fontes produzidas pelos responsáveis legais das crianças e as fontes produzidas pelas crianças (nas memórias).

O fato essencial, posteriormente apurado, foi uma transferência de 50 meninos, 48 "pretos ou pardos", de 9 a 12 anos de idade, entre 1932 e 1941. Eles estavam sob a "disponibilidade" do Juizado de Menores da Capital Federal e sob a "guarda" do Educandário Romão de Mattos Duarte da Irmandade de Misericórdia do Rio de Janeiro. Eles foram levados sob a "tutela" legal de Osvaldo Rocha Miranda a

Campina do Monte Alegre (SP). Os meninos foram vitimados, transferidos em viaturas policiais, sujeitados a pouca ou nenhuma educação escolar na Fazenda Santa Albertina, onde foram segregados. Foram colocados para trabalhar sem remuneração, sob alegações educativas e profissionalizantes. Isolados do restante da comunidade, estiveram sob a tutela real de capangas armados a chicote, palmatória, punhal, cães de guarda e armas de fogo. Impedidos da livre circulação, estiveram submetidos à agressão, ao abuso físico, ao constrangimento moral, ao cárcere e à fome como formas de castigo às resistências, desobediências e transgressões.

A compreensão da realidade histórica que propiciou e incentivou a segregação dessas crianças e adolescentes em um empreendimento capitalista, com consentimento e apoio estatal tornou-se uma oportunidade rara de entender o passado da sociedade e da formação do Estado Nacional brasileiro a partir da infância órfã e abandonada da capital federal.

O texto resultante da pesquisa apresenta-se organizado da seguinte forma:

O primeiro capítulo traça uma cartografia dos acontecimentos centrais da pesquisa no início dos anos de 1930 e focaliza a transferência dos meninos. Versa sobre a cidade do Rio de Janeiro e o Educandário Romão de Mattos Duarte; sobre Campina do Monte Alegre, no interior paulista, e, mais precisamente, as Fazendas Cruzeiro do Sul, Santa Albertina e Retiro Feliz. Nele, são apresentadas as fontes documentais sobre a entrada dos meninos no Educandário pelas mãos do Juiz José Cândido de Albuquerque Mello Mattos e suas saídas pelas mãos de Osvaldo da Rocha Miranda. Também aparecem as documentações sobre a existência de um polo nazista e integralista nas fazendas citadas.

A seguir, no segundo capítulo, mostramos a influência dos pensadores eugenistas na construção político-jurídica do Estado Nacional brasileiro na Era Vargas (1930-45), em especial da Constituição de 1934 e de seu artigo 138, que afirma ser função do Estado "estimular a educação eugênica" (art. 138). É nesse capítulo que são apresentadas as fontes documentais dos Anais e dos Diários da Assembleia Constituinte de 1933-1934. Fez-se uma análise do conceito de eugenia e de seu envolvimento com a história de práticas autoritárias, preconceituosas e de segregação.

O terceiro capítulo trata de aspectos culturais da capital federal, em especial de sua burguesia e de sua classe média, mostrando como foram marcadas pela eugenia, no sentido amplo, e pelo racismo, em particular. A fonte histórica mais importante para a realização desta parte da pesquisa foi a *Revista da Semana*, nas décadas de 1920, 1930 e 1940. Evidencia-se que a ideia de aprimoramento racial e da superioridade ariana marcou o universo do periódico, suas concepções de infância, de beleza e de saúde. A partir desse ponto, o texto se volta aos aspectos educacionais, analisa a estrutura de funcionamento do ensino da região de Itapetininga e traços do cotidiano escolar. Nessa parte do texto, encontram-se as fontes documentais disponibilizadas por herdeiros da família Rocha Miranda, os Relatórios de Ensino da Delegacia de Ensino de Itapetininga e parte dos depoimentos.

O quarto capítulo trata do cotidiano dos meninos nas fazendas nazistas e integralistas de Campina do Monte Alegre (SP). Nesta parte do texto, os depoimentos formam a base documental. As descrições sobre práticas educativas, sobre formas de exploração e repressão, mostram a realidade teorizada e expressa nos capítulos anteriores, demonstrando a simultaneidade e a indivisibilidade entre a representação do real e a realidade histórica. Mostra que os responsáveis, arquitetos do projeto que se fez real, acreditavam estar construindo a "democracia dos fortes", praticando a "educação para o trabalho" e exercendo o "bem". Mostra, também, que houve dolo, uma corresponsabilidade do Estado e do Capital, do público e do privado. Por fim, mostra que houve prática de segregação, constrangimento, exploração de crianças na condição de abandono, desenvolvida em espaço privado, mas sob a guarda jurídica do Estado.

Da Eugenia da Glória e da Misericórdia aos Sertões do Paranapanema

A República Brasileira consolidou-se oligárquica, militar e bacharelesca. O voto somente para alfabetizados, do gênero masculino, nascidos ou naturalizados, e a forte concentração fundiária com uma sociedade majoritariamente agrária e analfabeta mantiveram as forças repressivas e coercitivas do Estado a serviço do massacre das resistências populares como em Canudos (1893-1894), na Revolta da Vacina (1905) e no Contestado (1913-1914), por exemplo. As revoltas na República Oligárquica aumentaram em número, organização e força com a urbanização e a crise econômica derivadas da Primeira Guerra Mundial (o movimento operário anarquista e o cangaço, por exemplo). Os trabalhadores imigrantes europeus, que no século XIX foram vistos pelos eugenistas como a "salvação da raça brasileira", tornaram-se cada vez mais indesejáveis para o Estado Republicano no começo do século XX. Estrangeiros sujeitos à xenofobia e diversas formas de exclusão foram cada vez mais difundidas nas relações sociais cotidianas. O imigrante passou a ser associado à barbárie e sujeito às perseguições, em graus diferentes de opressão. Os orientais e os médio-orientais, sobretudo quando muçulmanos ou judeus, foram unidos, pela ideologia racista, aos trabalhadores nacionais também tidos como degenerados e perigosos. Trabalhadores adeptos ao socialismo, ao comunismo ou ao anarquismo foram vistos como inimigos a serem destruídos e deportados quando identificados por comportamentos considerados viciosos – quase sempre ligados ao torpor de baixo custo da época: a cachaça e a maconha – e foram considerados vagabundos. Aqueles associados à negação da sexualidade machista e patriarcal foram tratados como libertinos a serem extirpados, e os considerados diferentes fisicamente ou intelectualmente, vistos como dementes ou deficientes a serem isolados.[1]

---

1   Ver Chalhoub (2001), principalmente o item "Trabalhadores e vadios; imigrantes e libertos; a construção dos mitos e a patologia social".

Nas ruas da cidade de Rio de Janeiro, encontra-se uma memória urbana tão surpreendente quanto reveladora. Na região central, no Castelo, na Glória e no Catete encontramos a Rua Silvio Romero, a Rua Taylor, a Travessa Cassiano, a Rua Cândido Mendes e a Rua do Fialho. São indícios de um tempo que passou, mas que marcou a memória da cidade e não só nas placas.

O Antigo Bairro da Misericórdia, depois Largo da Misericórdia, para os lados do Morro do Castelo, congregou nos seus primórdios e ao longo de boa parte de sua História, importantes espaços urbanos: militar e repressivo (Fortaleza e Calabouço), médico-hospitalar (a Santa Casa de Misericórdia e a Faculdade de Medicina do Rio de Janeiro) e religioso (a Igreja de Nossa Senhora do Bom Sucesso). Um sanatório e a Casa da Roda também compunham este pedaço da cidade. O assistencialismo carioca possuía uma instituição de destaque que remontava ao período colonial: a Irmandade de Misericórdia do Rio de Janeiro. Ela possuía três orfanatos (o Santa Teresa, o da Misericórdia e o Romão de Mattos Duarte). Ao longo de sua história, eles serviram às diferentes formas de tratamento da questão da orfandade e da criança desamparada no Rio de Janeiro. As estratégias foram várias: fornecimento de dotes às órfãs que permitissem negócios de casamento; preparação de empregadas domésticas; enfermeiras e normalistas; tecnificação de camponeses; artesãos e operários; fornecimento de adolescentes para os baixos escalões da marinha e do exército. Em suma, fornecimento de mão de obra para servir as elites econômicas e para ocupar os baixos escalões da burocracia estatal (principalmente nas forças repressivas).[2]

Centro importante do pensamento médico higienista e eugenista nacional, a região da Misericórdia tornou-se, na concepção da medicina social carioca do início do século XX, um espaço "enfermo". Ao final dos anos 1940, o bairro havia praticamente desaparecido, engolido pelas avenidas, viadutos e pelos acessos ao aeroporto Santos Dumont. O orfanato masculino da Irmandade de Misericórdia, o Romão de Mattos Duarte, foi um dos primeiros espaços a serem transferidos, em 1911, indo para a Rua Marquês de Abrantes, esquina à Rua Paysandu. Atualmente, a entrada fica na Rua Paulo VI, nº 60.[3]

---

2 Burocracia, como entendeu Tratemberg (1974), como mecanismo prático de dominação travestido da ideologia da imparcialidade administrativa.

3 Sobre as transformações urbanas na cidade do Rio de Janeiro e seus impactos na educação do período estudado, ver Nunes (1996).

A reurbanização higienizadora e modernizante – sob influência das ideias de Haussmann – atingiu não só o Morro do Castelo e seu patrimônio histórico (na Reforma Pereira Passos 1902-1906),[4] mas também os excluídos e marginalizados de todas as ordens: "órfãos, abandonados, libertinos, alienados e outros tipos de doentes sociais", segundo a linguagem jurídica da época, expressa na Constituição de 34 e no Código do Menor de 1927.

A "eugenia" como instrumento "higienizador" da sociedade revelou-se estratégia poderosa na manutenção de um *status quo* ameaçado. A República de diferentes cidadanias, com diferentes graus de cerceamentos seria garantida pelo "aprimoramento das raças", pela implantação de leis e repressões voltadas à regulação comportamental e pela construção de uma "consciência eugênica e higiênica". A justificativa de que a "eugenia" era a defesa do Bem Comum e da Coisa Pública foi argumento sistematicamente encontrado entre os legisladores da Assembleia Constituinte de 1933-1934, principalmente na bancada eugenista por Miguel Couto. Legislou-se no sentido de uma sociedade passível de ser laboratorialmente controlada e manipulada. Racismo político pelas vias da filosofia da ciência em nome da evolução, da produção e do progresso. Legitimou-se a opressão em nome da grandeza da Nação e de uma pressuposta busca por uma pretensa evolução ou superioridade racial-civilizatória. O higienismo e a eugenia influenciaram as políticas públicas na área da Saúde, da Segurança Pública, do Controle do Trabalho e da Educação. O cidadão-trabalhador perfeito seria engrenado na Máquina de Produção, o indivíduo-gene na vida da Nação. O ideário científico criado em torno da engenharia social e sua busca da nação e da(s) raça(s) perfeita(s) também se compôs com a noção de sociedade trabalhadora ideal. A ideologia racista-li-

---

4 "Em 1898, a Prefeitura promulgou decreto que isentava a construção de residências na Vila Ipanema por qualquer pessoa, do pagamento de quaisquer impostos que recaíam sobre a construção urbana em geral, durante os cinco anos seguintes. Este prazo que, por outro decreto, foi ampliado para dez anos em 1902. Ambos os decretos foram revogados em 1905. Mesmo ano em que, devido ao lento crescimento do bairro, assumiu a sua urbanização a Companhia Construtora de Ipanema, de propriedade de Raul Kennedy de Lemos e Otávio Rocha Miranda, com o objetivo de combater os alagados e focos de mosquito que entravavam o crescimento do bairro. Essa firma encerrou suas atividades somente em 1927" – Texto extraído do Cadastro de Bens e Imóveis de Valor, referente à proposta de tombamento do Imóvel à Rua Prudente de Morais, 65, da Secretaria de Cultura da Prefeitura do Rio de Janeiro (Departamento Geral de Patrimônio Cultural, Departamento de Cadastro e Pesquisa, 2003, p. 1).

beral-burguesa tornou-se ainda mais importante na consolidação de um Estado Nacional com cidadania plena para poucos, no transcorrer das três primeiras décadas do século XX, do que no século anterior.

Nos anos 1930, da Misericórdia à Glória e em boa parte da região central do Rio de Janeiro, intensificou-se a reurbanização. O urbanismo foi parte de um projeto maior de intervenção sociológica para fins econômicos: a reforma Carlos Sampaio (1920-1922), que demoliu o Morro do Castelo; a reforma de Henrique Dadsworth, interventor federal de 1937-1945, marcada pelas ideias de *Le Corbusier*; as largas avenidas; o aeroporto; os aterros; e a Avenida Beira-Mar reordenaram a região. A Glória das décadas anteriores (de 1880 a 1930) havia sido um local nobre, de mansões da nobreza imperial e das elites políticas e econômicas da República Velha. Concentrava também os espaços de convivência das elites: os bulevares, a marina, o Iate Clube, o porto para hidroaviões. Com o crescimento urbano e a tensão limítrofe com o centro e a Lapa, a Glória se transformou em um bairro misto no entre-guerras, com novas e diferentes possibilidades de empreendimentos e de conflitos de interesses sociais.

De fins da década de 1920 até o início dos anos 1940, a região passou por uma intensa especulação imobiliária, envolvendo negócios de grande porte para as dimensões econômicas da época. Afinal, a *Saint-Germain-de-Près* carioca (como era conhecida a Rua da Glória até os anos 1920) e sua Praça Paris, na visão das elites cariocas, passavam por um processo de degradação, de "degeneração" e de necessária "regeneração" – entenda-se: redefinir a ocupação do espaço e restringir a circulação dos "inconvenientes" das áreas públicas e das áreas em litígio de uso e posse. A Glória dos anos de 1920 e 1930 era tripla: (a) porta à zona sul e seus novos empreendimentos imobiliários; (b) caminho para o Catete e às Laranjeiras; (c) fronteira com o Centro e a Misericórdia, essas últimas consideradas degradadas e degeneradas.

Essa era a cartografia do poder político nacional e, em certa medida, também do poder econômico nacional,[5] tanto sedentário, nas mansões que avançavam à zona sul e às Laranjeiras, quanto esporádico, nos hotéis de luxo na região, em especial, no Hotel Glória. Nessa região aconteciam as decisões concernentes à

---

5   Apesar do centro econômico do período encontrar-se em São Paulo, desde o início da República Oligárquica os mais ricos empresários brasileiros mantinham residências na cidade do Rio de Janeiro ou frequentavam assiduamente os hotéis de luxo.

vida da sociedade e tinha-se a maior concentração de poder econômico e político por metro quadrado do país.

A contradição entre uma cidade que se adensava e se transformava sem alterar as características básicas da desigualdade econômico-social prolongou-se além dos tempos da escravidão e incentivou a manutenção nas elites de uma mentalidade política de controle social também de características escravocratas. O Distrito Federal da época possuía a maior rede de intervenção social (assistencial, educativa, penal e hospitalar) do Brasil e as ações eram majoritariamente privadas. Na década de 1930, o Governo Federal organizou essas ações sob o guarda-chuva da Legião Brasileira de Assistência (LBA) e criou uma política assistencialista público-privada. A direção da LBA ficou a cargo da Darcy Vargas (esposa de Getúlio Vargas) até 1944. Em 1946, já no governo Dutra, a LBA foi dirigida por Otávio Rocha Miranda.[6]

Durante a Era Vargas (1930-1945), as ações sociais e assistenciais articularam-se entre o Ministério da Educação e Saúde Pública, o Ministério da Agricultura, Indústria e Comércio e o Ministério da Justiça. Assim, as políticas públicas de intervenção social pouco ou nada se distinguiam das ações e interesses privados, associando medicina social com criminalização, sistema penal e educação para o trabalho. Os limites entre os interesses públicos e os privados, entre o altruísmo assistencialista e a exploração planejada confundiram-se.

Um dos setores mais atingidos por essas ações público-privadas foi a articulação educação-trabalho para crianças e jovens socialmente e economicamente excluídos. O modelo de cidadania excludente, sustentado no autoritarismo, no moralismo, no disciplinamento e na repressão. A ideia de "reeducação pelo trabalho" e, mais precisamente, de que o "trabalho liberta" e "civiliza" foi ideologia autoritária corrente no período.

Essas e outras relações e ações foram praticadas no Rio de Janeiro e em outros lugares do Brasil, em épocas diferentes sob argumentos e justificativas distintas: caridade religiosa (até meados do século XIX) ou filantropia racionalista (até meados do século XX), como já mostrou Marcílio (1998). O assistencialismo da Irmandade de Misericórdia do Rio de Janeiro, nas décadas de 1920 e 1930, teve que se deparar com uma realidade que impôs uma indagação: o que fazer com os órfãos que chegavam pela roda de expostos, pelo delegado e seus auxiliares, pelo juiz titular e seus

---

6   Ver: Casa de Osvaldo Cruz – Fundação Osvaldo Cruz. Dossiê Departamento de Assistência Social. Ver também Gomes (2008, p. 117).

auxiliares, pela maternidade da Santa Casa, pelos clérigos e por toda uma rede de notáveis e fidalgos, por meio dos quais fluíam em direção aos orfanatos as crianças frutos de amores considerados proibidos, como consequência de doença ou de morte dos pais ou do abandono por força da miséria econômica?

O fato é que o prédio do Educandário Romão de Mattos Duarte, com suas escadas íngremes de mármore, na década de 1920 e nos anos trinta ficou pequeno. O volume de crianças, mesmo com a altíssima mortalidade, aumentou sistematicamente segundo os Livros de Circulação dos Internos. A Roda de Expostos (Figura 6) que ali existiu até 1938, apesar do Código do Menor, no seu artigo 15, tê-la extinta em 1927, dificultava o controle de entradas.

Vizinho ao Educandário Romão de Mattos Duarte, separados pelos jardins das antigas possessões do Conde D'eu e da Princesa Isabel, o poder da República ocupava a antiga moradia nobre, o Palácio Guanabara. O edifício tornou-se residência oficial da presidência durante o Estado Novo. Nos limites dos seus jardins, beirando o acesso ao palácio pela Rua Payssandú, avistava-se o palacete nobre de outrora, ocupado a partir de 1911, pelo Educandário (Figura 7).

Uma instituição de caráter jurídico privado mantinha, entregava, removia e enterrava muitas crianças nas cercanias do Palácio Presidencial. Tais dados abrem uma importante janela para o passado da condição dos filhos abandonados, órfãos ou desamparados e sob a tutela do Estado. O Livro das Amas de Leite,[7] os bilhetes deixados junto aos expostos e as justificativas de recolhimento e internação (juízes, delegados, clérigos e notáveis) não deixam margem a muitas dúvidas: a sociedade era marcada pelo preconceito, concentradora de riquezas e produtora de miséria onde a orfandade e o abandono se multiplicaram.

Um dos focos da pesquisa foi compreender as circunstâncias da saída de crianças do Educandário Romão de Mattos Duarte. O que se verificou nos livros de órfãos (de 1923 a 1942) foi que a maioria das transferências de crianças foi feita por meio de instituições jurídicas não familiares. Muito mais do que a figura jurídica da *adoção*, em geral ligada a recém-nascidos, outras formas de caráter não adotivo, a *disponibilidade* para o *patronato*, à *tutoria* e à *proteção* exemplificam esta relação não estritamente privada e, ao mesmo tempo, não necessariamente pública.

O termo *protetor* divide espaço com o termo *tutor* também nas documentações do mesmo período no orfanato de meninas da Irmandade de Misericórdia

---

7   Arquivo do Educandário Romão de Mattos Duarte, não indexado.

de Campinas (SP), utilizado na pesquisa como comparação à documentação da Irmandade de Misericórdia do Rio de Janeiro (Figura 8). As diferenças básicas são de gênero e de idade. Na documentação da Santa Casa de Misericórdia de Campinas (SP), das menores entregues a tutores e tutoras, a maioria absoluta estava na faixa de 13 a 15 anos. Os meninos do Romão Duarte tinham entre 9 e 12 anos.

Os internos do Educandário Romão de Mattos Duarte eram designados como expostos, desamparados ou provisórios, termos semelhantes aos do Código do Menor, no Decreto n.º 13943, de 12 de outubro de 1927:

> Art. 14. São considerados *expostos* os infantes até sete annos de idade, encontrados em estado de abandono, onde quer que seja. [...]
> Art. 26. Consideram-se *abandonados* os menores de 18 annos: I. que não tenham habitação certa, nem meios de subsistencia, por serem seus Paes fallecidos, desapparecidos ou desconhecidos ou por não terem tutor ou pessoa sob cuja, guarda vivam; II. que se encontrem eventualmente sem habitação certa, nem meios de subsistencia, devido a indigencia, enfermidade, ausencia ou prisão dos Paes, tutor ou pessoa encarregada de sua guarda; III. que tenham pae, mãe ou tutor ou encarregado de sua guarda reconhecidamente impossibilitado ou incapaz de cumprir os seus deveres para, com o filho ou pupillo ou protegido; IV. que vivam em companhia de pae, mãe, tutor ou pessoa que se entregue á pratica de actos contrarios á moral e aos bons costumes; V. que se encontrem em estado habitual do vadiagem, mendicidade ou libertinagem; VI. que frequentem logares de jogo ou de moralidade duvidosa, ou andem na companhia de gente viciosa ou de má vida. VII. que, devido á crueldade, abuso de autoridade, negligencia ou exploração dos paes, tutor ou encarregado de sua guarda sejam:
> a) victimas de máos tratos physicos habituaes ou castigos immoderados; b) privados habitualmente dos alimentos ou dos cuidados indispensaveis á saude; c) empregados em occupações prohibidas ou manifestamente contrarias á moral e aos bons costumes, ou que lhes ponham em risco a vida ou a saude; d) excitados habitualmente para a gatunice, mendicidade ou libertinagem; VIII. que tenham pae, mãe ou tutor, ou pessoa encarregada de sua guarda, condemnado por sentença irrecorrivel; a) a mais de dous annos de prisão por qualquer crime; b) a qualquer pena como co-autor, cumplice,

encobridor ou receptador de crime commettido por filho, pupillo ou menor sob sua guarda, ou por crime contra estes.

No Código, a designação das crianças em *expostos, abandonados, vadios, mendigos e libertinos* permite, entre outras, duas orientações de análise. A primeira refere-se à moralidade e aos costumes, o que se queria era a criança *(im)posta, recolhida, trabalhadora, de boa índole* e *conscientemente assexuada*. A segunda é de ordem jurídica e política, as crianças estavam sujeitas à *adoção*, à *guarda*, à *vigília* e à *correção*, sujeitas a ações *públicas* e *privadas*.

> Art. 28. São *vadios* os menores que: a) vivem em casa dos paes ou tutor ou guarda, porém, se mostram refractarios a receber instrucção ou entregar-se a trabalho sério e util, vagando habitualmente pelas ruas e Iogradouros publicos; b) tendo deixado sem causa legitima o domicilio do pae, mãe ou tutor ou guarda, ou os logares onde se achavam collocados por aquelle a cuja autoridade estavam submettidos ou confiados, ou não tendo domicilio nem alguem por si, são encontrados habitualmente a vagar pelas ruas ou logradouros publicos, sem que tenham meio de vida regular, ou tirando seus recursos de occupação immoral ou prohibida. Art. 29. São *mendigos* os menores que habitualmente pedem esmola para si ou para outrem, ainda que este seja seu pae ou sua mãe, ou pedem donativo sob pretexto de venda ou offerecimento de objectos. Art. 30. São *libertinos* os menores que habitualmente:a) na via publica perseguem ou convidam companheiros ou transeuntes para a pratica de actos obscenos;b) se entregam á prostituição em seu proprio domicilio, ou vivem em casa de prostituta, ou frequentam casa de tolerancia, para praticar actos obscenos;c) forem encontrados em qualquer casa, ou logar não destinado á prostituição, praticando actos obscenos com outrem; d) vivem da prostituição de outrem. [...] Art. 54. Os menores confiados a particulares, a instituto ou associações, ficam sob a vigilancia do Estado representado pela autoridade competente.

Entre janeiro de 1932 e dezembro de 1933, saíram do Educandário Romão de Mattos Duarte, segundo os documentos da instituição: 27 expostos, 23 desamparados e 13 provisórios; destes, foram encontrados documentos de 15 meninos entregues a Osvaldo Rocha Miranda – dez no mesmo dia 16 de novembro de 1933. Foi apurado que este foi o primeiro grupo de um total de três; os dois seguintes, com 20 meninos cada, num total de 50. Eram meninos de 9 a 12 anos. Dos dez transferidos no dia seguinte aos festejos cívicos da Proclamação da República, há documentação que mostra que sete estavam no Educandário Romão Duarte à *disposição* do Juiz Titular José Cândido de Albuquerque Mello Mattos e, portanto, sob a guarda do Estado (Figura 9).

O Juiz Mello Mattos possuía *status* de celebridade controversa nas elites cariocas, como mostra o artigo a seguir. A criação do Juizado do Menor e do Código do Menor (1927) gerou conflitos entre as autoridades jurídicas e políticas que acabaram nas instâncias superiores do judiciário brasileiro. Para um pai inconformado com o fim legal do "Pátrio Poder absoluto" – por conta das restrições etárias de acesso ao teatro – restou o pedido de *habeas corpus* preventivo para poder levar o filho onde bem entendesse sem sofrer repressão. O pai preferiu defender a "severa censura prévia" aos espetáculos teatrais ao invés da quebra do pátrio-poder. As mesmas letras que alfinetam o Juiz José Cândido de Albuquerque Mello Mattos de se intrometer na educação do filho dos outros, afirma: "A lei lhe confere jurisdição apenas sobre os abandonados e delinquentes". Com "esses", que o juiz fizesse o que conviesse; mas aos demais, caberia a cada pai a decisão. O artigo defendeu que crianças de classes sociais e condições familiares diferentes tivessem direitos e deveres também diferentes. Para as crianças delinquentes ou abandonadas, a lei do Estado; mas, para as crianças filhas do reclamante, a lei do pai. Somente os filhos desamparados da classe trabalhadora eram "menores" e, por isso, sujeitos ao código. Ao mesmo tempo, era tido como interferência no pátrio poder e como gerenciador dos "menores problemas" (Figura 10).

O juiz Mello Mattos, na visão do autor desse artigo, deveria servir aos interesses de classe, e não aos da infância, da moralização das crianças pobres e não de direitos e deveres iguais a todas. Ao insistir no enfrentamento ao pátrio poder absoluto, foi afastado de suas funções como punição pelas cortes superiores, mostrando quanto essas instâncias foram paternalistas e classistas. O mesmo juiz, repreendido pela violação ao pátrio-poder absoluto, não o foi por ter permitido que crianças sob sua "disponibilidade" fossem colocadas a serviço de interesses patrícios. Ele era o responsável pelas crianças que saíram do Educandário Romão de Mattos Duarte e foram entregues a Osvaldo Rocha Miranda. Dos 50 meninos que saíram do Educandário Romão de Mattos Duarte em direção a Campina do

Monte Alegre (SP), os que foram identificados ou tiveram documentação encontrada pela pesquisa encontram-se registrados no Quadro 1.

**Quadro 1: Meninos que saíram do
Educandário Romão de Mattos Duarte**

Nome	Documentação encontrada no educandário	Idade de entrada no educandário	Data de entrada no educandário	Data de saída do educandário	Cor da pele (termo documental)
Adhemar Bahia	SIM	2 anos	16/06/1925	16/11/1933	PRETO
Affonso Custódio	SIM	3 meses	01/07/1922	16/11/1933	BRANCO
Argemiro Santos	SIM	2 anos	07/04/1926	16/11/1933	PARDO
Almir Fernandes da	SIM	18 meses	19/09/1924	16/11/1933	PARDO
Parentesco citado na documentação	À disposição do Juiz Mello Mattos	Assinatura de Osvaldo da Rocha Miranda no Talonário de Saída	Memória de Aloysio Silva	Memória de Divanir Teodoro de Almeida	Memória de Carmo Lourenço Gomes
		SIM	SIM		
		SIM	SIM		
Maria Ignacia dos Santos (mãe)	SIM		SIM		
Julieta Fernandes da Silveira (mãe)	SIM	SIM	SIM		
Maria Augusta da Silva (mãe)	SIM	SIM			
Maria Augusta da Cruz (mãe)		SIM	SIM		
				SIM	
		SIM		SIM	
Benedicta Antonia (mãe)	SIM		SIM		
	SIM	SIM	SIM		
Judith (irmã)	SIM		SIM	SIM	SIM
Marcelina de Almeida e Manoel Rodrigues (pais)			SIM		
				SIM	SIM
Cândido e Isabel dos Santos (pais)	SIM				
				SIM	SIM
				SIM	
				SIM	
			SIM	SIM	
				SIM	
			SIM	SIM	SIM
				SIM	
					SIM

Fonte: Elaboração própria

Aloysio Silva, o único dos localizados ainda vivo do grupo de crianças, ficou conhecido como o "Vinte e Três". Ele reside até hoje em Campina do Monte

Alegre (SP). Geraldo Freitas tinha o apelido na infância de "Bomba". José Alves de Almeida ficou conhecido como o "Dois". José Rodrigues foi convocado pela Força Expedicionária Brasileira (FEB) para a Segunda Guerra Mundial, lutou na Itália contra os nazistas e morreu "louco". Moacir, filho de carroceiro do "Lenheiro da Barrinha", com mais dois meninos da região completaram 53 no grupo. Aloysio casou-se e teve 7 filhos. Osmar Figuero morreu solteiro. Renatão casou-se e teve quatro filhos. Richard morreu solteiro. Roque tinha o apelido de infância "Paturis", era também chamado de "Vinte", morreu solteiro e viveu até a velhice em Campina do Monte Alegre (SP). Silvio Custódio era irmão de Affonso, eram os únicos identificados oficialmente como brancos. Zé Carias (Zacarias) casou-se e teve um filho. Das 50 crianças órfãs e abandonadas que deixaram o Educandário Romão de Mattos Duarte, foram encontradas documentações oficiais de 15 delas; oito, com a assinatura do recebedor Osvaldo Rocha Miranda no canhoto do talonário de saída (Figuras 11 e 12).

José Alves de Almeida (nascido em 1923 e irmão de Judith) apareceu no livro dos órfãos como tendo saído no mesmo dia, mas não aparece no *Talonário de Saída*. Consta no *Livro dos Órfãos* como levado para a "Fazenda do Dr. Rocha Miranda", sem datação de saída. Figura em situação semelhante Jorge "de Assis", nascido em 1924, provavelmente Jorge Lopes, filho de Benedicta Antonia – a mesma pessoa, segundo Aloysio Silva (Figura 13).

Pelos depoimentos recolhidos, apurou-se que o Dois, como ficou conhecido José Alves de Almeida em Campina do Monte Alegre (SP), não estaria na lista do grupo. Ele foi separado de sua irmã Judith, também interna na Irmandade de Misericórdia do Rio de Janeiro. Os relatos combinados com os indícios documentais sugerem que a Madre Superiora o transferiu como punição por indisciplina.

A ação das transferências se enquadrou juridicamente no artigo 221, do Código do Menor de 1927, referente especificamente ao Distrito Federal e ao seu Juizado de Menores:

> Art 221. É lícito aos particulares, pessoas ou associações, para isso especialmente organizadas, ou que a isso se queiram dedicar, instituir escolas de preservação para qualquer sexo, com a condição de não terem em mira lucros pecuniários, de obterem autorização do Governo, de se sujeitarem à sua fiscalização e as moldarem pelas disposições legaes.

Esta prática também se enquadraria no mesmo código nos artigos destacados a seguir:

> Art. 222. E' creado no Districto Federal, o Conselho de Assistencia e Protecção aos Menores, para os fins de: I, *vigiar, proteger e collocar os menores egressos de qualquer escola de preservação ou reforma,* os que estejam em liberdade vigiada, e os que forem designados pelo respectivo juiz; II, auxiliar a acção do juiz de menores e soma commissarios de vigilancia; III, exercer sua, acção sobre os menores na via publica, concorrendo para a fiel observancia da lei de assistencia e protecção aos menores; IV, *visitar e fiscalizar os estabelecimentos de educação de menores, fabricas e officinas onde trabalhem, e communicar ao Ministro da Justiça e Negocios Interiores os maus habitos e as irregularidades, que notarem:*V, fazer propaganda na Capital Federal e nos Estados, com o fim de, não só prevenir os males sociaes e tendentes a produzir o abandono, a perversão e o crime entre os menores, ou comprometter sua saude e vida, mas tambem de indicar os meios que neutralizem os effeitos desses males. VI, fundar estabelecimentos para educação e reforma de menores abandonados, viciosos e anormaes pathologicos; VII, *obter dos institutos particulares a acceitação do menores protegidos pelo Conselho ou tutelados pela Justiça* VIII, *organizar, fomentar e coadjuvar a constituição de patronatos de menores no Districto Federal;* IX, promover por todos os meios ao seu alcance a completa prestação de assistencia aos menores sem recursos, doentes ou debeis; X, occupar-se do estudo e resolução de todos os problemas relacionados com a infancia e adolescencia; XI, *organizar uma lista das pessoas idoneas ou das instituições officiaes ou particulares que queiram tomar ao seu cuidado menores, que tiverem de ser collocados em casas de familias ou internados;*XII, administrar os fundos que forem postos á sua disposição para o preenchimento de seus fins. [...]
> Art. 226. Do Conselho farão parte os directores do Collegio Pedro II, do Instituto Benjamin Constant, do Instituto dos SurdosMudos, do Hospital Nacional de Alienados, *das instituições de beneficencia subvencionadas pelo Estado ou consideradas de utilidade publica,* designadas pelo ministro, de um representante da Prefeitura, do Instituto da Ordem dos Advogados, da Academia

Nacional de Medicina e do Departamento Nacional de Saude Publica, designado pelo director.
[...]
Art. 228. O Conselho póde delegar a pessoas de sua confiança poderes para desempenho das funções que lhe approuver, transitoria ou permanentemente. § 1º A esses representantes se denominará, "Delegados da Assistencia e Protecção aos Menores"; e serão nomeados pelo presidente. § 2º Quando esses delegados forem incumbidos de missão junto ao juizo de menores, o exercicio della dependerá de approvação do respectivo juiz.§ 3º O juiz póde espontaneamente encarregar de serviços attinentes a menores abandonados e delinquentes esses delegados, aos quaes é livre a aceitação do encargo.§ 4º *Os delegados incumbidos da assistencia e protecção de menores pelo juiz se manterão em contacto com o menor;* observarão suas tendencias, seu comportamento, o meio em que vivem; sendo preciso, *visitarão os paes, tutor, pessoas, associações, institutos encarregados da sua guarda;* farão periodicamente, conforme lhes fôr determinado, e todas as vezes que considerarem útil, relatorio ao juiz sobre a situação moral e material do menor, e tudo o que interessar á sorte deste; e proporão as medidas que julgarem proveitosas ao menor.

O local para onde foram mandados os meninos fica na bacia do Rio Paranapanema, compreendendo atualmente os municípios paulistas de Buri, Campina do Monte Alegre e Angatuba, nas terras de Luis Rocha Miranda, deixadas por herança aos filhos Osvaldo, Otávio, Renato, Sérgio e Armênio[8] e depois

---

8   Armênio Rocha Miranda quase não aparece nas documentações. Indicando pouco ou nenhum envolvimento nos acontecimentos estudados. Outra exceção que apareceu na documentação foi Edgard Rocha Miranda, filho de Otávio, que se tornou herdeiro de parte minoritária das terras na região. Foi escritor, autor de peças de teatro e dono do Teatro Glória. Seu principal destaque artístico foi a peça teatral "Quando o noroeste sopra", publicada em inglês, no ano de 1957 pelo serviço de documentação do Ministério da Educação e Cultura do Brasil com o título de "...And the Wind blew", encenada em Nova Iorque. A peça versa sobre Campina do Monte Alegre (SP) na década de 1930 e centra-se na religiosidade, contrapondo um douto, um bispo e um militar com o restante da população local tida como ignorante e supersticiosa. Em torno disso se desenvolve a narrativa. O senhor Aloysio Silva se lembrou dele apenas como "um homem muito nervoso". A terceira exceção foi Alcides Rocha Miranda que apareceu assinando a planta baixa

ao neto Renato Filho. Instalou-se, nesse local, um dos empreendimentos da família. Consta em documentações textuais, fotográficas e arquitetônicas que, nas décadas de 1930 e 1940, havia no local uma grande estrutura agropecuária voltada, sobretudo, à criação de equinos e bovinos de alto valor econômico (Figura 14). Um negócio que era compatível com os vários outros empreendimentos dos irmãos Rocha Miranda em outros lugares do país e em outros setores da economia. Os irmãos figuravam à época entre os maiores empresários brasileiros.

Plácido da Rocha Miranda, primo dos supracitados, descreveu assim a biografia dos antepassados comuns:

> Nossa família tem origem em Bananal, no Estado do Rio, onde nosso avô [o Barão de Bananal] era fazendeiro. Tinha duas fazendas, mas acabou perdendo tudo com a abolição da escravidão; não havia possibilidade de colher o café, o café ficou no pé e foi a ruína total. Essa é a história de quase todas as famílias do estado do Rio de Janeiro. Meu avô tinha 16 filhos, com dois casamentos. O mais velho do segundo casamento, Rodolfo, foi para São Paulo desbravar o sertão. Aliás, o mais velho era o Luís; Rodolfo era o segundo. São Paulo ainda era em grande parte mata virgem. Ele conseguiu requerer terras e fundou diversas cidades, como Marília, Aritusina... Desbravava o sertão e formava cidades, vendia madeira e formava fazendas. Com isso, conseguiu constituir uma segunda fortuna. Rodolfo era senador da República, sendo o primeiro ministro da Agricultura. Como primeiro ministro da Agricultura, tinha umas ideias avançadas. Com a abolição da escravatura, era preciso haver uma substituição de mão-de-obra, então, como o Japão passava uma crise terrível, havia fome no Japão, ele conseguiu entrar em contato com o governo japonês e trazer a imigração de japoneses para São Paulo. O Brasil era um país agrícola, um país incipiente. Como deputado, meu pai fez uma lei, que foi o levantamento do banimento da família imperial; quer dizer, ela podia retornar

---

da casa de campo da Fazenda Cruzeiro do Sul, onde foram localizados os tijolos marcados com a suástica. Irmão por parte de pai de Sérgio, Alcides se notabilizou na arquitetura, participou do grupo de trabalho que arquitetou o edifício do Ministério da Educação e Saúde, tornou-se professor e pesquisador da UFRJ e da USP.

ao Brasil. A família imperial retornou ao Brasil e estava muito sem dinheiro. Naquela época, então, ele e mais dois sócios fizeram uma firma e lotearam os terrenos que pertenciam ao Palácio Imperial, em Petrópolis.[9]

Para Renato Rocha Miranda (o pai), "industrial" é a designação mais utilizada nas documentações. Ele apareceu citado em sociedade com empresários alemães, em 1926, na produção de isoladores cerâmicos no município de Carangola (MG). Foi sócio fundador do Rotary Clube do Rio de Janeiro (1922-1923). Da década de 1920 até 1938, foi diretor da Companhia Carbonífera Próspera na região de Criciúma, em Santa Catarina. Durante sua gestão, a "Próspera" manteve fortes contatos com a empresa alemã Krupp. E, segundo documentação da Escola Estadual Renato Rocha Miranda de Campina do Monte Alegre (SP), ele foi também diretor do Banco Nacional Brasileiro, depois chamado Casa Bancária Rocha Miranda Filho.[10]

Otávio Rocha Miranda atuou na construção civil e no transporte: a reformulação da Avenida Beira-Mar e a primeira linha de ônibus urbano no Rio de Janeiro (Cia. Auto-Avenida). Em 1905, era dono, junto de Raul Kennedy de Lemos, da Companhia Construtora Ipanema, que urbanizou a praia do mesmo nome.[11] Essa firma encerrou suas atividades em 1927.[12] Em 1935, foi diretor do Comitê Olímpico Brasileiro[13] e presidiu a Legião Brasileira de Assistência no governo Dutra, como já foi dito anteriormente.

Os irmãos Sérgio Rocha Miranda e Osvaldo Rocha Miranda tinham seus interesses mais ligados à agropecuária, aos aviões, aos iates e às caçadas. Nos anos

---

9   Plácido da Rocha Miranda, em depoimento a Maria Antonieta Parahyba Leopoldi e Teresa Cristina Novaes Marques. Ver. Miranda (1998).

10 A biografia localizada na escola foi assinada por Neri Arantes da Costa e supervisionada por Renato Rocha Miranda Filho.

11 "Urbanização e combate aos alagados e focos de mosquito" é o que consta na documentação. Em 1905, a urbanização e o combate a mosquitos têm significado, tanto por conta da reforma urbana quanto pela "Revolta da Vacina".

12 Ver: Cadastro de Bens e Imóveis. Divisão de Cadastro e Pesquisa. Departamento Geral de Patrimônio Cultural. Secretaria Municipal das Culturas. Prefeitura da Cidade do Rio de Janeiro. Disponível em: <http://www.riodejaneiro.rj.gov.br> Acesso em: 22 jan. 2010.

13 Ver: Montenegro (1989?).

1930, eles passaram longos períodos entre as fazendas da região de Campina do Monte Alegre (SP) e nas exposições de gado (Figura 15). Ficaram conhecidos pelo pioneirismo na importação e no aprimoramento genético de bovinos Nelores trazidos da Índia e de equinos Criollos trazidos do Uruguai. Nas fazendas Cruzeiro do Sul (de Sérgio Rocha Miranda) e Santa Albertina (de Osvaldo Rocha Miranda), concentravam-se as infraestruturas produtivas mais importantes do latifúndio original (Figura 16).

Em 1944, Osvaldo Rocha Miranda conseguiu a autorização de pesquisar pirita e derivados no Município de Buri – Decreto do Executivo n.º 16.203, de 26 de julho de 1944. A pirita é a base da fabricação de ácido sulfúrico utilizado por fabricantes de adubo e de armas. Tal informação é inconclusa, mas perturbadora pela presença integralista, nazista e dos laços com a família Krupp.

Os documentos informam que a partir de 1932, junto aos negócios agropecuários, estruturou-se, na Fazenda Santa Albertina e na Fazenda Retiro Feliz (de Otávio), uma base da Ação Integralista Brasileira. Em relatório investigativo o delegado de Itapetininga, Luiz Tavares da Cunha, a serviço do DEOPS-SP, em maio de 1938, afirmou: "Otávio e seus empregados são adeptos do Integralismo". Os documentos sugerem um inquérito político para averiguar outro crime político, visto que não era o integralismo que eles procuravam. O integralismo já era proibido, mas, ao que parece, era visto como um mal menor (Figuras 17 e 18).

Havia a suspeita de outro possível crime político, considerado mais grave pelo Estado Novo, pressupostamente mais atentatório à Nação: tratava-se de investigar a manutenção de partidos políticos estrangeiros no Brasil e o possível desrespeito ao Decreto-Lei n.º 383, de 18 de abril de 1938. Desejavam averiguar se o nazismo, propagado abertamente no local até o começo de 1938, havia realmente se findado. O delegado não constatou, ou não mencionou no documento, nenhuma estranheza pela presença dos meninos órfãos ou abandonados e suas condições degradantes. O verdadeiro crime à "ordem política e social" não foi averiguado.

Renato Rocha Miranda (o pai) foi, assim como Osvaldo Rocha Miranda e Otávio Rocha Miranda, integralista. Renato e Osvaldo aparecem nos documentos como membros da "Câmara dos Quarenta", grupo de comando da Ação Integralista Brasileira (como afirmado anteriormente). Somaram-se a Amaro Lanari, Belisário Pena, Gustavo Barroso e Miguel Reale na proximidade com Plínio Salgado. Aliás, Renato Rocha Miranda foi citado por Plínio Salgado em correspondência dirigida a Getúlio Vargas como um amigo comum (SILVA,

1971, p. 112-113; TRINDADE, 1974, p. 317; CARONE, 1982, p. 20). Nas referências que Miguel Reale fez em suas *Memórias* (1986, p. 79), sobre sua atuação no Integralismo afirmou:

> Às vezes, quando surgiam sinais de excessivo autoritarismo, ou de inconsistente pregação antissemita, sob influência do Nazismo, que gozava de minha simpatia apenas no tocante às suas soluções no plano econômico financeiro, eu me quedava a pensar sobre o meu destino no movimento, temeroso de vir a ser um 'revisionista', ante qualquer desvio das diretrizes sócio-políticas do Estado Integral, irredutível ao Estado Totalitário, apesar de, uma vez por outra, esta expressão surgir em nossos escritos, sem o sentido, porém, de absorção da sociedade civil pelo Poder Público. Preocupava-me também o "aburguesamento" da AIB, ato este que começou a se revelar depois que houve a transferência da chefia de São Paulo para o Rio de Janeiro, onde o Integralismo passou a 'ficar na moda', ganhando grande número de adeptos nos círculos mais refinados da sociedade carioca. Na capital paulista, nossa vida fora e continuou sendo de mais recato e ponderação, longe das luzes sempre ofuscantes e tentadoras do Poder (REALE, 1986, p. 79).

No interior desse processo de "aburguesamento" relatado por Reale, cabe perfeitamente a inclusão dos membros da família Rocha Miranda (Figuras 19 e 20).

A investigação do DEOPS-SP sobre os Rocha Miranda reforçou a percepção de que no Estado Novo foi praxe a ditadura vigiar os aliados e tênue a linha entre estes e os inimigos políticos. No biênio 1938-1939, a Alemanha foi o maior parceiro comercial do Brasil, o que mostra as diferenças entre as relações diplomáticas e a comercial. A diplomática mais sujeita às pressões políticas internas, com a ditadura e suas proibições à organização da sociedade, o que paradoxalmente atinge também os movimentos fascistas e pressões políticas externas, com a proximidade da Guerra e as pressões pelo posicionamento menos dúbio do Estado Brasileiro. A segunda, comercial, continuou intensa, mesmo depois de 1938, quando o clima da diplomacia bilateral esquentou e os negócios contratados de parte a parte continuaram até começarem os embargos.

A documentação localizada no Arquivo Público do Estado de São Paulo permitiu identificar essa tensão: (a) o conflito diplomático entre o chanceler brasileiro Osvaldo Aranha, acusado de apoio aos interesses ingleses e estadunidenses pelo embaixador alemão Karl Ritter; (b) os desafetos públicos de Aranha com Gustavo Barroso (que era chefe da Milícia Integralista); e (c) a insistência do "adido cultural" alemão Hans Henning Von Cossel (que era *Landesleiter* - Chefe do Partido Nazista no estrangeiro) de se comportar como representante do Estado Alemão no Brasil, confundindo o Partido com o Estado. Simultaneamente às asperezas diplomáticas, Dutra (Ministro da Guerra) viajou à Alemanha, Inglaterra e EUA para liberar o comércio Brasil-Alemanha e permitir que navios brasileiros transportando armas alemãs (provavelmente Krupps) pudessem seguir viagem (SILVA, 1998). O que a pesquisa mostrou foi que, pelo menos, de 1933 a 1937 o integralismo, o nazismo e os negócios entre empresários alemães e brasileiros conjugaram-se abertamente com o governo de Vargas.

A compreensão dos acontecimentos centrais da pesquisa prescinde, porém, de aprofundamentos de análise sobre as políticas estatais de intervenção na sociedade para fins e interesses econômicos no período. O entendimento das condições jurídicas e políticas que permitiram e incentivaram a transferência dos meninos é fundamental. Assim, o capítulo seguinte analisa a expansão do pensamento eugenista dentro da máquina do Estado. Apresenta os seus principais protagonistas e suas ideias.

O Estado Eugênico

A Primeira Guerra Mundial rompeu o tênue e tenso equilíbrio entre as potências industriais e seus impérios imperialistas. Entre 1918 e 1929, criou-se uma nova correlação de forças e interesses capitalistas que penderam favorável e fortemente para os Estados Unidos. Ficou para os impérios capitalistas europeus a crise, a destruição em diferentes intensidades, maior na derrotada Alemanha, além de uma nova geopolítica trazida pelo surgimento da URSS.

Essa tendência a uma hegemonia estadunidense no capitalismo internacional foi interrompida pela crise econômica a partir de 1929. Ela atingiu a Europa e favoreceu a chegada dos nazistas ao poder na Alemanha. O nazismo e a ruptura do Tratado de Versalhes (1919) criaram a empresários alemães e brasileiros oportunidades de restabelecerem antigos laços de negócios, anteriores a 1914, ou de criarem novas possibilidades de acumulação – em particular, na área bélica e siderúrgica, com destaque às empresas Krupp, suas vendas de armas para as forças armadas brasileiras (SILVA, 1998) e seus interesses na compra de carvão mineral e instalação de siderurgia, envolvendo a Carbonífera Próspera (de Criciúma, SC), sob direção de Renato Rocha Miranda (BELLOLI, 2002).

Os interesses macroeconômicos, no período de 1929 até a declaração de Guerra do Brasil à Alemanha em 1942, e as formas de inserção dos dois países neste contexto tenso não podem ser percebidas de forma determinista, automática, nem linear. A existência, porém, dessas relações não pode ser negada. Entre os dois países houve um forte trânsito econômico e ideológico naquele período, tão intenso quanto as relações com os EUA, com a Inglaterra e com a França.

O envolvimento do Estado Nacional brasileiro com a Alemanha nazista, com o nazismo e com o pensamento eugenista deve ser compreendido dentro de uma perspectiva ampla. Deu-se através da aproximação de organizações políticas nacionais (como a AIB), pela diplomacia com o Estado Nacional alemão e pelos interesses de associação, concorrência ou dependência do capitalismo brasileiro com o capitalismo germânico.

A aproximação do governo brasileiro pós-1930 com os Estados de comum ideologia corporativista, cada vez mais óbvia no regime de Vargas no transcorrer da década, foi intensa. As relações com a Itália de Mussolini, a Alemanha de Hitler, a Espanha de Franco e Portugal de Salazar acentuaram-se no transcorrer da década. Essa aproximação se fez notar na política externa e também na política interna. O projeto contragolpista da oligarquia cafeeira falhou em 1932, mas culminou na Assembleia Nacional Constituinte de 1933-1934. Nela, houve cooptação de muitos dos desafetos paulistas ao executivo federal, com o apoio de vários constituintes paulistas para propostas nascidas no Executivo Federal da República, como ficou demonstrado na força do anteprojeto governista para a educação eugênica, com forte adesão da bancada paulista, como por exemplo, de Pacheco e Silva, de Abreu Sodré e de Carlota P. de Queiróz, a primeira deputada federal da história do Brasil e ativista da Revolução Constitucionalista de 1932.

A condução da dinâmica constituinte ficou nas mãos de um grupo muito diversificado formado por oligarquias agrárias e regionais, burguesia extrativista, industrial e financeira, setores médios urbanos e a bancada católica. Foram grupos que se organizaram em torno da nova estrutura de Estado. O processo histórico transcorrido de 1930 até a imposição e a consolidação do Estado Novo (1937) agregou no poder um espectro ideológico amplo, que tendeu ao autoritarismo, ao nacionalismo e ao racismo com a aproximação da ditadura.

O tratamento que a governança getulista deu aos considerados por ela como inconvenientes provou que a ideologia hegemônica no poder era, mesmo antes do golpe de Estado, a política corporativista assemelhada a outras governanças do período (nazismo, fascismo, franquismo, salazarismo). O Golpe de 1937 foi um "fato histórico" de muitos significados dentro de um processo mais amplo que começou anos antes.[1] O golpe do Estado Novo revelou o projeto político repressivo, anticomunista e antissemita, contidos na farsa do "Plano Cohen", que serviu de justificativa golpista. Há algum tempo, ocorria, principalmente a partir de 1935,

---

[1] Em Vesentini (1997), aparece a noção de "teia do fato", muito inovadora quando foi proposta em 1982. Ela sugere que o conceito de "fato histórico" traga em si a necessidade de relacionamento a outros fatos históricos e ao conjunto da memória para ganhar significado. Do contrário, mitifica-se o fato. Nas palavras do autor, "minha intenção foi mostrar o papel do fato como ponto de localização de significações e lugar onde é entrevista a realização da história, mesmo levando-se em conta uma perspectiva temporal ampla. Da forma que pretendi sublinhar o peso de certos fatos na rememoração posterior até para os que poderiam indicar outros momentos e instantes cruciais na definição desta efetivação, diminuindo o peso social da ideia de que essa realização histórica ocorre em um único lugar determinado" (VESENTINI, 1997, p. 19).

a perseguição de lideranças partidárias e sindicais, de intelectuais de oposição, a identificação do anarquismo como insanidade mental, a reação massacrante aos movimentos da esquerda ligados ao Partido Comunista, a permissividade às ações fascistas, o esgotamento e posterior proibição aos sindicatos independentes e de oposição, o policiamento político da sociedade comandado por Filinto Müller e suas prisões arbitrárias, torturas e assassinatos.

No Brasil, a recuperação econômica (após a crise de 1929) foi acompanhada de uma diversificação de produtos e mercados, nacionais e de exportação. O aumento da tensão internacional, que culminou na Segunda Guerra, favoreceu a balança comercial brasileira, a indústria local (pela diminuição na entrada de produtos importados) e a exportação (borracha, algodão, açúcar, carne, minérios e outros produtos primários e secundários). A diminuição relativa das importações elevou a demanda interna por produtos nacionais e favoreceu a expansão de um capitalismo interno mais complexo e dinâmico. O aumento da demanda externa, que se agigantou com o conflito mundial, favoreceu as exportações brasileiras, pelo menos enquanto o Estado brasileiro conseguiu manter-se fora do conflito. Foi um período de expansão do capitalismo brasileiro, caracterizado por forte intervenção do Estado, como investidor estratégico nas áreas de interesse do empresariado e como interventor autoritário no movimento e nas organizações dos trabalhadores. Essa conjuntura introduziu novas características nas relações capital/trabalho e nas políticas públicas e privadas de disciplinamento e arregimentação da força de trabalho, evidenciado no deslocamento de trabalhadores entre estados e regiões do Brasil.[2]

No Brasil, até fins da década de 1920, a propagação de teorias eugenistas e higienistas construiu uma situação favorável à entrada de europeus. Na década de 1930, cresceu a restrição aos movimentos migratórios. As proibições começaram pelos asiáticos e africanos. A queda na entrada de imigrantes passou a servir também de justificativa para a promoção ou imposição de deslocamentos de brasilei-

---

2   Trata-se aqui, especificamente, dos movimentos migratórios não espontâneos, que não aconteceram aleatoriamente, movidos exclusivamente pelos interesses e vontades do que migra, por opção ou por falta de opção. Assim, o que se ressalta é a existência de políticas estatais de fomento ou de restrição desses movimentos humanos, como o envolvimento de empresas e empresários participando de tais políticas e delas se beneficiando. Mais à frente no texto, a análise dos debates constituintes sobre imigração nos *Anais* e *Diários da Assembleia Constituinte* de 1933-1934 deixará essa questão mais explícita.

ros de uma região para outra, servindo aos interesses da exploração econômica do trabalhador ou da simples desocupação e concentração fundiária.

As teorias da superioridade da brancura (e suas fórmulas de "embranquecimento" do indivíduo e da sociedade), associadas à teoria do arianismo (da pretensa superioridade da pressuposta raça ariana), desvalorizaram o trabalhador nacional, que chegou a ser visto econômica e "racialmente" como incapaz ao trabalho fabril. A introdução de mão-de-obra barata, quase sempre formada por excluídos econômicos e sociais de outros continentes, colaborou para a diminuição das tensões sociais explosivas em suas regiões, além de ter perpetuado e acentuado a desvalorização do trabalho braçal no Brasil.

As teorias e políticas de "embranquecimento" da sociedade brasileira do século XIX modernizaram-se nas três primeiras décadas do século XX. As concepções de eugenia estadunidense, francesa, inglesa, italiana e alemã disputaram e compuseram, nas escolas e arcadas, nos quartéis, nos tribunais e nas tipografias as justificativas para a superioridade e inferioridade raciais. Davenportismos, lamarquismos, spencerismos, mendelismos e darwinismos sociais, lambrosianismos e assemelhados (a biologização da sociologia, a naturalização dos comportamentos, o biopsiquismo, a antropometria, a criminologia) produziram embates nas sociedades de eugenia, mas não ficaram a elas circunscritos.

As teorias racistas, que compuseram o ideário imperialista e de oposição à soberania popular nos países centrais do capitalismo, fortaleceram-se e ganharam complexidade com a conquista do continente africano e asiático.[3] Na América e, em especial, no Brasil, as novas teorias raciais ou as antigas, togadas com a última moda, ganharam espaço entre as elites com a crise da escravidão, o crescimento do trabalho assalariado e a imigração europeia. As teorias raciais, que no colonialismo moderno explicavam-se e justificavam-se na religião e na guerra justa,[4]

---

[3] Azevedo (2004) mostrou como a racialização da História da Humanidade acontecida, sobretudo a partir de meados do século XIX tem contribuído para a manutenção das desigualdades econômicas e sociais que atingem majoritariamente, no Brasil, os não "brancos" como consequência da instituição da escravidão como base da conquista europeia. Também Azevedo (2005) afirmou: "A categoria de raça enquanto termo-chave das práticas racistas – abertas ou veladas – é um fardo da história do qual precisamos urgentemente nos liberar se ainda quisermos concorrer para o futuro da humanidade".

[4] Conferir Bosi (1992, p. 246).

passaram a se firmar na ciência a partir do século dezenove.[5] Mantiveram, porém, uma semelhança: serviram de instrumentos para dominação e opressão. A industrialização trouxe consigo uma aceleração até então desconhecida das pesquisas científicas e, sobretudo, de suas derivações técnicas. A ciência tornou-se o tipo de conhecimento mais valorizado e lucrativo, consequentemente o mais importante numa sociedade de hegemonia burguesa, principalmente quando mitificado.[6]

Com a ampliação do atrelamento econômico do Brasil ao mundo nazifascista europeu e aos EUA anteriores à equidade de direitos civis, acentuaram-se por aqui as práticas da segregação. As relações de poder material e simbólico estruturaram-se de maneira ainda mais excludente para aqueles cujas histórias eram vinculadas à base do processo de expropriação que acompanhou a conquista portuguesa.

Os regimes fascista, nazista e assemelhados autoritários, tanto na Europa quanto na América, aumentaram o isolamento e a repressão sobre os movimentos organizados de esquerda e favoreceram com o racismo, a concentração de riquezas. O caso mais exemplar foi o da vitória de Francisco Franco na Espanha, que mostrou ao mundo a capacidade de articulação das ditaduras burguesas do período, em contraposição à solidariedade da aliança republicana de esquerda. O isolamento ou a extinção de movimentos sociais organizados e autônomos facilitou a concentração de riquezas e a exclusão social, não só na Espanha, mas em significativa parte do globo naquele período. No Brasil, também houve um movimento nessa direção ao longo dos anos trinta. O Estado Nacional autoritário respondeu à pressão do capitalismo e criou impedimentos e inviabilizações à livre organização da sociedade civil que se urbanizava, favorecendo o capital em detrimento do trabalho. A sociedade brasileira de então, teve sua história composta pelas disputas e intervenções imperialistas do período, oriundas dos conglomerados empresariais e seus respectivos mecanismos de poder: as máquinas estatais das regiões centrais do capitalismo – sobretudo, os impérios inglês, francês, alemão, italiano e estadunidense.

---

5   Bastante elucidativo para esta reflexão é a obra: CORRÊA, Marisa. *As Ilusões da Liberdade: a escola de Nina Rodrigues e a antropologia no Brasil*. Rio de Janeiro: Ed. FIOCRUZ, 2013.

6   Quando o fetiche do capital mitificou a ciência como nas teorias racistas no período, as consequências mostraram a necessidade de redefinição do conceito clássico de tragédia e redimensionou o papel da educação, principalmente da educação para as ciências. Ver: Adorno (1995) e sua "Educação após Auschwitz".

Essa época das grandes guerras, das tragédias humanas e dos violentos impérios marcou profundamente a formação da sociedade brasileira e a consolidação do Estado regente e hegemônico do Brasil contemporâneo. A estrutura sindical, os Ministérios do Trabalho, da Saúde e da Educação e a Legião Brasileira de Assistência são alguns exemplos possíveis. No período designado Era Vargas e em toda a teia de fatos e seus variados significados e conexões – as "revoluções" de 1930 e 1932, o movimento comunista de 1935 e o golpismo integralista, o golpe do Estado Novo de 1937 e a implantação da ditadura, encontram-se as bases da infraestrutura produtiva, das instituições militares e das instituições educacionais do Brasil de hoje.

O Rio de Janeiro, então capital federal, era cosmopolita à brasileira. Ao mesmo tempo, era republicana e de traço imperial-escravista. "Nobres e plebeus", "senhores e escravos" conviviam numa urbanidade de sociedade racista e economicamente segregada. Central na geografia do poder e radicalmente contraditória em seu cosmopolitismo e em seu provincianismo, ela serviu de canal de destaque na inserção do Brasil no mundo e na recepção dos que chegavam do além-mar: migrações internacionais, capital, produtos, ideias, modos de vida e de organização social.

A proximidade e o envolvimento de grupos importantes da burguesia, do poder estatal brasileiro e do integralismo com empresários, políticos e ideólogos da Alemanha nazista ficaram evidentes nesta pesquisa. Além dos negócios das empresas Krupp com o Estado brasileiro e com a Cia. Próspera, há outro fato relevante: Gustav Krupp von Bohlen und Halbach e seu filho e sucessor, Alfried Krupp von Bohlen und Halbach, donos do conglomerado de empresas "Krupp" (ambos condenados pelo Tribunal de Nuremberg por exploração de trabalho escravo de judeus, sendo que Alfried foi Ministro da Economia de Guerra de Hitler), escolheram Campina do Monte Alegre (SP) e a Fazenda Retiro Feliz, adquirida de Otávio Rocha Miranda, como refúgio depois da Guerra para o único herdeiro do império empresarial: Arndt von Bohlen Krupp und Halbach, filho de Alfried com Annelise von Bohlen Krupp and Halbach. Em Campina do Monte Alegre (SP), ela ficou conhecida como a "Madame Krupp", mesmo sendo divorciada de Alfried desde 1938, e o filho Arndt, era conhecido na região, como o "Barãozinho".

Os negócios dos Krupp com o Estado brasileiro eram antigos: canhões usados pelo exército para massacrar Belo Monte (Guerra de Canudos, 1894-1897) foram fabricados pelos Krupp. Os negócios arrefeceram como consequência da Primeira Guerra Mundial e do "Tratado de Versalhes", mas, na década de 1930, voltaram com vigor. Ressurgiu o comércio bélico e surgiram novas possibilidades de negócios, como o interesse de estabelecer a primeira grande siderúrgica no Brasil. Renato Rocha Miranda, irmão de Otávio e também empresário na capital nacional, durante o período que dirigiu a Companhia Carbonífera Próspera e suas jazidas em Criciúma (SC), direção que se estendeu até 1938, manteve negócios com os Krupp. Ele intermediou negociações de fornecimento de carvão para a futura siderúrgica Krupp no Brasil. Nesse momento, o Estado brasileiro ainda buscava capital e tecnologia estrangeira para o feito. A empresa Krupp, além de fabricantes de armas, da qual o Ministério da Guerra do Estado Brasileiro era cliente e devedor em 1939,[7] figurando internacionalmente como uma das maiores empresas do mundo na área siderúrgica.[8] Tal negócio chocou-se com o projeto da Companhia Siderúrgica Nacional (CSN) que foi reforçado com o desenrolar da Segunda Guerra Mundial.[9]

Depois que as negociações emperraram por conta da eclosão da Segunda Guerra e do posicionamento do Estado em criar uma empresa estatal, Guilherme Guinle acabou presidindo a "Comissão Executiva do Plano Siderúrgico Nacional" para "realizar os estudos finais para a construção de uma usina siderúrgica e (...) organizar uma companhia nacional para a construção e exploração da usina".[10] Guilherme Guinle era, à época, sócio de Renato Rocha Miranda nos Hotéis Copacabana Palace e Glória. Juntas, as duas famílias também se associaram na fundação do Fluminense Yacht Club (a partir de 1946, nomeado Iate Clube do Rio de Janeiro) que, dos 28 fundadores, dez eram das famílias Guinle ou Rocha Miranda.[11] Tais famílias foram posteriormente unidas também por laços de casamento.

Tais relações privadas (familiares, de negócios e de amizade) estiveram em consonância circunstancial com a política e as relações públicas nacionais e in-

---

7   Silva (1998, p. 95).

8   Belolo et al. (2002).

9   Para Ianni (1996), a consolidação de um capitalismo independente e o equilíbrio na balança comercial despertou o interesse de empresas brasileiras na entrada do capital estrangeiro no país. Para os seus defensores, esse capital poderia acelerar o desenvolvimento industrial brasileiro. Vargas teria sido um obstáculo a tais ideias. Sua postura em defesa do nacionalismo econômico e do desenvolvimento de um capitalismo nacional estava em desacordo com a entrada do capital estrangeiro no Brasil.

10 Criada pelo Decreto-Lei n.º 2.045, de 4 de março de 1940. In: Silva (1998, p. 139).

11 Iate Clube do Rio de Janeiro. Disponível em: <http://www.icrj.com.br>. Acesso em 12 jul. 2009.

ternacionais do período. De um lado, havia o III Heich e seus capitalistas interessados no fortalecimento de suas posições na América do Sul. De outro, existia a orientação Varguista de procurar um equilíbrio nas relações com as potências e, assim, buscar maior autonomia nas relações internacionais (marcadas historicamente por uma maior vinculação à Inglaterra e aos EUA). Os interesses dos *stableshiments* alemão e brasileiro estiveram, dessa forma, em sintonia parcial de interesses, da ascensão de Hitler à primeira fase da Segunda Guerra Mundial.

A Alemanha estava presente no Brasil não só no comércio. Sua estética pode ser encontrada nas arquiteturas, em afrescos, em esculturas, na literatura e na política da época. A *doxa* totalitária acompanhou o capital. O avanço do capital germânico encontrou interesses coincidentes com setores do capital local e se associaram em negócios, ideias, comportamentos e gostos.

As estratégias de reprodução e acumulação de capital adotaram algumas racionalidades técnico-científicas semelhantes e que atingiram as políticas públicas com a lógica racista-classista (políticas de "saneamento social", remoções, expulsões e transferências de indivíduos e grupos sociais). A classe trabalhadora mais empobrecida e, principalmente, as de tradições históricas diferentes das elites econômicas foram as mais atingidas. No Brasil, o racismo foi antissemita e nisso comungavam com os nazistas da mesma época, mas os racistas daqui, assim como os da Alemanha, adotaram raciologias mais amplas que atingissem a classe trabalhadora mais empobrecida. No Brasil das primeiras décadas do século XX, a segregação de "pretos e pardos" e de imigrantes de primeira geração, especialmente os asiáticos, mantinham baixos o valor da mão de obra. Fosse por alegações de "superioridade-inferioridade raciais" ou por justificativas como a "degeneração da mistura racial", a estética "ariana" era tida como superior e espelho, mesmo que quebrado, da burguesia brasileira, como aparecem nas ideias de Renato Khel, Gustavo Barroso, Miguel Couto e Oliveira Vianna, por exemplo. Assim, a pretensa "superioridade gênica" dos ricos sobre os pobres, reforçava a liberdade da propriedade privada em detrimento da equidade jurídica e política entre os seres humanos.

É preciso enfatizar que o pensamento eugenista foi autoritário, pois justificou a intromissão e a intervenção do Estado tanto na vida pública quanto na vida privada dos indivíduos. Interveio no amor, no trabalho, na política e no conjunto das relações sociais, sem permitir qualquer liberdade de participação nas decisões, porque se justificava na pretensa verdade absoluta da ciência. As instituições autoritárias e as práticas de segregação se reforçaram mutuamente. Há um vasto número de estudiosos e de estudos sobre as relações entre varguismo, bonapartismo, populismo, fascismo, salazarismo, franquismo e nazismo. As relações entre o varguismo e nazismo sempre foram as mais incômodas à exposição pública após a Segunda Guerra Mundial. Afinal, esta relação trazia a discussão do racismo como política de estado e a implosão da teoria da "democracia racial" no Brasil.

No Brasil da década de 1930, foi criado o Partido Nazista, exclusivo a alemães e aos descendentes de pai e mãe alemães, por restrição do próprio partido. Era estatutariamente integrado ao Partido Nazista da Alemanha. Entre os imigrantes trabalhadores alemães, a adesão ao partido foi reduzida, até porque o nazismo era visto por muitos como "estrangeirismo", algo perigoso para os trabalhadores vindos de fora do país. Entre empresários alemães radicados no Brasil, empresários brasileiros com interesses voltados à Alemanha e no contorno sociocultural das elites econômicas a divulgação da ideologia nazista e sua verborragia eugenista-autoritária foram bem mais comuns. Esta pesquisa revelou a existência de ideário publicamente assumido de eugenia e racismo, não necessariamente nazista, em importantes setores das elites brasileiras (intelectuais, artísticas, políticas e econômicas). Havia uma lógica racial, amplamente difundida nas representações que as elites faziam das classes sociais sem bens materiais que enveredava, sistematicamente, para práticas de racismo.

A tragédia de Olga Prestes, o arianismo de Oliveira Viana e Gustavo Barroso e outros exemplos que serão mostrados, revelam os estandartes racistas cariocas, facetas de uma realidade de violência mais ampla.[12] No Brasil, as relações socioeconômicas sustentadas na lógica das raças e na exclusão racista possuem uma história de encontro entre a ideologia nazista, de uma potência aspirando expandir seu império na América Latina, com uma realidade de consolidação das classes sociais depois de séculos de relações de trabalho baseadas nas senzalas e nos pelourinhos, justificadas pela cor da pele e pela teologia católica.

Até a "história" (história oficial) contada pelos livros didáticos era eurocêntrica, ademais de muitas vanguardas e propostas alternativas e de resistência no mesmo período. Nas palavras de Bittencourt (1995):

---

12 Nasser (1966) denunciou as atrocidades cometidas no período da Era Vargas, destacando a violação brutal de direitos e às torturas a que estiveram submetidos os opositores políticos na repressão comandada por Filinto Müller, arquiteto da monstruosidade.

A leitura das obras didáticas, notadamente as que foram produzidas depois de trinta, indica que a maioria delas possui uma certa homogeneidade quanto ao tempo histórico veiculado. Predominava, nos conteúdos de História do Brasil a fixação de uma crença na civilização tecnológica, tendo a Europa como berço e em certa medida a América do Norte como modelo americano possível para os demais países da América. A inserção de História do Brasil na História da Civilização pela reforma Francisco Campos procurava esclarecer as relações do estudo a partir da Antiguidade, iniciando o Brasil no período da modernidade, incluindo-se a História do continente americano (BITTENCOURT, 1995, p. 89).[13]

A produção artística com fomento estatal era também europeizada. À exclusão por motivações classistas somou-se outra: a identificação das culturas não europeias como formas de barbárie. O menino brasileiro eurodescendente estudava sua "história"; os outros não tinham direito sequer à História. A condição de exclusão compunha-se, também, por uma moralidade moralista, de forte teor religioso, defensora de valores e comportamentos europeus.

A mitificação do "progresso" das ciências pode ser percebida no surgimento de novas áreas do "conhecimento científico", dentre elas: o higienismo, o sanitarismo, a criminologia, a antropometria e a eugenia, ou seja, uma politecnia de engenharias sociais. Na visão de seus defensores e de suas lógicas científicas, essas ciências passavam pelo controle social. Acreditavam na ideia de que o controle era necessário para a realização dos experimentos sociais voltados à pretensa evolução da(s) raça(s) da Nação. Na prática, era moralização dos costumes e disciplinamento comportamental. Teorias e práticas que por princípio e fim não aceitavam a liberdade para todos.

Nas décadas de 1920 e 1930, o pensamento lamarckista-spenceriano-social perdeu força, acompanhando sua crise nas Ciências Biológicas. Na história brasileira de fins do XIX e início do XX, as teorias raciais mais difundidas eram as de origem francesa o que tendeu a mudar quando os modelos políticos, filosóficos e científicos racistas mais influentes chegaram da Alemanha e dos EUA e se compuseram, pela via interpretativa de Oliveira Viana, com um pensamento racista brasileiro de persistente fundamentação na moral católica e norteado pelo princí-

---

13 Ver também, nas páginas 139 a 144 do respectivo livro, as análises da autora sobre Monteiro Lobato, Olavo Bilac e Afrânio Peixoto.

pio político-jurídico do Homem-Bom[14] da história da conquista portuguesa e da escravidão. Os anos de 1930 e 1940 revelaram que os caminhos feitos pelos racistas das escolas anglo-germânicas e estadunidenses acabaram em políticas segregacionistas (nazismo na Alemanha, apartheid na África do Sul e leis segregacionistas em várias unidades da federação estadunidense).

No Brasil, essa naturalização do processo histórico criou um plano conceitual modernizante-conservador que sustentou a criminologia e a antropometria de Nina Rodrigues a Afrânio Peixoto; deu sustentação ao sanitarismo e ao higienismo de Artur Neiva, Belisário Penna e de Paula Souza; influenciou a educação de Capanema e de Fernando de Azevedo, a eugenia de Miguel Couto, Afrânio Peixoto e Renato Kehl; marcou o pensamento jurídico de Francisco Campos, a literatura de Monteiro Lobato e a "democracia autoritária" do arianismo de Oliveira Viana e Gustavo Barroso. Inúmeros outros exemplos poderiam ser citados, mas esses já permitem uma análise bastante caleidoscópica da intersecção do plano teórico-científico com teórico-político na construção do Estado e da "Raça" na consolidação de um capitalismo no Brasil, cujo ideal de Nação não pressupunha uma equidade jurídica, política e de cidadania para o conjunto da sociedade.

Nesse sentido, torna-se importante destacar a elaboração intelectual que dialogou com as ideias eugenistas da época. Faz-se necessário compreender o ideário dos que influenciaram ou atuaram diretamente nas políticas públicas em defesa de práticas de pressuposta eugenia e verificar como essas ideias chegaram até a elaboração das leis e nas práticas de políticas públicas.

---

14 Homem, branco, católico, pai de família e senhor, conforme a Legislação Manuelina de 1532.

Os pensadores eugenistas e suas influências na construção do Estado

A seleção e a análise deste conjunto de pensadores e ideólogos eugenistas – a saber: Oliveira Viana, Gustavo Barroso, Miguel Couto, Francisco Campos, Plínio Salgado, Paula Souza, Fernando de Azevedo e Belisário Penna – foram de grande ajuda na compreensão do Brasil do período estudado. As diferentes concepções de mundo, sociedade e de humanidade presentes entre os intelectuais da época, iam muito além desta escola autoritária. Este grupo foi, contudo, o mais sistematicamente citado e influente nas relações de poder, ao estabelecer e exercer políticas públicas de intervenção do Estado Nacional na sociedade civil, consolidando a ideologia racista.

Oliveira Viana foi o nome mais citado entre eugenistas no Brasil do período. Membro da Subcomissão do Itamarati[1] e, dentro dela, da comissão responsável pelos assuntos "Religião e Família, Cultura e Ensino Nacional, Saúde Pública e Colonização", onde nasceu o artigo 138 da Constituição de 1934. Segundo Oswaldo Aranha, relator desta parte do anteprojeto, os outros dois membros do grupo elaborador, João Mangabeira e Oliveira Viana, foram concordantes em muitos pontos. Ressaltando, porém, a insistente discordância de Viana de submeter leis sociais a plebiscitos e votações.[2] Oliveira Viana se afastou dos trabalhos antes de sua conclusão, entre outras razões, segundo ele próprio, por discordar do "excesso de democratismos e federalismos", que, a seu ver, defendia mais os "re-

---

1   A subcomissão do Itamaraty reuniu Afrânio de Mello Franco, Agenor de Roure, Antonio Carlos, Antunes Maciel, Artur Ribeiro, Assis Brasil, Carlos Maximiliano, Castro Nunes, Góes Monteiro, João Mangabeira, José Américo de Almeida, Oliveira Viana, Oswaldo Aranha, Prudente de Moraes Filho, Themístocles Cavalcanti e Solano da Cunha.

2   Ata da 36.ª sessão da Subcomissão do Itamarati, de 16 de março de 1933.

gionalismos, localismos e partidarismos do que a raça e nação".[3] Antes de sair, porém, Viana deixou suas marcas no anteprojeto. Seu nome aparece como o grande intelectual do período e referência insistente dos adeptos das tendências nazistas, fascistas e integralistas.

Foram marcas que ficaram no anteprojeto apresentado pelo governo e se transformaram em leis na área da Educação. Conhecer o pensamento de Oliveira Viana sobre a organização do Estado Nacional ajuda a perceber quais de suas marcas ficaram na Lei Maior, aprovada em 1934, e nas políticas de Estado adotadas durante sua elaboração e de sua promulgação. Justificando e elogiando a Constituição de 1937 e a ditadura de Vargas, revelou o seu pensamento sobre o Estado:

> Esta expressão "Estado Autoritário" não parece das mais felizes. No fundo, há qualquer cousa de pleonástico nesta denominação – porque o conceito de Estado implica, de si mesmo, a idéia de auctoridade. O que se instituiu foi a Democracia Auctoritaria, isto é, a democracia fundada na auctoridade e não mais na *liberdade*, como princípio essencial. Esta expressão "democracia auctoritaria" foi empregada pela primeira vez por Goebbels (v. Mankiewicz – *Le national-socialisme allemand*, 1937, p. 11) (grifos no original).[4]

A influência de pensamentos racistas e autoritários como o de Oliveira Viana na formulação de políticas públicas para a educação brasileira e de assistência à infância desamparada, deve ser percebida processualmente. Ao longo da década de 1930, este tipo de pensamento teve avanços maiores que retrocessos, tendo o seu apogeu coincidindo com a implantação da ditadura.

Oliveira Viana enxergava a história dos povos a partir de determinantes físicos e biológicos e, mais precisamente, gênicos. Haveria para ele a necessidade de pautar as políticas públicas pelo conhecimento destes determinantes. Tratar-se-ia de um conhecimento sociológico-etnográfico amparado numa ciência "histórico-gênica". Para ele, referir-se ao corpo da nação como um ser orgânico, não era

---

3 Viana (1939, p. 193-194).

4 Viana (1939, p. 237 – nota de rodapé da 2.ª edição ampliada e reformulada do *Idealismo da Constituição*, cujo original data de 1927, publicada pela Companhia Editora Nacional em 1939). Goebbels, aqui citado, era então o Ministro da Propaganda de Adolf Hitler.

uma metáfora política roubada da biologia, nem um corporativismo simplista, mas uma realidade inexorável, em sua visão determinista "histórico-biológico" de racionalidade positivista.

Em seu discurso de posse no Instituto Histórico e Geográfico Brasileiro no ano de 1924, Viana fez uma análise de sua "ciência histórica" e de sua importância para o norteamento das ciências sociais e das políticas públicas, com texto reeditado em 1939:

> Realmente, senhores, os grupos sociaes são como os indivíduos, não porque sejam unidades supero-organicas, á maneira da velha concepção spenceriana; mas, porque, como os indivíduos, elles se desenvolvem segundo certas linhas invariantes, que constituem o que poderíamos chamar – pedindo á technologia "weismanniana" uma expressão – as "determinantes" da sua personalidade collectiva. Como as formas, que constituem o typo de uma arvore, estão contidas nas virtualidades do seu germe elementos estructuraes de um povo, as condições intimas do seu viver, as particularidades fundamentaes da sua mentalidade, da sua sensibilidade, da sua reactividade especifica ao meio ambiente mostram um *quid immuntabile*, qualquer cousa de estável e permanente, em todas as phases da sua evolução – desde o obscuro momento da actividade do seu plasma germinativo até o grande momento do seu clímax de maturidade e expansão. Estas "determinantes" de cada povo são inviolaveis e irreductíveis. (...) O conhecimento dessas "determinantes" nacionaes é, pois, essencial á acção de todos que exercem uma funcção dirigente na sociedade, principalmente os que teem o encargo da direcção política. (...) Entre os factores que determinam a marcha das sociedades, o papel reservado á acção da vontade consciente é (...), é insignificante mesmo. Para além desse taio limitadíssimo dos nossos esforços, subsiste e palpita todo um vasto mundo de forças organizadas, de tendencias, de instinctos, de impulsões mysteriosas, que formam o systema (...) que circulam no subconsciente das nacionalidades. Eis, senhores, como o passado exerce sobre nós seu ascendente subtil e poderoso. Vivemos envolvidos de todos os lados pela atmosphera impalpavel e imponderavel das suas suggestões, e inconscientes quasi sempre da sua influencia invisivel e profunda. Eis tambem, se-

> nhores, porque o estudo do Passado, o conhecimento do Passado, a experiencia do Passado, apurada e recolhida pela Historia, têm para nós um valor precioso e inestimavel, não apenas de natureza especulativa, mas tambem de natureza pragmatica. Desse Passado, do seu estudo, da sua critica, da sua larga e intelligente comprehensão, é que podemos obter a revelação dessas "determinantes" da nossa personalidade nacional, desse *proprium quid*, a cujo imperio não podemos fugir e cujo conhecimento é essencial ao exito de qualquer movimento renovador. O estudo exclusivo do presente, o estudo isolado da actualidade não nos poderá trazer esta revelação, só possivel pela comparação das diversas etapas da marcha da Nacionalidade ao longo dos caminhos da sua historia (VIANA, 1939, p. 345-347).

Outras referências elucidativas aparecem na obra *Populações Meridionais do Brasil*, indicando a íntima afinidade entre Viana e a eugenia:

> Na sociedade colonial, o desejo de enriquecer, de ascender, de melhorar, de gozar os finos prazeres da civilização só pode realmente existir no homem de raça branca. O negro, o índio, os mestiços de um e outro, esses, na sua generalidade, não sentem, senão excepcionalmente, nos seus exemplares mais elevados, a vontade de alcançar essas situações sociais, cujo gozo e importância só o homem de raça ariana, com a sensibilidade refinada pelo trabalho de uma lenta evolução, sabe apreciar devidamente. Daí operar-se uma modificação incessante, de caráter étnico, no seio da plebe rural (VIANA, 1987, p. 170).

O autor conclui sua argumentação, afirmando:

> Tal é, em suma, no ponto de vista antropológico, a distribuição das raças nas nossas classes rurais, ao cerrar-se o III século. O branco, o mestiço e o negro se mostram estratificados em camadas perfeitamente distintas. Das três classes rurais – a dos "escravos", a dos "foreiros", a dos "senhores" – cada uma se faz o centro de polarização de um tipo étnico específico. Entre os "escravos" – o negro. Entre os "foreiros" – o mestiço. Entre os "senhores" – o

branco. Essa função superior cabe aos arianos puros, com o concurso dos mestiços superiores e já arianizados. São estes os que, de posse dos aparelhos de disciplina e de educação, dominam essa turba informe e pululante de mestiços inferiores e, mantendo-a, pela compressão social e jurídica, dentro das normas da moral ariana, a vão afeiçoando, lentamente, à mentalidade da raça branca (VIANNA, 1959, p. 178-180).

Para Oliveira Viana, o pensamento racista muito evoluíra no mundo e no Brasil desde fins do século XIX. Destacando Silvo Romero e Nina Rodrigues, criticou o reducionismo daquela geração de racistas. Afirmou que os estudos raciais tinham se estagnado, ao passo que ele se considerava, em 1932, parte de uma nova geração de cientistas da raça, propondo a necessidade de uma grande obra de análise biossociológica do "problema racial" do Brasil.

A fragilidade teórica dos racistas do XIX, incluindo Galton, Gobineau, Romero e Nina Rodrigues, estaria, segundo ele, na explicação reducionista das três raças: caucasoides (brancos), negroides (negros) e mongoloides (amarelos).[5] Também apontou como ultrapassada a concepção lamarquista-spenceriana, que defendia a evolução das raças pelo processo civilizatório. Enfim, sobre a democracia e todas as "ideologias igualitaristas", afirmou que o "dogma conservador" dos que acreditavam na igualdade deveria ser combatido de todas as formas por cultuar a ignorância. Segundo ele, cada divisão interna da raça teria características biopsíquicas e biopatológicas distintas e cada uma possuía uma diferente "resposta adaptativa":

> Se as etnias europeias possuem cada uma delas um modo específico de reação ao clima tropical, compreende-se a necessidade de destacar do grupo branco as "raças", que o compõem, para poder determinar, com segurança, a aclimatabilidade diferencial de cada uma. Com efeito, em face das experiências colonizadoras da

---

[5] A teoria arianista de Oliveira Viana não comportava tais perspectivas. Para o autor, só existia uma raça: a ariana. A "Raça", por sua vez, dividia-se internamente: nórdicos, *slavonicus*, *alpinus*, *dinaricus* e *meridionalis*. "Grandes dolicocéfalos louros, de raça nórdica. Pequenos braquicéfalos louros de raça Eslavônica. Grandes braquicéfalos louros da raça Galata, de Guiar. Grandes braquicéfalos brunos, de raça Dinárica. Pequenos dolicocéfalos brunos de raça Atlântica. Robustos braquicéfalos brunos da região danubiana e das regiões alpestres da Europa, de raça Celta" (VIANNA, 1959, p. 46-47).

> África, da Austrália, da Ásia e da América, os grupos formados por etnias de raça Nórdica parecem revelar sensível incompatibilidade com os climas de tipo tropical, principalmente os equatoriais. (...) Nos centros tropicais de colonização nórdica, os estigmas de degenerescência se revelam de uma maneira muito frequente entre os "descendentes". É o que se observa na Austrália Tropical, na Índia, na África Inglesa e na América Insular (VIANNA, 1959, p. 48).

O autor concluiu:

> Tratando-se de um clima tropical como o nosso, tudo aconselha a discriminação dos diversos tipos aqui afluentes – e não a sua unificação. Realmente, se é um fato hoje reconhecido que os tipos louros são mais sensíveis que os brunos aos climas quentes; se, como observa CUÉNOT, os cabelos louros e os olhos azuis aparecem, em geral, associados a temperamento fisiológico, que torna os seus portadores extremamente susceptíveis à ação das altas temperaturas; é da mais elementar prudência separar as etnias aqui fixadas e, isolando as etnias louras das outras etnias, determinar de maneira científica, no campo da fisiologia e da biometria, o seu "comportamento" em face dos nossos climas tropicais. Só assim tornaríamos fecundas as pesquisas relativas aos problemas da adaptação étnica, da seleção telúrica e da transformação em nosso solo, das diversas raças e etnias aqui fixadas (VIANNA, 1959, p. 54-55).

Em sua visão, os negros e os asiáticos não existiam como raças, mas como formas de "degenerescências", consequências de miscigenações inadequadas. Como os asiáticos não formavam uma raça, os índios americanos, pretensamente seus descendentes, também não formariam uma. Assim, ele dividia a humanidade em "raça ariana" e "níveis de degenerescências".

O determinismo biológico primando sobre as características antropológicas e fundamentando as estratégias de controle social, foi o centro do pensamento político de Oliveira Viana.[6] O pensamento dele foi considerado original porque

---

6 Nas palavras de Lefort e de Lenharo (1986, p. 201-202): "Enquanto busca a ordem, o totalitarismo opera, no plano discursivo, com a representação de uma "ordem natural" que

ao defender que só havia uma raça, a ariana, e explicar todo o "restante" da humanidade pela graduação de sua "degenerescência", elaborou uma teoria racista aproximando o pensamento científico do pensamento religioso. Criou a possibilidade de unir racismo não só pelo princípio científico da origem poligênica da humanidade, mas também a da origem monogênica, aproximando-se do mito católico da criação.[7]

> Raça negra é hoje uma expressão genérica, sem sentido antropológico definido, semelhante às expressões "raça mongólica", raça caucásica, "raça latina", "raça brasileira" (no sentido de um tipo antropológico único para toda a população brasileira).
> Se os tipos fundamentais são assim numerosos, é também difícil conceber a unificação num tipo único – o mulato – de todos os mestiços surgidos dos cruzamentos e recruzamentos dos tipos brancos com tipos negros (VIANNA, 1959, p. 59).

E concluiu:

Determinar, pois, entre a multiplicidade dos tipos mestiços, quais aquêles que sobrevivem à ação destrutiva dos agentes mesológicos; verificar, depois, dentre esses tipos sobreviventes, quais os que oferecem condições de estabilidade capazes de elevá-los à categoria daqueles "Blenótipos sólidos" de BUNIAK, ou dos *stable-blends* de DIXON – eis o caminho verdadeiro para as pesquisas da mestiçagem das raças brasileiras. Em suma: é talvez possível utilizar com vantagem os dados obtidos sobre os "brancos", "caboclos", "negros" e "mulatos", considerados cada um destes grupos étnicos como um "tipo", enquanto permanecermos dentro do campo da pura antropometria ou da antropologia física; mas não cremos que seja possível manejar com eles ùtilmente quando tivermos de operar no campo da antropologia funcio-

---

move a sociedade por si mesma; nas palavras de Lefort, o totalitarismo supõe a concepção de uma sociedade que se vê autossuficiente, capaz de dispor de sua própria organização. Ela se rege pela imagem de um corpo instituído sem divisão, relacionada consigo mesma em todas as suas partes, soldada por uma aliança de identificação com o poder que a rege, sempre movida pela tendência de homogeneizar o espaço social".

7   Schwarcz (2007, p. 48) se referindo ao dilema sobre a origem da humanidade no século XIX fala em monogenistas e poligenistas. Os poligenistas ao defenderem diferentes origens sustentaram teorias raciais.

nal, isto é, da antropologia no seu aspecto dinâmico, que é o da hereditariedade étnica; que é o da seleção telúrica; que é o da fecundidade diferencial; que é o da *net fertility diferencial*; que é o da patologia diferencial; que é o da psicometria diferencial; etc.(...) Por exemplo: o problema da mestiçagem das raças. Ou o da seleção eugênica da imigração. Ou o da distribuição racional das etnias arianas, seguindo um critério da sua maior ou menor adaptabilidade às diversas zonas climáticas do pais (VIANA, 1987, p. 60-61; 68-69).

Oliveira Viana, chamado por Plínio Salgado de "o maior dos sociólogos" (SALGADO, [s.a.], p. 129), construiu um compêndio do pensamento racista brasileiro na década de trinta. Julgando a sociedade brasileira como única e distinta, ajudou a manter e a recriar um "racismo à brasileira". Clamava por uma "engenharia racial": a eugenia da raça-nacional (Figura 21).

Ele se manteve alinhado ao pensamento autoritário, eugenista e arianista pelas décadas que se seguiram. Depois que compôs a subcomissão do Itamaraty, foi convidado – e não aceitou – fazer parte do Superior Tribunal Federal em 1937, tornando-se membro do Tribunal de Contas da União em 1940. Transitou pelo poder e muito influenciou o regime em vigor com suas ideias.

Oliveira Viana, no seu manual do racista e do racismo brasileiro ("Raça e Assimilação", de 1932), explicou a teoria racial que se tornou prática na política estatal do período. Viana e Francisco Campos, mesmo não sendo eleitos constituintes, formaram a dupla de ideólogos da área "econômico-social" da Assembleia Nacional Constituinte de 1933-1934 e das políticas de intervenção social da Era Vargas.

Gustavo Barroso foi secretário nacional da milícia integralista e foi um dos mais ativos líderes da AIB. Foi professor da Escola de Menores do Distrito Federal (1911-1912) e inspetor escolar do Distrito Federal (1921-1922), membro e presidente (1932-1933) da Academia Brasileira de Letras e participante do Instituto Histórico e Geográfico Brasileiro (IHGB). Ele publicou mais de cem livros, vários propagandistas de ideias racistas, principalmente antissemitas, como por exemplo: *Os protocolos dos sábios de Sião* (1936), homônima da conhecida obra antissemita russa; *A sinagoga paulista* (1937); *A maçonaria: seita judaica* (1937); *Judaísmo, maçonaria e comunismo* (1937); e *Reflexões de um Bode* (1937).

Reflexões de um Bode (1937), por exemplo, foi uma obra escrita para desautorizar a eventual candidatura de José Américo de Almeida à presidência da República, acusando-o de fazer parte de um complô judaico-maçônico-comunista. O antissemitismo é escandaloso tanto quanto o anticomunismo e o antimaçonismo, todos acusados de "internacionalistas" e de "atentatórios à Nação". Integralista, católico e nacionalista, Barroso acusou seu adversário político com os argumentos que possuía. Referindo-se a acontecimentos na Argentina, afirmou:

> Farinha do mesmo saco, judaísmo e comunismo se irmanam na luta contra a civilização cristã e a atual ordem social. Não foi esta a primeira vez que a polícia portenha teve de fechar escolas judaicas propagadoras do comunismo, o que já documentáramos no nosso livro *Judaísmo, Maçonaria e Comunismo* (BARROSO, 1937, p. 59).

Ou ainda, sobre o processo político brasileiro, escreveu:

> Os judeus, por tudo que foi dito, apoiam com seu rico dinheiro, talmüdicamente roubado dos cristãos, a candidatura do Sr. José Américo. [...] Com que direito essa colônia estrangeira assim se intromete na sucessão presidencial? Com que direito os judeus tomam partido na política interna do Brasil? Se a colônia alemã, a portuguesa ou a italiana fizessem isso, que não diriam os jornais vermelhos e amarelos? E é o Sr. José Américo que tem o topete de chamar o Integralismo estrangeirado! [...] (BARROSO, 1937, p. 68-69).

A inimizade entre Gustavo Barroso e José Américo de Almeida custou-lhe caro e teve consequência na política nacional, como o veto de Juarez Távora ao seu nome no Governo Federal, quando Barroso foi indicado por Plínio Salgado a Getúlio Vargas para o Ministério da Educação, como uma compensação parcial ao fechamento da AIB. José Américo era padrinho de casamento de Juarez Távora. Em *Reflexões de um Bode*, Barroso parece destilar um ódio particular por José Américo, que se tornou público, juntamente de seu ódio aos judeus, comunistas e maçons.

Em 1933, o constituinte, professor, médico e acadêmico Miguel Couto, um dos mais ativos membros da bancada pró-eugenia, publicou a obra *No Brasil só há um problema nacional: a Educação do Povo*, no qual assegura "que os caracteres intellectuais também se herdam e se transmittem por herança", assim como as características físicas. Ele propôs a educação segregacionista, uma educação para a pureza e para o gênio. Citando "Renan", afirmou que "não se conhecem até hoje herdeiros do genio (...) porque resulta de uma porção de humanidade, esmigalhada, espremida na prensa, depurada, destilada, concentrada" (COUTO, 1933, p. 54-55).

Segundo Couto,

> [...] a seleção da raça, qualquer a latitude que se queira dar a este vocábulo, há de se fazer pela cultura incessante do *palium* augusto que discrimina o homem na escola zoológica, com a esperança de que esse aperfeiçoamento com todos os seus corolários se perpetuem na descendência para o progresso moral e a perfeição da espécie (COUTO, 1933, p. 56).

A perpetuação na descendência daquilo que levaria ao progresso moral e a perfeição da espécie passavam para ele pela seleção e pela discriminação: selecionar e discriminar como prática cultural de "hygiene": "A hygiene é um código de preceitos de um laboratório de agentes para conservar o vigor, prevenir a doença e precaver a prole" (COUTO, 1933, p. 32).

"Na evangelização da cultura e da hygiene pelos campos e sertões da nossa terra à professora cabe a primeira plaina (...) numa idade em que o ensino moral é uma simples orthopedia". Caberia à professora ser uma "criatura meiga, tão boa, (...) com absoluto espírito de sacrifício e de renúncia, um ente ideal, um anjo tutelar, uma santa" (COUTO, 1933, p. 33-34). "Criatura" que faz lembrar, apesar da distância e do tempo (o Ceará em 1893), o romance *A Normalista*, de Adolfo Caminha, que tudo suporta e a tudo se sujeita no silêncio da sua (sub)missão.[8]

Na legislação e nos debates constituintes, há fortes vínculos entre educação, saúde, sexualidade, eugenia e família com a segurança nacional e da "raça". Foi particularmente perceptível quando os assuntos eram a "professora ideal", a

---

[8] Maria do Carmo, a personagem central, é entregue pelos pais, no sertão, para viver com o padrinho na capital (Fortaleza, CE) para que estudasse e se formasse professora. Sujeita a violências simbólicas e ao abuso sexual daquele que se comprometeu a educá-la, ela teve uma gravidez indesejada e comprometedora, que culminou no deslocamento forçado durante a gestação e no abandono do recém-nascido. Em silêncio, abnegada, submissa, controlada, ordenada e recatada, a normalista de volta à escola normal é a normalista "perfeita", a normatizada e a subjugada.

"normalista ideal" e a "mulher ideal". Ficou evidente na pesquisa a formulação machista de que o educador da infância seria naturalmente mulher e de que as Ciências da Educação para a infância eram um espaço normatizado para o feminino. Viam a educadora natural relacionando mulher/mãe/professora. A Mulher-perfeita, Mãe-perfeita, Professora-perfeita seria a educadora para a Mãe República e que a Raça-Pátria-Nação-Burguesa-Católica necessitava.

Daí as propostas, debates e leis envolvendo os currículos das escolas de formação de professores do período. Incluindo princípios de higiene e eugenia, puericultura, enfermagem e cursos de trabalhos domésticos (ou "prendas") de corte e costura, de cozinha e nutrição; tudo pressupostamente "coisas de mulher". A escola normal tornava-se, assim, "coisa para mulher".

Para Miguel Couto, um dos três fins da higiene seria a eugenia, afinal, quando se "aperfeiçoa o indivíduo, está aperfeiçoando a espécie e a raça e fazendo eugenismo" (COUTO, 1933, p. 35). "A decadência da raça não se há de fazer na nossa terra e o remédio soberano é a cultura; o culto se faz são, o são se torna forte e o forte herda à prole a sua robustez" (COUTO, 1933, p. 35).

O constituinte propôs que nos Estados se criasse grande número de:

> Institutos de Ensino Primario, construídos adrede sob rigorosa derecção de pedagogos e hygienistas (...) para todas as crianças domiciliadas no interior do paiz, em logares não servidos por escolas. O Estado passaria a exercer, com respeito a essas crianças, durante oito annos, a verdadeira tutella e lhes daria, além da manutenção e indumentária, a intrução physica e profissional (COUTO, 1933, p. 35).

Ao fim do período de oito anos, o Estado "devolveria a cada família os seus filhos, devidamente educados e aptos para ganhar a vida e honrar a Patria nos seus officios e no seu torrão" (COUTO, 1933, p. 22). Citando o "grande pensador americano" Seth Humphrey,

> O Vigor da raça e o abatimento da raça são, entre todos, os fatores mais importantes da grandeza e da decadência das nações. A formação da raça é, pois, a chave do predomínio na civilização por vir'. É o meu estribilho. (...) Todas as provas estabelecem que é necessário um meio homogêneo para a produção de um grande ho-

> mem. Desta sorte, as restrições oppostas á immigração dão uma espécie de selecção em grande ordenada e recatada, a normalista de volta à escola normal é a normalista "perfeita", a normatizada e a subjugada escala, graças á qual se impede que os stocks inferiores diluam e vençam os superiores (COUTO, 1933, p. 129).

No pensamento e nas propostas de Miguel Couto, saúde, higienismo, eugenia, educação e construção da raça-pátria-nação eram indissociáveis.

Francisco Campos,[9] em entrevista publicada no Correio da Manhã, em novembro de 1937, procurando legitimar o golpe de Estado e defendendo a Constituição de 1937 da qual ele foi considerado o pai, afirmou:

> A Educação não tem o seu fim em si mesma; é um processo destinado a servir a certos valores e pressupõe, portanto, a existência de valores sobre alguns dos quais a discussão não pode ser admitida. A liberdade de pensamento e de ensino não pode ser confundida com a ausência de fins sociais postulados à educação, a não ser que a sociedade humana fosse confundida com uma academia de anarquistas reduzidos a uma vida puramente intelectual e discursiva.
> Por mais extensa que seja a liberdade de discussão há de chegar um momento em que na trama do pensamento se insinua a crença, a fé ou o dogma. A própria liberdade, por mais numerosos e fortes que sejam os argumentos em seu favor, é, em última análise, um dogma, porque só a estimam e a procuram aqueles que a julgam um bem.
> O capítulo dedicado à educação e à cultura colocou nesses termos o problema da educação e entre as atribuições privativas da União se encontra a de traçar as diretrizes a que devem obedecer a formação física, intelectual e moral da infância e da juventude.

---

[9] Francisco Campos e Gustavo Capanema foram os dois grandes articuladores políticos da área de Educação no período. Aliados e desafetos em diferentes momentos, estes dois intelectuais-políticos exerceram fortes influências nas articulações legislativas e administrativas. Juntos estiveram na instalação da Legião de Outubro (organização de jovens paramilitares de orientação nazifascista em Minas Gerais), apoiaram os golpistas em 1937 e em 1964. Defenderam governos autoritários e militarizados, além de terem concebido a educação como componente articulador da presumida corporeidade do Estado-Nação.

> Prescreve a Constituição a obrigatoriedade da educação física, do ensino cívico e de trabalhos manuais, e atribue ao Estado, como seu primeiro dever em matéria educativa, o ensino prevocacional e profissional destinado às classes menos favorecidas, cabendo-lhe ainda, promover a disciplina moral e o adextramento da juventude, de maneira a prepará-la ao cumprimento de suas obrigações para com a economia e a defesa da Nação (CAMPOS, 1942, p. 320).

Logo a seguir, ele finaliza:

> Por isso mesmo, a Constituição estende às indústrias e aos sindicatos econômicos o dever de criar, na esfera de sua especialidade, escolas técnicas. [...] Teem ainda as classes menos favorecidas a proteção do Estado para a aquisição das técnicas e o cultivo das vocações úteis (CAMPOS, 1942, p. 320).

As crianças e os adolescentes da classe trabalhadora deveriam ser "disciplinados e adextrados" para serem trabalhadores e soldados no cumprimento de suas obrigações para com "a economia e a defesa da Nação". Servir a Pátria era um dogma que se sobrepunha ao "dogma da liberdade". O trabalho e a guerra eram anteriores ao direito mais básico de cidadania.

Vários anos antes, em 1931, o Ministro da Educação Francisco Campos praticou algumas dessas ideias. Em Minas Gerais, ajudou a criar a "Legião de Outubro", que serviu de experimento para sua proposta em 1937. Na pasta da justiça defendeu a criação da "Organização Nacional da Juventude", submetida a seu ministério (Figuras 22 e 23).

Segundo Bahia Horta:

> A Legião de Outubro foi criada em Minas Gerais, em fevereiro de 1931, por Francisco Campos (então Ministro da Educação), com o apoio de Gustavo Capanema (então Secretário do Interior e Justiça do Estado de Minas Gerais) e Amaro Lanari[10] (secretário das Finanças), como um meio de integrar Minas no processo

---

10 Lanari também fez parte da "Câmara dos Quarenta" da Ação Integralista Brasileira, sem nota na citação original.

revolucionário e como instrumento para enfraquecer as forças políticas oligárquicas tradicionais do Estado. Na realidade a Legião de Outubro fazia parte da estratégia elaborada por Francisco Campos para reforçar suas bases de sustentação política em Minas Gerais. Nessa estratégia estava incluído o envolvimento da Igreja Católica (HORTA, 1994, p. 103).

A Legião de Outubro nasceu com fins militares e seus dois principais idealizadores foram ministros da educação no Brasil. A consolidação do projeto nacional burguês, centralizador e autoritário incluiu disputas por hegemonias regionais que utilizaram a militarização de crianças e adolescentes, por meio de processos educativos, não só em Minas Gerais. Fardados de cáqui com saudações e gestos muito semelhantes aos nazistas, a Legião Mineira, como também ficou conhecida, estruturou-se e defendeu comportamentos e ideias parecidas aos *Faccis* italianos, a Juventude Hitlerista e à Mocidade Portuguesa, trocando modelos, experiências e comportamentos (HORTA, 1994, p. 220).

Francisco Campos voltou ao Estado como Consultor-Geral da Presidência da República, depois da frustrada tentativa de eleger-se deputado constituinte por Minas Gerais e, nessa condição, dividiu e disputou com Oswaldo Aranha a articulação política e jurídica do governo de Vargas, na Sub-Comissão do Itamarati e na Assembleia Nacional Constituinte de 1933-1934.

Em 1938, Francisco Campos era um homem forte na ditadura de Vargas. A constituição em vigor, imposta e conhecida como Polaca, teve ele como redator. Ao propor a Getúlio Vargas a criação da "Organização Nacional da Juventude", Francisco Campos, em novembro de 1937, afirmou:

> A vocação da Juventude em horas como esta, deve ser a vocação do soldado. Seja qual for o seu nascimento, a sua fortuna, a sua inclinação, o seu trabalho, que cada um na sua escola, no seu ofício, na sua profissão, seja um soldado possuído do seu dever, obediente à disciplina, sóbrio e vigilante, duro para consigo mesmo, trazendo, no seu pensamento, clara e definida, a sua tarefa e, no coração, em dia e em ordem, as suas decisões. Todos somos soldados, quando o que nos pedem é a ordem, a disciplina, a decisão (CAMPOS, 1941, p. 250-251).[11]

---

11 Ver também: Horta (1994), p.206.

O Ministério da Justiça estava pretendendo controlar a estruturação de uma instituição educativa com fins militares para todos os meninos e jovens, dos 8 aos 18 anos no Brasil. Essa proposta de Francisco Campos teve fortes resistências dentro do Estado principalmente no Ministério da Educação (Gustavo Capanema) e no da Guerra (Eurico Gaspar Dutra) (Figura 24).

Capanema queria a organização submetida ao Ministério da Educação e Dutra, temeroso com a possibilidade de uma estrutura militar paralela aos quartéis, queria a "juventude" submetida ao Ministério da Guerra. Ambos obstaculizaram o projeto de Francisco Campos.

Os pareceres de Dutra e Capanema ocasionaram o arquivamento do projeto de organização miliciana e paramilitar da juventude, preparado por Francisco Campos, mas, ao mesmo tempo, fortaleceram a ideia de se criar no Brasil um movimento que se encarregasse da educação física, moral e cívica da juventude, inculcando-lhe a disciplina e servindo como instrumento de mobilização da mesma em torno da ideologia do Estado Novo (HORTA, 1994, p. 223).

O projeto da "Organização Nacional da Juventude" acabou não saindo das ideias para a prática como queria Francisco Campos. A discussão sobre qual modelo de agenciamento, disciplinamento e administração se daria às crianças e aos jovens (afora a escolarização) acabou, entretanto, criando uma ideia hegemônica no poder estatal: a necessidade de fazê-lo. Favorecendo e beneficiando projetos e ações semelhantes, os grandes beneficiários foram: a educação integralista, o escotismo, a educação física obrigatória com fins militares e laborais,[12] os internatos e as colônias disciplinares. O uso de uniformes militares, a formação de batalhões em ordem unida, as filas, a utilização das insígnias, os gestos de obediência e continência, de submissão e de imposição, o incentivo à virilidade considerada heroica, as bandas marciais, os orfeões e a ritualística nacionalista e religiosa foram comuns a todas essas práticas educativas e todas elas foram incentivadas, sistematicamente, desde o centro do poder político-econômico, tendo fortes repercussões e ações no país.

A presença militar na governança encabeçada por Getúlio Vargas fortaleceu-se com os conflitos de 1932, cresceu com a repressão aos movimentos de resistência à centralização do poder político em 1935 e chegou ao seu ápice com o "Clima de Guerra" interno (guerra do Estado contra partes da sociedade) e ex-

---

12 A educação física obrigatória foi criação de Francisco Campos, na Constituição de 1937.

terna (o acirramento das relações e os conflitos internacionais). Esse militarismo atingiu intensamente os mais jovens.

Francisco Campos não fez parte da Subcomissão do Itamarati (que preparou o anteprojeto do governo para a Assembleia Constituinte de 1933-1934), mas nela teve presença sistemática na condição de Consultor e Conselheiro do Presidente, articulando diretamente ou sendo citado e servindo de referência pelos demais participantes (Figura 25).

Plínio Salgado, em carta a Getúlio Vargas de 1938, argumentou que a AIB se diferenciava dos nazistas e fascistas pelo nacionalismo frente ao estrangeirismo (e não pela "eugenia" e o racismo nela embutido). Diferenciou-se e criticou os movimentos e as ideias ligadas a Francisco Campos, sugerindo que estas, sim (e não as integralistas), eram perigosas, pois se espelhavam e se articulavam com os regimes autoritários e totalitários da Europa.

No livro 1 da Enciclopédia do Integralismo,[13] Plínio Salgado afirmou que o "oitavo ponto pacífico" entre os integralistas, desde de sua fundação, consistia em serem "contrários a todas as doutrinas que pretendem criar privilégios de raças, de classes, de grupos financeiros ou partidários, mantenedores de oligarquias econômicas ou políticas". A afirmação aparece em negrito, realçando a preocupação em desvincular a AIB da eugenia, depois do Holocausto e da Segunda Guerra.

Voltando no tempo, porém, ao Manifesto de Outubro (1932), escrito por Plínio Salgado, podemos ler:

> Pretendemos tomar como base da Grande Nação, o próprio homem da nossa terra, na sua índole, no seu caráter, nas suas aspirações, estudando-o profundamente, conforme a ciência e a moral. Dêsse elemento biológico e psicológico deduziremos as relações sociais, com normas seguras de direito, de pedagogia, de política econômica, de fundamentos jurídicos. Como cúpula desse edifício, realizaremos a idéia suprema, a síntese de nossa civilização: na filosofia, na literatura, nas artes que exprimirão os sentidos do nosso espírito nacional e humano. Pretendemos criar com todos os *elementos raciais, segundo os imperativos mesológicos e econômicos,* a Nação Brasileira, salvando-a dos erros da

---

13 *O Integralismo na Vida Brasileira*, publicado sem data, mas durante a República Liberal Populista (1946-1964) e propagado durante a Ditadura Militar (1964-1985).

civilização capitalista e da barbárie comunista (Plínio Salgado, no Manifesto de Outubro de 1932, publicado na Difusão Doutrinária do PRP, p. 10, grifo nosso).

No Manifesto-Programa de 1936, acha-se, também, a seguinte passagem: "A Ação Integralista Brasileira, como sociedade civil de fins culturais, objetiva, de uma maneira imediata, de conformidade com seus estatutos: c) e *eugenia da raça* pela prática metodizada do atletismo, da ginástica, dos esportes" (Plínio Salgado, no Manifesto de Outubro de 1932, publicado na Difusão Doutrinária do PRP, p. 10, grifo nosso).

Em 1932, depois em 1936, a AIB e Plínio Salgado propuseram práticas eugênicas e, em 1937, Plínio Salgado foi convidado por Getúlio Vargas a assumir a pasta de Ministro da Educação (SILVA, 1964; HORTA, 1994). Tal convite, Plínio Salgado tentou transferir sem sucesso para Gustavo Barroso, arianista e antissemita assumido.

Pelas palavras de seus líderes e dos dois principais documentos da organização, é possível afirmar que a AIB era eugenista, mas não necessariamente arianista. Essa última corrente racista era ligada, principalmente, ao grupo de Gustavo Barroso. Havia espaço dentro da AIB para membros de "origem não ariana". Um caso famoso é de João Cândido, nascido de mãe escrava, que se sagrou líder da Revolta da Chibata (1910) e foi membro da "Câmara dos 400" (instância subalterna à "Câmara dos 40") (Figura 26).

Houve convivência na AIB de diferentes concepções racistas, algumas segregacionistas. Fala-se nos textos integralistas, em construção da "raça" brasileira a partir do "melhor do estoque das raças" existentes, miscigenando-se pela "razão científica da eugenia". O discurso da não miscigenação das "raças", mas com convivência social, acrescida de "eugenia interna a cada uma delas" em uma pretensa "democracia racial" foi encontrado. Finalmente, foi também localizada em textos integralistas, a defesa do isolamento das "raças" por meio da segregação de "não arianos" e de "disgênicos em geral" – nuances diferentes de racismos sempre associadas ao nacionalismo e ao autoritarismo.

Analisando os documentos, fica impossível negar o pensamento eugenista na AIB e sua intenção de intervir na "evolução da(s) raça(s)", sendo a Educação a principal ferramenta escolhida por eles. As crianças e os adolescentes eram o "futuro na Nação" e para isso, deveriam ser disciplinados, higienizados, ordenados e formados. A "menoridade"[14] na classe trabalhadora, deveria servir para produzir trabalhadores(as), eventualmente, soldados (ou enfermeiras). A "Infância" burguesa serviria para produzir patrões (e mães), eventualmente, ditadores (e primeiras-damas). No Brasil do período estudado, o Estado não era reflexo da sociedade civil, e sim formado por grupos de burocratas legitimados no poder, constituídos pelos interesses que eles representavam.

O texto que segue nos ajuda a perceber o projeto educacional dos integralistas no ano de 1935, clímax das tensões políticas da Era Vargas (1930-1945). A publicação é de janeiro, e o tom do discurso integralista aos opositores políticos foi de transformá-los em "escombros". Não é de se estranhar que entre maio e junho os conflitos entre integralistas e grupos antifascistas tomaram as ruas, muitos deles ligados a Aliança Nacional Libertadora (ANL) e ao Partido Comunista (PCB). Em Petrópolis, eles foram intensos. A cidade era simbolicamente importante para os Integralistas do Rio de Janeiro, tanto pelos símbolos monárquicos, considerados por eles patrióticos, como pela presença de importantes negócios de membros da cúpula da AIB. Por exemplo, os irmãos Otávio Rocha Miranda e Renato Rocha Miranda tinham parte de seus empreendimentos nesta cidade: do primeiro, imobiliários; do segundo, industriais.

A aliança antifascista era heterogênea, mas a partir no começo de 1935 quando as forças repressivas do Estado (principalmente as do Distrito Federal, sob o comando de Filinto Müller, admirador confesso de Hitler) tomaram um partido e foram complacentes aos movimentos fascistas e violentas contra as forças democráticas da sociedade civil. Com o fechamento da ANL e o aumento da repressão, a saída armada comandada por Luis Carlos Prestes eclodiria no final do ano. E, mesmo sufocada e superestimada, revelou a existência de vozes discordantes aos crescentes abusos fascistas (PRESTES, 1999; 2005).

O autor do texto (Figura 27), Hollanda Loyola (chefe do "Estado Maior da Província do Distrito Federal" da AIB), aparece em várias publicações integralistas. Nesse artigo, apresenta a proposta integralista de Educação Física, "de

---

14 Passeti (1985) apresentou uma reflexão sobre o conceito de Menor que continua atual, apesar de anterior ao Estatuto da Criança e do Adolescente (ECA), nos anos derradeiros do Código do Menor. O texto referindo-se a lei então em vigor mostrou que o termo "menor" se referia às "crianças e jovens oriundos da classe trabalhadora de baixa renda" (p. 31): a criança rica tem infância; a pobre é menor.

orientação para a criança, para a juventude e para a mulher; a profissional para o adulto; a de conservação e de hygiene, para a idade madura e para a velhice". Objetivando a "eugenia do nosso povo, pela definição étnica de nossa gente" e em função de "nossa raça", fazer um "cadastro morfoetnológico" de toda a sociedade brasileira para conhecer a complexidade "da raça" que permita "aquilatar das deficiências orgânicas do povo" e "determinar o processo para saná-las ou extingui-las", em "um movimento como o nosso, de coesão e disciplina, de seleção e congraçamento". O patriotismo (no sentido de obediência ao pai, ao marido e à pátria) seria a orientação aos filhos e às esposas para a construção de uma "nova nação" edificada "sobre os escombros do Brasil liberal-democrático".

O projeto racista era também composto de militarização da infância e sua transformação em milícias antidemocráticas através da Educação Física. Ideias próximas foram apresentadas por Fernando de Azevedo cerca de 20 anos antes:[15]

Aplicada convenientemente a educação física em gerações sucessivas e apoiadas num conjunto sistemático de medidas eugênicas, poderá chegar-se mais rapidamente à afirmação de tipos característicos, com seus traços somáticos comuns, – a um grupo, talvez extreme e definitivo, representante genuíno de uma nova etnia, que venha a constituir a comunidade nacional e possa ir florescendo, através

---

15 A obra de Fernando de Azevedo em questão, *Da Educação Física* foi escrita em 1916, reformulada em 1920 e a versão utilizada foi reeditada em 1960. Segundo Gualthieri (2007): "Digno de nota é o fato de que se posiciona com nitidez a favor da interpretação de que a 'raça' não é 'obstáculo' à regeneração da população. De acordo com seu modo de ver, não haveria razão para o pessimismo sobre o futuro do país, pois tinha esperança na formidável ação eugenética, que, lentamente, decisivamente, irá integrando numa nacionalidade homogênea e característica, vigorosa e apurada estas flutuantes correntes étnicas, caldeadas pelo dinamismo mesológico e pelo cruzamento para a elaboração regenerativa e modeladora da educação física". O pioneiro da Escola Nova, segundo Gualtieri (2007), tinha como um dos princípios orientadores da organização das classes e do atendimento dos alunos o "respeito às diferenças individuais estabelecidas biologicamente". Assim, nos dizeres de Azevedo (1960), a educação nova, compreendendo as diferenças individuais, estabelece, por meio de classes diferenciais, o princípio de seleção e agrupamento dos alunos segundo o seu grau de desenvolvimento. Tal princípio, quando aplicado, poderia, por um lado, ser positivo, pois atendia às especificidades dos indivíduos, mas, por outro, legitimava a seleção e, por conseguinte, a exclusão, para construir a "hierarquia das capacidades".

do tempo, numa juventude cada vez mais robusta, rubra nos glóbulos vermelhos e morena na tez requeimada da pele (AZEVEDO, 1960, p. 217).[16]

Fernando de Azevedo foi membro e primeiro secretário da Sociedade Eugênica de São Paulo (1918-1919), defendeu a Educação como "saneadora da sociedade" (higiênica e eugenicamente). Signatário e coautor do Manifesto dos Pioneiros da Educação, sua voz foi forte e audível como se pode depreender da referência feita a ele no relatório em análise. Foi estruturante no seu pensamento a ideia da regeneração da Nação pela Educação, atribuindo as fraquezas físicas e morais às "raças" e suas "miscigenações degenerativas". A impureza "racial" foi, por ele utilizada, como explicação para a "barbárie" e para a pobreza do povo brasileiro. Seu modo de pensar ganhou complexidade nos anos trinta, quando o meio ambiente e a economia ganharam importância diante das determinações raciológicas, que não foram, porém, abandonadas.[17]

Ordival Gomes (chefe do núcleo da AIB no bairro da Glória no Rio de Janeiro) ao afirmar que "toda a educação do estado integral se baseia no culto extremado desta trindade admirável: Deus, Pátria e Família" (Figura 28). Ele defendeu uma doutrina que protegesse a "massa brasileira" dos "reformadores medíocres e incapazes, de aventureiros, de communistas e atheus". O comunismo devia ser combatido por ser o maior de todos os "vícios e torpezas", "va-

---

16 Acerca da história da Educação Física no Brasil e na França, na segunda metade do século XIX até 1945, e suas vinculações com o higienismo, o disciplinamento, a ordenação para o trabalho e a eugenia, ver os trabalhos Soares (2004), mais precisamente o item 6 do capítulo 3: *Educação Física e eugenia: algumas ideias de Fernando de Azevedo*. Referenciando-se às *Actas e Trabalhos apresentados no I Congresso Brasileiro de Eugenia realizado no Rio de Janeiro, no ano de 1929*, por meio de textos de Renato Khel e do próprio Fernando de Azevedo, a autora mostra o escola-novista defensor da eugenia, da implantação de uma modelo de educação física voltada a Raça-Pátria-Nação e "como membro da Sociedade Eugênica de São Paulo, Fernando de Azevedo sugere à entidade, voltado a aplicação da eugenia", a necessidade de criar, no Brasil, sociedades para a "educação da mulher, preparando-a para ocupar o seu lugar na sociedade e desempenhar, a contento, a sua função biossocial, propagando, no interior da família, as ideias eugênicas e higiênicas" (p. 121). E ainda, "o grande objetivo a ser alcançado através desse mútuo auxílio entre médicos e professores de ginástica [...] conforme Fernando de Azevedo, era assegurar com eficácia o melhoramento da raça" (p. 130).

17 Vechia e Lorenz (2009) analisam o pensamento de Fernando de Azevedo e mostram que movido pelo pensamento Lamarkista defendeu a "regeneração da raça" brasileira através da educação física, sobretudo para as mulheres.

gabundagem". Alegando que a função do ensino é realizar "a grande obra de regeneração nacional". A sistemática perseguição e combate ao comunismo, ao ateísmo e, também, ao anarquismo visavam à desarticulação e a perseguição de organizações de resistência à exploração capitalista e a cooptação alienada da classe trabalhadora ao capitalismo. Transformando a tríade Deus-Pátria-Família em quarteto, somou-se a defesa incondicional da propriedade privada. Assim, ao criticar a "liberal democracia" e os "burguezotes", o que propôs foi o autoritarismo, burocrático-militar-nacionalista, porém liberal-burguês.

Deve-se atentar para o detalhe da propaganda da empresa Condor-Luftansa, a única empresa aérea com voos regulares para a Europa em 1935. Ela era a empresa aérea estatal da Alemanha de Hitler e fazia propaganda na Anauê!. O anúncio reforça a tese do vínculo e da semelhança entre os projetos de sociedade capitalista e burguesa dos integralistas com os nazistas. Uma empresa estatal nazista anunciou em revista de divulgação doutrinária integralista e junto a um artigo sobre *Ensino* (Figura 28).

Outro documento (Figuras 29 e 30) complementa a compreensão sobre a concepção pedagógica defendida: trabalha-se para o bem da Pátria, ministrando o ensino com ordem, disciplina e honestidade. O que mais se destaca na imagem seguinte, porém, é a propaganda escolar dividindo espaço com Gustavo Barroso, o mais declaradamente arianista e antissemita da AIB, tido por Plínio Salgado como o homem da AIB para a Educação. Expressa também o uso da fé pública para benefício dos interesses privados e corporativos: a Inspetora Federal de Ensino se expressa em favor do Colégio Brasil, um colégio privado em um periódico de divulgação política.

As evidências de um método aliciador e uniformizador, que aparecem no documento seguinte possuem semelhanças com o caso estudado. Crianças no universo escolar sofrendo ingerências do integralismo com discursos e práticas assistencialistas na cidade do Rio de Janeiro. Note-se que as crianças fardadas são alunos da escola, distinguindo-se como assistencialistas das "crianças pobres do bairro", que aparecem no canto esquerdo da foto. Ao que parece as "600 crianças pobres" não tinham acesso àquela escola do bairro da Gávea. Note também a inscrição: "Departamento da Juventude Integralista do Distrito Federal".

A Juventude Integralista deveria ser organizada em milícias multiplicadoras da ideologia integralista, exemplos de disciplina e virtude para uma intervenção social da AIB na Nação (Figura 31).

As semelhanças e identidades das práticas educativas dos diferentes grupos e agremiações como a Juventude Integralista, a Legião de Outubro, a Juventude Fascista, a Juventude Nazista, a Juventude Integralista Portuguesa e os Escoteiros eram tão grandes que disputaram, inclusive, quadros de liderança, como demonstra o documento (Figura 32).

Ao atentar-se para o "P.S." e sua descrição das semelhanças entre a "pedagogia pliniana" e o escotismo, vê-se que as críticas ao escotismo foram basicamente centradas no seu "internacionalismo de cunho imperialista", não na "methodologia pedagógica". A semelhança de metodologia pode ser percebida nas práticas de militarização da infância, no culto cívico patriótico e na propagação de ideais e pressupostas práticas de eugenia.[18]

O escoteiro desgarrado que debandou para o lado dos "camisas verdes", justificou sua postura por sua "evolução mental" que o permitiu perceber os males do "internacionalismo" do escotismo que submetia "a juventude de todos os paizes sob a chefia de um Lord Inglês", "Internacionalismo peior que o de Moscou, porque é disfarçado". Revelando que a exacerbação do nacionalismo era uma das chaves de ingresso à AIB e que o Integralismo, por sua vez, estava de portas abertas aos defensores das ideologias educacionais militaristas, religiosas e estrangeiradas a partir de uma "*mea culpa*". Afinal, a educação autoritária, militar, higienista e eugenista eram comuns e caminhavam na direção liderada pelo Estado Nacional varguista em janeiro de 1935.

O número foi muito grande de nazistas, antissemitas e admiradores do ditador alemão, de arianistas ou de outras formas de proclamações racistas encontradas nos documentos analisados da AIB. A "eugenia" foi proclamada nos documentos oficiais da organização e "exercida" por membros de sua cúpula. A preocupação em dissociar o integralismo dos autoritarismos estrangeirados teve motivações anteriores à guerra, mas não justificadas pelo racismo e pela "eugenia",

---

18 Souza (2000) mostrou, citando os estatutos e regulamentos da Associação brasileira de escoteiros que o movimento tinha por objetivo a "Eugenia, na parte referente à educação física, à saúde, ao vigor e à destreza das gerações novas, homens e mulheres". A autora enfatiza a militarização da infância através do escotismo na escola pública na primeira república e seu caráter cívico-patriótico na consolidação de um modelo de república nacionalista e militarizada. O tema da eugenia, apesar de não analisado diretamente pela autora, demonstra que o escotismo foi um dos movimentos que primeiro aderiram a esta "ciência" no Brasil, o estatuto é de 1916.

e sim por serem "internacionalistas". Em janeiro de 1938, Plínio Salgado estava preocupado, por exemplo, em distinguir e separar o integralismo do nazismo e em relacionar este último a Francisco Campos e ao "estrangeirismo". Os partidos políticos nacionais, incluindo a AIB, haviam sido proibidos, mas as organizações partidárias internacionais, incluindo o partido nazista, mantinham-se na legalidade, o que era inaceitável para o líder integralista (SILVA, 1964, p. 104). Talvez para Plínio Salgado, isso se devesse às aproximações do Ministro da Justiça com os interesses nazistas. A legalidade durou por pouco tempo, até 18 de abril de 1938, quando a ditadura consolidada internamente acabou por estremecer as relações diplomáticas entre Brasil e Alemanha com proibição das organizações políticas e sociais estrangeiras no Brasil, como mostra a correspondência entre Osvaldo Aranha e Getúlio Vargas nesse período.[19] Osvaldo Aranha, analisando seus contatos com o embaixador da Alemanha no Brasil, Karl von Ritter, relatou ao ditador as tensões envolvendo a proibição de organizações políticas estrangeiras. Essa dificuldade se deu pela indistinção entre o partido nazista e a representação diplomática do Estado Alemão em solo brasileiro.[20]

Da ascensão de Hitler e do nazismo ao poder (1932-1933) e o início da tensão nas relações Brasil-Alemanha (1938) foi intensa a aproximação entre o Estado brasileiro, o Estado alemão, o partido nazista no Brasil e a AIB. A ideologia da

---

19 O início das tensões diplomáticas entre Brasil e Alemanha pode ser percebido no Relatório do Ministério das Relações Exteriores de 1938 a Getúlio Vargas, pasta dirigida por Osvaldo Aranha: "Incidente diplomático com a Alemanha". "Foi, sem dúvida, dos mais desagradáveis o incidente diplomático a que deu origem a atitude do Embaixador da Alemanha junto ao Governo brasileiro, Senhor Karl Ritter, e que culminou na sua retirada do Brasil, a pedido nosso. Não encontrou de fato nenhuma justificativa a maneira de agir daquele diplomata que, passado de largo pelos mais elementares preceitos de cortesia e levado, sem duvida, por um temperamento de natureza exuberante, abstraiu com lamentável frequência das boas relações existentes entre os dois países e usou de processos não tolerados nas relações entre povos soberanos. Replicando ao ato do Governo brasileiro, pediu, por seu lado, o Governo alemão a retirada do nosso Embaixador em Berlim, Senhor J. J. Moniz de Aragão, como simples represália e sem que nenhuma razão pessoal tivesse imposto a saída do nosso Representante. Com o afastamento de ambos os Embaixadores ficaram as duas Missões por Encarregados de Negócios (Relatório Ministerial. Ministério das Relações Exteriores, 1938, p. 18. Disponível em: <http://brazil.crl.edu/bsd/bsd/u1805/000020.html>. Acesso: 22 jun. 2009).

20 Documentação também trabalhada por Silva (1971, p. 99-105) e, mais recentemente revisitada e ampliada por Dietrich (2007, p. 177-188).

classe burguesa, em ambos os países, construiu-se pelas concepções corporativistas, autoritárias e de eugenia. A consolidação da ditadura, a supressão dos partidos e as organizações políticas (nacionais e estrangeiras) provocaram uma diminuição da propaganda fascista, nazista e integralista, em função da propaganda da ditadura e do ditador (o Departamento de Imprensa e Propaganda – DIP e seus intelectuais, principalmente Lourival Fontes).[21] Manteve-se, porém, a semelhança ideológica, tanto no autoritarismo quanto na divulgação da "eugenia", cujo termo, apesar de não aparecer na Constituição de 1937, tornou-se política de Estado. Como a pressuposta eugenia dependia de controle social, sobretudo das partes mais empobrecidas da classe trabalhadora, compunha muito bem com a ditadura política e com o controle estatal das relações Capital-Trabalho.

A consolidação do Estado Nacional e a inserção da burguesia brasileira no capitalismo internacional se deram em uma época em que as gestões de Estados aconteciam por um forte burocratismo a favor do controle social. Controlar para "melhorar" (ou "aprimorar", ou "desenvolver", ou "progredir", ou "civilizar", ou ainda, para "evoluir") a sociedade. Essa forma de fazer política estava em expansão, com diferenças e características próprias, nas potências industriais (mais evidente na Alemanha, Itália, Japão e EUA). O pensamento eugenista ajudou a multiplicar os mecanismos de controle social quase sempre articulado pela "educação eugênica", pelo "higienismo social" ou pelo "sanitarismo social". Em 1928, por exemplo, Geraldo H. de Paula Souza publicou *Eugenia e Imigração*. Em 1939, na ementa de seu curso de Higiene, a "Higiene Social" seria estudada por meio de conteúdos como: *A família e a coletividade. Herança, Eugenia, Higiene rural. Fatores disgênicos – Imigração.*[22]

Em 1944, no projeto de decreto-lei do Interventor Federal para a reformulação da Faculdade de Higiene e Saúde Pública da Universidade de São Paulo (Instituto de Higiene de São Paulo e, depois, Escola de Higiene e Saúde Pública do Estado de São Paulo, sob liderança de Paula Souza) constaram as disciplinas eletivas (voltadas

---

21 Oliveira (2001) analisou o papel do "Intelectual do DIP".

22 Paula Souza formou-se médico pela Faculdade de Medicina do Rio de Janeiro onde se tornou Professor de Higiene, doutor pela Escola de Higiene da John Hopkins University foi Professor Catedrático da Faculdade de Medicina de São Paulo. Dirigiu Serviço de Saúde Pública do Estado, foi financiado pela Fundação Rockefeller e implantou o Serviço Sanitário de São Paulo, também dirigiu a Sociedade Brasileira de Higiene. Ver também: Souza & Vieira (1928).

à formação de professores e enfermeiros): "Higiene mental", "Herança e eugenia", "Higiene pré-escolar e escolar", "Sociologia aplicada aos problemas sanitários de imigração e povoamento" e "Educação sanitária".[23] Assim, os pensadores e os defensores da eugenia delimitaram dentro da universidade um campo epistemológico nas ciências médicas que viria a complementar e criar laços de interdependência com as ciências da educação. Apesar dos termos "eugenia", "eugenismo" ou "eugênico" terem deixado a carta maior do estado nacional brasileiro, o movimento eugenista ganhou aspectos estruturadores de políticas públicas.

O curso de Paula Souza possuía forte semelhança à proposta feita por Miguel Couto (1933, p. 65) na conferência sobre *A Educação e a Saúde* na *Semana de Saúde* em São Paulo, para "curso de hygiene das Escolas Normaes":

> [que] terá um caracter eminentemente pratico e compreenderá entre outras as seguintes matérias:
> I – A Anatomia e psychologia humana (noções principaes).
> II – Primeiros cuidados nos casos de accidentes.
> III – Hygiene da primeira infância.
> IV – Microbiologia – Doenças infectuosas.
> V – Tuberculose – Lepra – Malária – Verminoses – Doenças eruptivas.
> VI – Regime alimentar na infância.
> VII – A assepsia, a antissepsia. Vacinas.
> VIII – Fichas escolares.
> IX – Hygiene das escolas.
> X – Puericultura – Eugenia.
> (COUTO, 1933, p. 65).

Outro nome revelador nesta linha de pensamento eugenista foi Belisário Penna. Ele assumiu por um breve período o Ministério dos Negócios, de Saúde e Educação, no ano de 1931, embora tenha sido precedido e sucedido por Francisco Campos. Ele também foi membro organizador, participante ativo da Comissão Central Brasileira de Eugenia e foi muito citado por eugenistas da época, no Rio de Janeiro e noutros lugares do Brasil (Figuras 33 e 34).

---

23 CPDOC-FGV. Arquivo Gustavo Capanema, Série: g – Ministério da Educação e Saúde – Educação e Cultura, rolo 46, fot. 211-267.

As duas fotos associadas revelam a estreita vinculação entre educação, saúde e repressão no período. A polícia cuidava da saúde combatendo o jogo, o tóxico e o comunismo. Ao mesmo tempo, o responsável pela saúde pública era saudado paraninfo com honras em academia militar. Estes documentos ajudam a entender o que se concebia como "sociedade saneada" e "higienizada" (Figura 35).

Belisário Penna foi médico sanitarista, membro da "Câmara dos Quarenta"[24] (do conselho superior da AIB). Ele aparece como referência nos estudos sobre eugenia com a mesma frequência que Miguel Couto, Artur Neiva e Renato Kehl. Além disso, foi também constituinte de 1933-1934, onde defendeu, junto a Miguel Couto, as propostas de políticas eugenistas de imigração. Belisário Penna foi citado por Plínio Salgado na carta a Getúlio Vargas em 1938, como homem de respeito e confiança de ambos e como referência da fidelidade da AIB ao ditador, na lista dos citados outros nomes saltam ao olhar desta pesquisa:

> Indague V. Exa., por exemplo, de pessoas que lhe merecem todo o crédito, como o Dr. Renato Rocha Miranda, o Dr. Amaro Lanari, o Dr. Belisário Pena, o Gen. Vieira da Rosa, o Dr. Rocha Vaz, o Dr. Gustavo Barroso sobre o que tem sido a minha vida, desde o fechamento do Integralismo, a acalmar exaltados, a descobrir grupos que comentam ou se desesperam, para amainá-los, a evitar que se façam loucuras (CPDOC-FGV. Arquivo Getúlio Vargas, Série Confidencial, 28 jan. 1938, rolo 18, fot. 1023) – Documento já citado e estudado por Trindade (1974), por Silva (1994) e por Bahia Horta (1994).

A história constitucional, jurídica e legal do Brasil de 1930 a 1945 foi composta por três constituições. Entre 1930 e 1934, houve um vazio constitucional entre a derrubada da Constituição de 1891 e a promulgação da de 1934. O que era constitucionalmente aceito nesse período é de difícil definição. O termo "eugenia" só apareceu na Constituição de 1934, no artigo 138. Segue abaixo a transcrição também do artigo 139, pela relevância associativa à pesquisa:

---

24 O líder integralista Miguel Reale em suas *Memórias* (1986, p. 81, v. 1) afirmou que "a tão falada 'Câmaras dos Quarenta' tinha mais função figurativa, reunindo-se raramente", contrariando Hélio Silva e Hélgio Trindade.

> Art. 138 – Incumbe à União, aos Estados e aos Municípios, nos termos das leis respectivas:
> a) assegurar amparo aos desvalidos, criando serviços especializados e animando os serviços sociais, cuja orientação procurarão coordenar;
> b) estimular a educação eugênica;
> c) amparar a maternidade e a infância;
> d) socorrer as famílias de prole numerosa;
> e) proteger a juventude contra toda exploração, bem como contra o abandono físico, moral e intelectual;
> f) adotar medidas legislativas e administrativas tendentes a restringir a moralidade e a morbidade infantis; e de higiene social, que impeçam a propagação das doenças transmissíveis;
> g) cuidar da higiene mental e incentivar a luta contra os venenos sociais.
> Art. 139 – Toda empresa industrial ou agrícola, fora dos centros escolares, e onde trabalharem mais de 50 pessoas, perfazendo estas e os seus filhos, pelo menos, dez analfabetos, será obrigada a lhes proporcionar ensino primário gratuito.

O artigo constitucional que traz o termo "eugenia" aparece acompanhado de "restrição a moralidade infantil", "higiene social", "higiene mental" e "venenos sociais". É um indício muito consistente de segregação legal, assim como é forte o indício que aparece no artigo seguinte, da aliança entre empresariado e Estado na consolidação de uma hegemonia dessa classe social sobre a educação popular (pública ou privada), necessariamente pela Lei moralizadora, higienista e eugenista. Diante de tais artigos e incisos constitucionais, fazem-se necessários questionamentos: somente por esta fonte documental seria possível afirmar que houve políticas públicas de eugenia envolvendo a educação de crianças e adolescentes no Brasil? Houve políticas públicas e/ou privadas de eugenia no Brasil da década de 1930? Elas atingiram a educação de crianças e jovens? A eugenia esteve vinculada somente à área da educação? Somente por um indício, mesmo que do peso de uma Constituição, qualquer resposta afirmativa ficaria tal afirmativa em suspeição. Os Anais e os Diários da Assembleia Nacional Constituinte de 1933-1934 foram, porém, bastante didáticos nas respostas às indagações. A intencionalidade dos constituintes racistas ficou evidente na análise dos debates constitucionais. Os argumentos na defesa dos seus projetos de leis mostraram que, apesar de o termo "eugenia" ter sobrevivido no texto final, somente na área de educação, ele apareceu também em debates e como proposta em muitas outras áreas.

O artigo que terminou como o de n.º 138 da Constituição passou por discussões na área de Assistência Social. O texto que chegou à Comissão Constitucional se aproximou bastante do texto final, trazendo a "educação eugênica" junto com a palavra "sexual", que foi extraída na versão definitiva. O registro do documento digitalizado (Figura 36) serve de recurso ilustrativo sobre essa fonte documental:

Tratavam-se a educação eugênica e a educação sexual como ações complementares para dar "a cada cidadão o sentimento de responsabilidade na formação da raça", seguindo a diretriz da "Conferência Internacional para a reafirmação do ideal moral do mundo". A eugenia, para este grupo, fazia parte mais da "assistência preventiva" para "prevenir os flagelos sociais" e da "assistência construtiva", para "melhorar as condições sociais e elevar o nível da existência". Os exemplos do processo constituinte demonstram a existência de uma predisposição dos formuladores da lei para práticas de eugenia nas políticas de intervenção do estado na imigração, na "ordem" familiar, nas "formas" de amor, nos "tipos" de sexualidade e na "assistência" social.

Na educação, a força da bancada eugenista mostrou-se poderosa. O rolo compressor do governo federal, onde nasceu o projeto, foi muito eficaz nesta questão. Seguem trechos da apresentação da proposta, feita pelo presidente Getúlio Vargas em discurso na abertura dos trabalhos da Assembleia Nacional Constituinte em 15 de novembro de 1933:

> Todas as grandes nações, assim merecidamente consideradas, atingiram nível superior de progresso, pela educação do povo. Refiro-me à educação, no significado amplo e social do vocábulo: física e moral, eugênica e cívica, industrial e agrícola, tendo, por base, a instrução primária de letras e a técnica e profissional.

Getúlio Vargas deu a sua definição sobre educação em seu sentido "amplo" e "social": "físico e moral, eugênica e cívica, industrial e agrícola, tendo, por base, a instrução primária de letras e a técnica e profissional": formar mão de obra disciplinada, fortalecer o Estado e aprimorar a "Raça". O discurso de abertura dos trabalhos constituintes, feito por Getúlio Vargas, não se limitou a uma referência à prática de eugenia como política de Estado: foram duas incidências. O termo "eugenia" voltou a aparecer quando o assunto foi trabalho infantil. Nota-se, também, a divisão entre educação e trabalho de meninos e meninas, o que revela, também aqui, a característica patriarcal-machista dessas propostas.

A aplicação do Código de Menores prevê, entretanto, a existência de institutos de satisfazer os fins a que se destinam. É sabido que eles escasseiam por todo o país, quase exclusivamente atendidos pela iniciativa particular, conduzida por sentimentos caridosos. Pode-se afirmar, por isso, que, salvo no Distrito Federal, onde se organizaram estabelecimentos apropriados, o Código de Menores somente se cumpre muito elasticamente e apenas na parte judiciária, falhando a de vigilância e educação. A nova Secretaria de Estado [Ministério do Trabalho, Indústria e Comércio] tinha, como se vê, função preestabelecida e perfeitamente justificável. Como se tem desenvolvido sua atividade, demonstra-o o resumo dos atos do Governo Provisório, contendo numerosas iniciativas em matéria de organização do trabalho:

> [...] e da condição do trabalho de menores, procurando cercar esses pequenos operários ou empregados da proteção que exige a sua condição social e da assistência aconselhada e reclamada pelas boas normas da higiene e eugenia; [...] a Nação aguarda, em expectativa confiante, a obra que inicias, e cuja estrutura, expressando-lhe os anseios de ordem e engrandecimento, deverá firmar-se no sentido das realidades da vida brasileira, consolidando, acima de tudo, a unidade da Pátria e a homogeneidade nacional. Rio de Janeiro, 15 de novembro de 1933. Getúlio Vargas (Diários da Assembleia Constituinte, 1933, p. 105-125, v. 1).

A proposta de uma educação eugênica no Brasil, que consolidaria a "unidade da pátria e a homogeneidade nacional" (entenda-se a construção de uma identidade nacional harmonizado por uma "consciência biológico-racial"), transformou-se em lei no ano de 1934. Ela foi de autoria do governo provisório de Getúlio Vargas e foi apresentada na abertura dos trabalhos da Assembleia Constituinte no dia da proclamação da República. Poucas foram as palavras repetidas no discurso do Presidente, mas uma delas foi o vocábulo "eugenia". Ele apareceu relacionado à educação e ao trabalho de crianças e jovens.

Vargas demonstrou ter conhecimento sobre a realidade do "menor abandonado" na Capital Federal, saber do Código do Menor de 1927 (também chamado "Mello Mattos") e ter consciência de que a iniciativa privada tinha majoritário controle das ações de "recolhimento e educação" das crianças sob a tutela do Estado, enaltecendo-a pelos sentimentos caridosos.

Coincidência ou não, no dia seguinte à proposição da lei, no dia 16 de novembro de 1933, o primeiro grupo dos meninos estudados foi retirado do Educandário Católico Romão de Mattos Duarte, sob responsabilidade do Juizado de Menores do Distrito Federal e levado a Campina do Monte Alegre (SP), sob tutela de Oswaldo Rocha Miranda. A escolarização, a arregimentação e a formação de colônias de crianças e jovens visando consolidar uma identidade nacional pela via do "aprimoramento racial" ocorreu ao mesmo tempo no campo político-jurídico e na prática, não houve diferença temporal entre propositura e execução. A criação de unidades ministeriais entre "Saúde e Educação" e entre "Trabalho e Assistência Social" com forte intersecção e interferência do Ministério da "Justiça e da Segurança Nacional" formaram o contorno do Estado Autoritário que se consolidaria no Estado Novo (1937-1945).

As políticas públicas do Estado Brasileiro na área de Educação deste período surgiram como propostas-ações do executivo, a sugestão parece ter surgido na Subcomissão do Itamarati, pelo crivo de Oliveira Viana. A proposta da Subcomissão foi revista por Francisco Campos e, depois, emendada e assinada por Getúlio Vargas, mantendo suas linhas gerais. O projeto foi apresentado à Assembleia Constituinte, discutido e aprovado praticamente como chegou.

A educação eugênica foi mantida como proposta do começo ao fim do processo constituinte até a promulgação da Constituição de 1934, que afirmou ser função do Estado "estimular a educação eugênica". A identificação de três dos ministros na área de educação[25] no período tem grande relevância: Francisco Campos (1930-1931 e 1931-1932), Belisário Penna (1931) e Gustavo Capanema (1934-1945).

Nas décadas de 1920 e 1930, o campo educacional reuniu aspectos do saber religioso e jurídico subordinando-os a certos conhecimentos provenientes do saber médico. Este movimento manifestou-se, sobretudo, na concepção da formação docente e de sua expressão sobre o "ser professor" realizada por homens e, sobretudo,

---

25 Ministério dos Negócios de Saúde e Educação (1930-1934) e Ministério da Educação e Saúde (1934-1945).

às mulheres educadoras. O professor emergiu como uma figura híbrida, construída com as virtudes do médico, do guerreiro e do sacerdote (NUNES, 1996).

Nos *Anais* e nos *Diários da Assembleia Nacional Constituinte* de 1933-1934, o pensamento eugenista foi encontrado em algumas outras áreas além da educação. As discussões sobre o controle estatal (dirigismo e gestão) sobre os movimentos migratórios internos e externos foram profundamente marcados por ele. Segue, abaixo, o trecho referente à Imigração na Constituição de 1934:

> Art. 5 – Compete privativamente à União:
> [...] XIX – Legislar sobre:
> g) naturalização, entrada e expulsão de estrangeiros, extradição; emigração e imigração, que deverá ser regulada e orientada, podendo *ser proibida totalmente, em razão da procedência;*
> Art. 121 –
> § 6º – A entrada de imigrantes no território nacional sofrerá as restrições necessárias à *garantia da integração étnica e capacidade física e civil do imigrante, não podendo, porém, a corrente imigratória de cada país exceder, anualmente, o limite de dois por cento sobre o número total dos respectivos nacionais fixados no Brasil durante os últimos cinquenta anos.*
> § 7º - É *vedada a concentração de imigrantes* em qualquer ponto do território da União, devendo a lei *regular a seleção, localização e assimilação do alienígena.*
> (Sem grifos no original).

A "letra morta da lei" já nos permite indagações e conclusões sobre as políticas de controle estatal sobre as imigrações, mas o "espírito da lei", a expressão da vontade dos constituintes exige uma análise do seu histórico. Segue, adiante, a proposta de Emenda aditiva do constituinte Miguel Couto para o projeto de lei sobre imigração:

> Art. ?? – É proibida a imigração africana ou de origem africana, e só consentida a asiática na proporção de cinco por cento, anualmente, sobre a totalidade de imigrantes dessa procedência existentes no território nacional. É vedado aos Estados fazer contratos para a introdução de imigrantes em contravenção do disposto neste artigo. Sala das Sessões, 30 de novembro de 1933.

Ao analisar os argumentos de Miguel Couto evidencia-se a preocupação de garantir ao Estado o controle das políticas migratórias seletivas visando a prática da eugenia:

> Da Imigração – [...] Todo brasileiro devia ter de cór e repetir como um verseto: "O vigor da raça e o abatimento da raça são, entre todos, os fatores mais importantes da grandeza e da decadência das nações. A formação da raça é, pois, a chave do predomínio da civilização por vir".
> Para solenizar o 1º Centenário da Academia Nacional de Medicina reuniram-se há 4 anos na nossa Capital vários Congressos Internacionais e um brasileiro, o de Eugenia, que teve a honra de ser presidido pelo gênio do nosso colega nesta casa Dr. Leví Carneiro. Não se calcula o êxito e o brilho dêsse certamen; todos os anfiteatros da nossa Faculdade de Medicina se enchiam de congressistas vindos de todo o mundo; mas o que congregava os membros do Congresso de Eugenia teria que se fazer de borracha para contê-los todos. Uma das téses versou sôbre a Imigração e teve como relator Azevedo Amaral – o extraordinário jornalista e homem de letras – Do seu trabalho, disse Lévi Carneiro, que só êle seria bastante para justificar a reunião do Congresso de Eugenia. Confirmando in totum êste juízo, acrescentou na sua recente obra – Ensaios de Antropologia Brasiliana. – O professor Roquete Pinto, mestre de última instancia nestes assuntos e organizador do Congresso "Azevedo Amaral sobre vêr, com espírito de rara penetração e amplo descortino, o que de fato há para a Eugenia, no problema do imigrante atraído para o Brasil". Das conclusões desse relatório aprovadas unanimemente traslado as seguintes:
> I – O Primeiro Congresso Brasileiro de Eugenia dirigirá ao Presidente da República, ás casas do Congresso Nacional e aos governadores dos Estados um apêlo em que serão postos em fóco os gravíssimos perigos da imigração promíscua, no ponto de vista dos interesses de raça e da segurança política e social da República.
> II – O Primeiro Congresso Brasileiro de Eugenia, considerando que as influências mesológicas não podem alterar no indivíduo os característicos hereditários transmitidos de geração em geração, julga que a *seleção rigorosa* dos elementos imigratórios é essencial e insubstituível como meio *de defesa da nossa raça*.

III – O Primeiro Congresso Brasileiro de Eugenia aconselha que, no processo de seleção de imigrantes, sejam levados em conta os atributos coletivos das populações donde previram as correntes imigratórias.
IV – O Primeiro Congresso Brasileiro de Eugenia chama a atenção dos poderes públicos para o fato de que a saúde do imigrante e a sua robustez muscular não bastam como característicos do *valor eugênico do indivíduo, o qual só pode ser aferido pela apreciação das qualidades mentais e morais em que se traduzem os atributos profundos de sua herança e, portanto, do seu valor como elemento racial*.
V – O Primeiro Congresso Brasileiro de Eugenia, considerando que entre as manifestações mais freqüentes de taras hereditárias que incapacitam o imigrante como elemento étnico que incapacitam o imigrante como elemento étnico indesejável, figuram fórmas de *desequilíbrio mental traduzido em tendências anti-sociais, aconselha a exclusão inflexível* de todos os imigrantes com antecedentes criminais.
VI – O Primeiro Congresso Brasileiro de Eugenia, considerando que, nas atuais dos países superpopulosos de alta civilização, *os indivíduos que gravitam para o pauperismo atestam com êsse próprio fato a sua inferioridade mental e moral*, condena todas as formas de imigração subvencionada, que apenas podem concorrer para a entrada no nosso país de elementos indesejáveis.
(*Diários da Assembleia Constituinte*. Sem grifo no original).

A emenda aditiva foi aprovada com aplausos descritos pelo redator do plenário, mas, na Constituição, não aparece referência à origem dos imigrantes. A forma e a funcionalidade da lei, porém, mantiveram intactas as possibilidades de que as proposituras do constituinte racista fossem praticadas, tendo sido criados os mecanismos jurídicos de controle e intervenção de Estado na política imigratória.[26]

Os argumentos utilizados por Miguel Couto, citando o Congresso Brasileiro de Eugenia, sugerem insistentemente a segregação como política de Estado; sugerem também raça e racismo como assuntos intrínsecos à suposta vida corpórea

---

26 Apesar de esta legislação trabalhar com o migrante estrangeiro, sabe-se que o controle e a intervenção do Estado se deram também nos movimentos migratórios internos. Vê-se, por exemplo, os trabalhos de Neves (1995; 2001).

da nação. Ele fez isso usando argumentos classistas (ao relacionar a pobreza à inferioridade mental e moral) e racistas (ao relacionar comportamentos considerados criminosos, imorais ou antissociais às condições hereditárias e étnicas). Esse conjunto argumentativo básico de Miguel Couto apareceu em quase todos os defensores da "eugenia".

A Carta Magna de 1934, por ser comparada à constituição anterior (1891) e à posterior (1937), acabou entrando para a História com tantos "méritos democráticos" que seus ranços elitistas e autoritários ficaram fora de foco. A análise dos debates constituintes surgidos das opções de pesquisa levou a uma relativização, senão, abandono desta tradição interpretativa, fazendo-se necessário perceber os conflitos de interesses e a dinâmicas legislativas na Assembleia Constituinte de 1933-1934. As leis foram resultantes da composição de fragmentos de diferentes projetos de lei e de diferentes interesses, por vezes, contraditórios. Encarando-a desta maneira, encontramos uma textura democratizante, mas cheia de retalhos autoritários, classistas e racistas, refletindo a política nacional do período.

As legislações e as discussões legislativas sobre Imigração seguiram a defesa de um modelo de restrição aos asiáticos e a proibição aos africanos, o que evidencia que essas políticas traziam fortes componentes de um "eugenismo" eurocêntrico, por vezes, arianista. O forte eurocentrismo racista (o espelhamento na Europa e na pretensa superioridade branca europeia na formulação das políticas) desfavoreceu os que, sujeitos aos deslocamentos, não se encaixavam nesses pressupostos. Os identificados como sendo africanos, asiáticos ou americanos sofreram restrições maiores nos deslocamento e segregações. Fomentou-se a exclusão dos trabalhadores pobres e suas famílias. Camponeses nacionais e imigrantes despossuídos de terras e grupos sociais considerados indesejados nas cidades ficaram ainda mais sujeitos aos deslocamentos forçados e aos impedimentos de livre trânsito. Ao longo da década de 1930, houve diminuição acentuada na entrada de imigrantes, europeus ou não, mas por motivos diferentes. Os movimentos migratórios nacionais e o tráfico interno ganharam importância. Os números do Museu do Imigrante revelam uma queda significativa na entrada de estrangeiros nos anos 1930 (com exceção, e com severo controle de entrada, de japoneses até 1940), se comparado aos 30 anos anteriores (Gráficos 1 e 2).

A revisão dos subsídios imigratórios do Estado por Júlio Prestes em 1927, a Crise de 1929, a geopolítica das regiões emigratórias e o conflito paulista de 1932 favoreceram as políticas imigratórias restritivas de fundamentação eugênica a se efetivarem e ajudam explicar a diminuição tão acentuada no ingresso de estrangeiros na região e o aumento das migrações internas.

O agenciamento de famílias, principalmente no interior do Nordeste e de Minas Gerais, para trabalharem, sobretudo, no Estado de São Paulo, multiplicou-se. O *know-how* utilizado na obtenção de mão de obra internacional nas décadas anteriores passou cada vez mais a se firmar em âmbito nacional. Os movimentos migratórios inter-regionais trouxeram consigo uma continuidade, em certos casos, um incremento no uso de mão de obra escravizada sob diversos mantos de legalidade. Ou, nas palavras do editorial da *Revista da Semana* (ano XXXIII, n. 47, 18 nov. 1922):

> [...] direito que os ricos teem de oprimir os pobres, pois não seria possível absolver nossos paes e antepassados de haverem admitido a escravidão se esta não continuasse de outras formas, conquanto de aspecto mais benigno.

O processo de transferência populacional seletiva esteve sujeito às estratégias das elites políticas e econômicas para a superação de crises e para incremento de lucratividade. Houve fomento e imposição de movimentos humanos, restrições e impedimentos na liberdade de ir e vir para fins de competitividade, lucratividade e presumida eugenia.

Como a diferenciação entre migração, política imigratória de estado e negociação de seres humanos não é de fácil percepção, tornou-se fundamental para diferenciá-los a verificação sobre existência do direito de escolha pela mudança e do controle sobre o processo de deslocamento e assentamento: o direito de ir, vir e viver livremente. No Brasil da década de 1930, raramente esses direitos foram respeitados, quase sempre existindo intermediários empresariais articulados com poderes estatais (da União, de entes da Federação ou de governos estrangeiros), controlando o processo de deslocamento e assentamento. Assim, pode-se estabelecer um diferencial entre o tráfico e os processos migratórios que aconteceram no período tomando como base a gradação de direitos respeitados entre os que migraram.

As políticas públicas de engenharia social, que constituíram o estado capitalista nacional, incentivaram a prática da eugenia. Os movimentos de refugiados estiveram sujeitos às oscilações de interesses empresariais, quase sempre acompanhados de incentivos ou restrições legais. Fez-se tráfico e escravidão no período. Houve escravidão com encarceramento, trabalho forçado não remunerado e repressão física. Sem a existência da instituição proprietário-propriedade, mas com outros mecanismos contratuais que garantiam poder jurídico de tutela, décadas após a lei Áurea, de 13 de maio de 1888.

Para fins de exemplificação, em 1934, a Companhia Agrícola, Industrial e de Colonização (CAIC),[27] organização privada, pertencente às empresas ferroviárias paulistas, negociou com a diplomacia italiana no Brasil a venda de terras de fazendeiros paulistas ao Estado italiano de Mussolini, para que este revendesse financiado, aos "candidatos" italianos a se tornarem pequenos proprietários paulistas. A mesma CAIC intermediou – junto à Secretaria de Agricultura do Estado de São Paulo – subsídio para o transporte desses cidadãos. A empresa, por contrato, garantiu que os camponeses ficariam presos às terras enquanto não quitassem as dívidas. Como denominar: tráfico ou imigração?[28]

As legislações sobre redução, ampliação ou eliminação de subsídios às migrações reforçam a percepção da realidade também expressa nos debates Constituintes de 1933-1934. Setores importantes do poder político e do poder econômico tratavam os movimentos humanos e os seres humanos como parte das estratégias de produção e geração de riquezas. A lógica eugênica/autoritária não se separou do interesse econômico.

---

27 A CAIC foi fundada em 1928 por capitais agrícolas (cafeeiro), industriais e ferroviários capitados por bancos de sociedade anônima, depois da crise de 1929 ela passou a administrar as consequências da crise e lucrar. Comprar terras baratas e recolonizar latifúndios monocultores por minifúndios policultores, gerenciar estradas de ferro na transição do transporte de café para um transporte misto, de passageiros e de diferentes cargas, como foi o caso da Cia. Paulista de Estradas de ferro.

28 Os trabalhos de Neves (1995; 2001) para a história do Ceará e os documentos da Companhia Agrícola Industrial e de Colonização (CAIC) para São Paulo dão clareza à questão. A documentação da CAIC foi encontrada no Centro de Memória da Unicamp, nos Livros carbonados da Contabilidade da Companhia. No caso CAIC-Mussolini, a proposta foi de penhor do trabalho futuro de famílias inteiras, em nome da obtenção da propriedade e, somente depois do pagamento, a liberdade de ir, vir e se restabelecer. Buscou-se resolver de uma só vez a insolvência ou falência de fazendeiros paulistas quebrados pela crise de 1929, aumentando o fluxo das ferrovias pertencentes ao mesmo grupo empresarial que controlava a CAIC e aliviando, ao mesmo tempo a pressão social sobre o estado burguês fascista. Argumentos utilizados no corpo do documento. Esta documentação merece maior aprofundamento de pesquisa e de análise.

Nas discussões sobre "Família" na Assembleia Nacional Constituinte de 1933-1934, os ideais eugenistas apareceram fortemente vinculados ao pensamento católico e com forte teor patriarcal (machista). As "Políticas Familiares" se mostraram como tema insistente nas discussões parlamentares. Na defesa da "sacralidade e naturalidade da família" os constituintes travaram debates acalorados. Esse tema começou na Subcomissão do Itamaraty iniciada por Oliveira Vianna e terminou na Constituição de 1934, nos seguintes termos:

> Artigo 144 – A família, constituída pelo *casamento indissolúvel*, está sob a proteção especial do Estado.
> Parágrafo único – A lei civil determinará os casos de desquite e de anulação de casamento, havendo sempre recurso "ex officio", com efeito suspensivo.
> Artigo 145 – A lei regulará a *apresentação pelos nubentes de prova de sanidade física e mental*, tendo em atenção as *condições regionais* do País.
> Artigo 146 – O casamento será civil e gratuita a sua celebração. O casamento perante ministro de qualquer confissão religiosa, cujo *rito não contrarie a ordem pública ou os bons costumes*, produzirá, todavia, os mesmos efeitos que o casamento civil, desde que, perante a autoridade civil, na *habilitação dos nubentes*, na verificação dos impedimentos e no processo da oposição sejam observadas as disposições da lei civil e seja ele inscrito no Registro Civil. O registro será gratuito e obrigatório. *A lei estabelecerá penalidades para a transgressão dos preceitos legais* atinentes à celebração do casamento.
> Parágrafo único – Será também gratuita a *habilitação para o casamento*, inclusive os documentos necessários, quando o requisitarem os Juízes Criminais ou de menores, nos casos de sua competência, em favor de pessoas necessitadas.
> Artigo 147 – O reconhecimento dos filhos naturais será isento de quaisquer selos ou emolumentos, e a herança, que lhes caiba, ficará sujeita, a impostos iguais aos que recaiam sobre a dos filhos legítimos. (Sem grifo no original).

Casamento indissolúvel, exames para nubentes e habilitação para o casamento: eis a lógica do Estado, que teve o poder legal de impedir uniões e separações entre seres-humanos. A ordem familiar, o afeto e a sexualidade estiveram submetidos à política da penalização, por um Estado controlado e governado por uma pequena elite eurocentrista e seus "bons costumes". A administração do Amor e sua politização estatizante como forma de autoritarismo deve ser compreendida como estratégia de dominação e controle sobre a sociedade e como estratégia fundamental das ideologias fascistas, selando a união Igreja Católica/Estado Capitalista/Direito Burguês por meio do amor supremo pela Divindade, pela Raça, pelo Estado-Nação, pela Propriedade e não pelo Ser Humano.[29]

> Já soou, quase simultaneamente em todos os meridianos, a hora de advertência e do alerta. Já se ouve ao longe, traduzido em todas as línguas, o tropel das marchas sobre Roma, isto é, sobre o centro das decisões políticas. Não tardarão a fechar-se as portas do fórum romano e abrir-se as do capitólio, collocado sob o signal e a invocação de Júpiter, ou a vontade, do comando, da Auctoritas, dos elementos masculinos da alma, graças aos quaes ainda pôde a humanidade encarar de frente e amar o seu destino: Amor Fati (Francisco Campos apud LENHARO, 1986, preâmbulo).

O "amor fati" seria predestinado "por Deus, pela Pátria e pela Raça". O Amor não era e não podia ser livre. Nesta concepção não havia espaço para a liberdade do indivíduo de escolher a quem amar. Na prática, esta liberdade só existia como prerrogativa ou "licença especial" para o Homem-Bom ou ao Gênio da Raça[30].

---

29 Wilhelm Reich, em 1933, na obra *Psicologia de Massas do Fascismo*, nos capítulos de 5 a 8, demonstrou perceber na Alemanha nazista e no fascismo em geral uma insistência em regular, limitar, diagnosticar e reprimir o amor e a sexualidade como mecanismo de produção e sustentação dos Estados burgueses, autoritários e racistas.

30 Ironia ou não, José Bento Monteiro Lobato em carta ao amigo Cesidio Ambrogi, parabenizando pelo nascimento do filho, revelou explicitamente essa questão: "Um filho novo! Mas isso é lindo, porque indica mocidade e capacidade criadora. Eu, fosse Estado Novo, fazia uma lei acabando com a liberdade de procrear. Para ter filho era necessário um atestado de habilitação e uma permissão especial. A gente feia ficava proibida de reproduzir-se. Outros teriam licença para um filho só. Outros, dois e tres. E alguns teriam licença sem limites. Voce, meu caro, entrava para este grupo. E não precisava produzir filhos só em casa – teria licença de fazer roças grandes, por montes e vales. Porque sabe ter filhos bonitos e claros. Voce, Cesidio, é um embelezador e embranquecedor desta raça tão feia e encardida. Não me esqueço nunca do encanto que é a tua filhinha gorda e de fala grossa" (Provavelmente de 1943. In: TIN, 2007, p. 384-385).

O controle sobre o amor e a sexualidade eram prerrogativas da "engenharia gênica-social", mas, como o termo "eugenia" não figurou na redação final dos artigos sobre política familiar, foi necessária a análise de trechos das propostas e debates constituintes sobre o assunto para, aqui também, captar o espírito dela. Segue a proposta do constituinte Alfredo da Mata, ela auxilia a compreensão e dá espírito à letra morta da lei:

> [O que determina o zelo da raça é o estabelecimento], dentre outras medidas, da obrigatoriedade do exame pre-nupcial. O desejo é caracterizar e impor a ação da eugenia, a ciência de Galton, criada e divulgada entre nós por êsse especializado e ingente lutador que é Renato Kehl, e que tem sido nela sempre inspirado pelo postulado de Kant: - "o homem não pode se tornar homem sinão pela educação". E a respeito de questões sôbre a eugenia ouviu já esta augusta Assembléia, dentre outros, em resplendentes referências, os discursos dos ilustres Deputados Miguel Couto, Morais Andrade, Xavier de Oliveira, Monteiro de Barros, Anes Dias, Leitão da Cunha, Arthur Neiva, Pacheco e Silva, êste tendo recordado Amaurí de Medeiros, que desta tribuna, no Congresso, tratou, com desvelo, competência e empenho, do exame pre-nupcial. E aquí me encontro para também assinalá-lo e mais, se possível, algo sintetizar suas preciosas vantagens. Licença, porém, me concedida para registrar a monografia apresentada em 1916, no 2º Congresso Científico Pan-Americano, citada pelo grande professor que foi Souza Lima, intitulada "Êrro essencial de pessoa na lei brasileira do casamento civil". Foi seu autor o Senhor Deputado Rodrigues Dória, o mestre que ilustra esta Assembléia, e que em sua dissertação demonstrou os grandiosos fins da eugenia, que então chamava de ciência nova. [...[O exame pre-nupcial deve ser aqui considerado sob dois aspectos: o constitucional e o sanitário. [...[O segundo ponto de vista, que é o sanitário é da Eugenia. Sim, porquê há doenças e doenças. Umas sociais, a sífilis, a genocócia, a tuberculose, a epilepsia, o alcoolismo; outras, mentais e nervosas; ainda outras chamadas de caráter familiar, aliás, pouco divulgadas, e que Apert tão bem abordou e discutiu (1927), seguindo as pegadas de Charcor quanto às devidas a heranças contínua, descontínua e matriarcal, e em que unicamente o médico poderá decidir, de acôrdo com o exame de validez dos dois nubentes, se o consórcio será ou não um perigo para ambos e á

próle. Que doloroso contraste: Como tanto empenho e esfôrço em cuidar, selecionando, os animais, e deixar a família em tão flagrante plano de inferioridade eugênica! Deplorável estado de educação e de espírito! Verdade é que exemplos numerosos e idênticos existem entre nós... Triste verdade! A Eugenia visa a aplicação de conhecimentos úteis e indispensáveis á reprodução, conservação e melhoria da raça. Teoricamente, e neste último caso, nada mais fácil do que suprimir os agentes principais, como nos longevos tempos de Licurgo ou suprimir os agentes principais, como parece de prática, hodierna e voluntária, da vasetomia. Para ultimar, devo enaltecer o gesto de Debreyne, padre e publicista notável, que exprimia no século XIX o seu pensamento do modo seguinte: "Assim como se considera a consanguinidade um impedimento para o matrimônio, pela mesma razão, e talvez por outras maiores, deviam também ser consideradas como tais certas doenças." Eis a religião e a ciência identificadas e irmanadas mais uma vez nos propósitos referentes á saúde pública, e nesse caso tão primacial da eugenia. Sr. Presidente, a cerebração potente de Júlio Dantas, o elegante e superior beletrista de todos vós, Srs. Deputados, bem conhecido, estilizou em frisantes palavras esta minha breve exposição, quando disse: — "A geração atual tem obrigação de proteger e defender as gerações futuras. Criar a dor é um crime perante a humanidade; criar a monstruosidade é um crime perante a raça. O casamento de doentes de espírito e do corpo, dos mostriparos, dos cacoplastas, dos tarados, dos geradores de abortos e de martires, deve ser proibido, ou, pelo menos, não deve ser sancionado pela lei. Todos os enfermos reconhecidamente capazes de transmitir graves e permanentes infecções á descendência, têm de ser excluídos do direito de constituir família. Será brutal, mas é necessário." Sr. Presidente, "o homem são é unidade primeva da atividade econômica; é um capital em ação. Instruí-lo, rodeá-lo de garantias, amparálo, assisti-lo mediante mecanismos e órgãos que recebam o seu influxo do Estado, ou sejam por êste fiscalizados, é fazer obra de magna previdência, de verdadeira eugenia; é praticar o são patriotismo". Que dizer sôbre a vigilancia e fiscalização das pessoas que pretendam constituir um lar, laboratórios sagrados onde serão preparados os sólidos alicerces da prole, da sociedade, e assim o grandioso futuro da nossa Pátria? Sómente o exame de validez física e mental dará a devida solução.

Que se o institua, portanto, obrigatoriamente, em a nossa futura Carta Constitucional. (Muito bem; muito bem. Palmas. O orador é cumprimentado) (*Diários da Assembleia Constituinte*, 1934).

O constituinte Alfredo da Mata defendeu a eugenia como diretriz do "moderno direito constitucional". E para "velar pela pureza, sanidade e melhoramento da família" e pelo "zelo à raça" a "ciência de Galton e Renato Khel" e subscreveu a "obrigatoriedade do exame pré-nupcial". Comparando a constituição familiar à criação de cavalos, ele defendeu uma saída espartana como nos "tempos de Licurgo", para eliminar a "inferioridade eugênica" e o "indesejável" por meio da vasectomia forçada. Estes, segundo ele, "têm de ser excluídos do direito de constituir família. Será brutal, mas necessário", afinal, o "homem são é unidade primeva da atividade econômica; é um capital em ação" e, portanto, fazer eugenia "é praticar o são patriotismo".

Os argumentos foram eugenistas na defesa dos princípios religiosos, científicos e de interesse do capital. Mais uma vez, aparecem nos discursos eugenistas a vinculações entre Raça/Pátria/Estado/Capital/Igreja como fundamentação ideológica para o controle autoritário. Como o casamento deveria ser indissolúvel, os nubentes deveriam ter a garantia da "sanidade" do parceiro e da prole. A normatização da vida afetiva permitiu que o Estado invadisse a privacidade dos indivíduos ao mesmo tempo favoreceu a invasão do espaço público pelo mais íntimo do mundo privado.[31]

O constituinte empregou termos como "vida disciplinada", "defesa sanitária", "higiene", "eugenia" e "assistência social" para defender as ideias de Renato Kehl. Citou seus aliados ideológicos e nomeou vários membros da bancada eugenista da Assembleia Nacional Constituinte de 1933-1934: Miguel Couto, Morais

---

31 Hannah Arendt, em *A Condição Humana*, fazendo a crítica ao totalitarismo, utilizou a experiência grega de público e privado nas *poleis* para mostrar como no mundo contemporâneo a indistinção entre os dois "espaços" ou "conceitos" está na base do totalitarismo, autoritário ou não. Vale aqui a reflexão sobre a Era Vargas (1930-1945), principalmente sobre o Estado Novo (1937-1945) e se este constitui-se ou não um Estado Totalitário no Brasil, nos moldes de Arendt: uma ampla maioria defendendo a violação pública e estatal de minorias em nome na nação. Esta pesquisa não se propôs a responder a esta questão, mas encontrou no arcabouço documental um grande número de defensores, propagadores e legisladores se esforçando em construir o Estado Autoritário, Totalitário e Capitalista, a tal "democracia autoritária" de Oliveira Viana.

de Andrade, Xavier de Oliveira, Monteiro de Barros, Anes Dias, Leitão da Cunha, Arthur Neiva, Pacheco e Silva além de ex-deputados como Amaurí de Medeiros e Rodrigues Dória.[32]

Ao afirmar que "a Eugenia visa a aplicação de conhecimentos úteis e indispensáveis à reprodução, conservação e melhoria da raça", ele não se esqueceu de mostrar a sintonia dessas ideias com o pensamento religioso cristão que impedia os casamentos consanguíneos, indesejáveis, segundo ele, à raça e que deveriam ser, por isso, impedidos.

Dando continuidade à análise da bancada eugenista nos debates constituintes, os trechos do anteprojeto apresentado pelo relator da Comissão Constitucional Adolpho Eugênio Soares Filho são bastante contributivos à crítica:

> Substitutivo ao Título X do Anteprojeto de Constituição
> Art. A – A família é constituída sob a garantia do Estado e repousa sôbre o casamento e a igualdade jurídica dos sexos, cabendo á lei federal estabelecer e regular os direitos e deveres dos cônjuges entre si e dêstes para com o Estado e para com a prole.
> Art. B – O casamento válido será unicamente o civil, monogâmico e indissolúvel, celebrando por autoridade do Estado, cujo processo de habilitação e a sua celebração serão gratuitos.
> § 1º - *Aos contraentes é obrigatória a prova prévia de exame de sanidade física e mental, segundo os moldes da eugenia estabelecidos em lei federal.*
> Art. E – É facultado aos filhos ilegítimos a investigação da paternidade ou da maternidade.
> (Sem grifos no original).

Neste substitutivo fica evidente que na visão do relator da matéria o controle do Estado sobre o casamento através da "habilitação" e da "indissolubilidade" tinha fins eugenistas. Também expressa como ele via a questão da orfan-

---

32 Outros constituintes que apareceram na documentação defendendo eugenia como política de Estado foram: A. C. Pacheco Silva, Carlota P. de Queiroz, Almeida Camargo, C. de Mello Neto, Roberto Simonsen, A. Siciliano, Ranulpho Pinheiro Lima, Abelardo Vergueiro Cesar, Oscar Rodrigues Alves, Alcântara Machado, Barros Penteado, José Ulpiano, Abreu Sodré Cincinato Braga, Manuel Hypolito do Rego, José Carlos de Macedo Soares, M. Whately, Henrique Bayma, Horácio Lafer, C. Moraes Andrade.

dade e do abandono. Para ele, estava facultado aos órfãos e aos abandonados procurarem os seus direitos. O Estado, na visão dele só não poderia interferir na propriedade privada da família patriarcal-burguesa. São, porém, nos argumentos que ele se objetiva:

> Sou radicalmente, e diversos autores de ementas o são, contrário à dissolução do casamento. A sua indissolubilidade será a segurança e garantia da família e da moralidade da sociedade. A possibilidade do divórcio despertará a bestialidade, a libertinagem os instintos carnais. O homem, possuido desses desejos, provocará as dissenções, as irritações no seio da família, a fim de ver coroados os seus propósitos, por lhe ser fácil arquitetar meios, arranjar provas venais, ao passo que contra ela lhe tecerem, por ser uma subordinada á chefia da família sem tato, sem experiência, devido á sua vida exclusivamente doméstica e familiar, quasi que sempre só com educação para salão, será fatalmente e sempre a vítima imbele. Inseri, no substitutivo, a obrigatoriedade do exame pre-nupcial exame de sanidade física e mental dos nubentes, conforme os moldes da eugenia, previstos em lei, por ser uma medida reclamada por todos, aconselhada pela ciência, de relevante e incontestável e inadiável necessidade para a melhoria racial, para evitar proles defeituosas por transmissão contagiosa e hereditária de males graves. O nosso Código Civil foi de uma imprevidência dolorosa, absoluta, só vendo êsses males *post factum, post nupcie*, quando diz que é anulável o casamento quando tenha havido, "anterior ao casamento, ignorância de defeito físico irremediável ou de molestia grave e transmissível, por contágio ou herança capaz de pôr em risco e saúde do outro cônjuge ou de sua descendência" (***Diário da Assembleia Constituinte***, 06 fev. 1934).

Para o constituinte, a obrigatoriedade da "prova prévia de exame de sanidade física e mental, segundo os moldes da eugenia", deveria "ficar no texto constitucional como um imperativo", "por ser reclamada por todos, aconselhada pela ciência, de relevante e incontestável e inadiável necessidade para a melhoria racial".

No substitutivo aprovado pela Comissão Constitucional da Assembleia Nacional Constituinte, em 08 de março de 1934, sob relatoria de Adolpho Eugênio Soares Filho, o termo "eugenia" ainda estava presente:

> Art. 167 – A família, constituída pelo casamento indissolúvel, está sob a proteção especial do Estado.
> Art. 168 – O casamento será civil, e gratuita a sua celebração e respectivo registro.
> Parágrafo único. O casamento poderá ser validamente celebrado pelo Ministro de qualquer confissão religiosa, previamente registrado no juízo competente, depois de reconhecida a sua idoneidade pessoal e a conformidade do rito respectivo com a ordem pública e os bons costumes, o processo de habilitação obedecerá ao disposto na lei civil. Em todos os casos, o casamento somente valerá depois de averbado no Registro Civil. A lei estabelecerá penalidades para a transgressão dos preceitos legais atinentes á celebração do casamento.
> Art. 169 – Aos contraentes é obrigatória a prova prévia de exame de sanidade física e mental, segundo os moldes da eugenia, estabelecido em lei federal.
> (*Diários da Assembleia Constituinte*, 1934, p. 445-449, v. X).

Os argumentos deste e de outros constituintes mais conhecidos como Miguel Couto e Artur Neiva sofreram influência do pensamento e da atuação de Oliveira Viana na elaboração do anteprojeto governamental. Para eles, o casamento deveria ser regulado e controlado pelo Estado através de pressupostos científicos e políticos, nos moldes da eugenia, utilizando a obrigatoriedade do exame pré-nupcial para legitimar a indissolubilidade do casamento. A ideia de não dissociação entre deus/nação/raça/família e de sua submissão ao Estado Burguês ficaria, assim, garantida constitucionalmente.

O discurso, também, permite depreender a concepção deste constituinte, expressamente machista na formulação legislativa. Ele escreveu na pretensa defesa da "Esposa", que: "subordinada à chefia da família, sem tato, sem experiência, devido a sua vida exclusivamente doméstica e familiar, quase que sempre a vítima imbele. Inseri, no substitutivo, a obrigatoriedade do exame pré-nupcial, exame de sanidade física e mental dos nubentes, conforme os moldes da eugenia". Dessa forma, a eugenia, os exames de nubentes e indissolubilidade do casamento afirmam-se sobre o argumento da defesa do direito da mulher (como esposa), ao mesmo tempo, que defendia uma sociedade machista e de pátrio poder. Aqui, o conceito de ideologia se mostra de fato como inversão completa da realidade. A bancada eugenista na Assembleia Constituinte de 1933-1934 se mostrou, sobretudo, conservadora: autoritária, burguesa, machista, católica e racista.

Esta tentativa de naturalizar a história, de criar explicações hereditárias e genéticas para o processo histórico, criou um plano teórico gelatinoso e muitas vezes indistinto. Subsidiou a criminologia e a medicina legal de Nina Rodrigues a Afrânio Peixoto; o sanitarismo de Oswaldo Cruz a Paula Souza; a educação de Fernando de Azevedo e a justiça de Francisco Campos, a música de Villa Lobos, a literatura de Monteiro Lobato, o higienismo de Belisário Penna, a eugenia de Renato Kehl e a eugenia arianista de Oliveira Viana e Gustavo Barroso.

A Assembleia Nacional Constituinte de 1933-1934 criou os mecanismos legais para a burocracia implementar o Estado Eugênico, tendo como base da Educação – uma estrutura conservadora e modernizadora a procura da consolidação do Estado Nacional Burguês no Brasil.

Até aqui, foram analisadas as políticas públicas do período e compreendidas as condições jurídicas e políticas que permitiram e incentivaram os acontecimentos centrais da pesquisa. O capítulo seguinte analisa a expansão do pensamento eugenista na cultura da época estudada. Por intermédio de periódicos de grande circulação na Capital Federal, captaram-se traços culturais da elite econômica e da classe média do Rio de Janeiro; e pelos relatórios da Delegacia de Ensino de Itapetininga (SP), pôde-se aproximar da cultura escolar e educativa vigente na região de Campina do Monte Alegre (SP).

A cultura da segregação

A pesquisa procurou capturar o imaginário das elites e da classe média da Capital Federal; explicitar os significados políticos, sociais, culturais e econômicos da segregação eugenista. Uma das mais ricas fontes de análise foi a Revista da Semana. Buscou-se saber como a revista e seus leitores viam as crianças órfãs, abandonadas, em situação de maior risco de exploração e de violência e como esses grupos sociais percebiam e se relacionavam com as crianças da pesquisa, obviamente por similitude comparativa.

Como qualquer violência justificada por um preconceito é por si mesma autoritária e, geralmente, cercada de outros preconceitos, procurou-se saber qual o alcance desta realidade preconceituosa e autoritária nos grupos sociais que controlavam o poder de intervenção social junto a essas crianças, tanto nas relações sociais mediadas pelo Estado, quanto no cotidiano das relações sociais.

A investigação pautou-se, por isso, pela seleção das fontes referentes aos setores médio-urbanos e suas elites econômicas, em especial da cidade do Rio de Janeiro: industriais, banqueiros, varejistas, empreiteiros, profissionais liberais, gerentes e burocratas do Estado. Em resumo, a burguesia e a pequena burguesia. A leitura seguiu o critério de procurar os preconceitos raciais, de classe, sexuais e sobre a infância.

As indagações iniciais sobre as representações culturais das elites e da classe média foram respondidas em quase sua totalidade e a existência de um ideário eugenista foi confirmado. As novas indagações surgidas das fontes, em especial, daquelas que disseram respeito à concepção de Infância, seus preconceitos e sua violência acabaram se impondo como fontes maiores. O que não se procurava tornou-se, portanto, o achado mais importante.

Na História brasileira, a crença numa desigualdade (iniquidade) entre o pretenso imaturo (a criança) e pressuposto maduro (o adulto) afirmou e constituiu práticas autoritárias e violentas nas relações sociais com a infância e a adolescência. Na pesquisa midiática, essa concepção apareceu nas décadas de 1920 e 1930 com realces de grosseria. Os enunciados "não faz mal nem a uma criança", "é bom para as crianças" e "é coisa de criança" aparecem como "singelas" expressões, para vender venenos, guloseimas e drogas, justificando diferentes tipos de violações e de imposições. Registram-se alguns exemplos (Figuras 37 e 38).

O abuso desrespeitoso da imagem da criança para vender droga (como no caso das propagandas de Cazeon e Virol), para incentivar o desmame e vender leite condensado e açucarado (Nestlé), para vender antiácido e corrigir os problemas das crianças delicadas (Eno) e para vender veneno, relacionando um brinquedo que ganha vida (o soldadinho de chumbo) com uma lata de produto mortal aos pequenos (Flit) são exemplos chocantes que não podem ficar limitados a análises justificadoras de uma pretensa ignorância, própria daquele tempo histórico.

Imagens e fotografias, obviamente tornadas públicas sem a permissão dos sujeitos fotografados, foram utilizadas para vender produtos e práticas como substituir o leite materno por leite bovino condensado e açucarado. Dar bebida alcoólica para crianças (Biotônico Fontoura), incentivar a medicação infantil aleatoriamente, borrifar veneno sobre seus corpos. A prática de usar crianças como modelos produziu violação de Direitos Individuais e Coletivos ao violar o incapaz de se defender, assim como também é relevante o fato de tais abusos serem apresentados como aceitáveis a ponto de serem publicados sistematicamente. Verificam-se algumas imagens (Figuras 39, 40, 41, 42, 43 e 44).

Essa documentação midiática mostrou-se eficaz na apreensão das representações preconceituosas do imaginário cultural da pequena e da alta burguesia na Capital Federal.

A Revista da Semana foi utilizada pela penetração nesses setores, por sua longevidade, rara na imprensa brasileira e por sua variedade temática. Ao olhá-la deste início de século XXI, a linguagem mostrou-se evidente. Ao se procurar os preconceitos e conceitos (no sentido de concepções de mundo), pouco ou nada se encontram, além de meias palavras. As imagens e textos sugerem, enganosamente, falar por elas mesmas, de tão explícitas.

A boneca da "nega maluca" no colo da "dondoca" grita racismo (e um racismo não reprimido), aceito para se colocar na capa da revista e, por isso mesmo, revelador do autoritarismo preconceituoso e agressivo do imaginário do grupo social estudado no período. Mesmo assim, esta fonte não fala por si mesma. A imagem a seguir, vista isoladamente, revela quase só o racismo, mas associadas às imagens de crianças nas propagandas de venda de venenos e drogas, revela também que todas as crianças, incluindo as do "universo da dondoca", estiveram sujeitas a inúmeros preconceitos e violências autoritárias. As crianças que apareceram associadas ao "universo da nega maluca" estiveram sujeitas a um preconceito exponencial (Figura 45).

O ato de *ler* as imagens exige uma prévia *alfabetização* sobre a totalidade e a especificidade do mundo que as produziu e as deu publicidade. Exige um conhecimento mínimo da técnica utilizada, de como com ela se relacionava com o coletivo e como ela se relaciona com o objeto de pesquisa, ou nas palavras de Berger: "Nunca olhamos apenas uma coisa, estamos sempre olhando para as relações entre as coisas e nós mesmos" (BERGER apud LEITE, 1993, p. 31). Por exemplo, a quase ausência de representações das crianças da classe trabalhadora, das crianças "órfãs ou abandonadas", na Revista da Semana, forçou sistemáticas ampliações no recorte cronológico e temático, aumentando o volume das fontes documentais trabalhadas e interferindo no processo analítico.

A Revista da Semana era uma publicação da primeira metade do século XX. Foi, em seu tempo, um dos mais importantes semanários do país, em tiragem e em duração. Era "[...] uma Revista tão acentuadamente conservadora, lida e estimada pela classe burguesa, considerada o seu órgão predileto [...]".[1] Era voltada à família e feita para a mesa de centro da sala de estar. Dela, participaram – ou para ela trabalharam – alguns dos principais articulistas, cronistas, chargistas e fotógrafos brasileiros do período. Editada entre 1900 e 1962, as revistas trabalhadas concentraram-se entre 1930 e 1942. Para efeito dessa pesquisa, 60 números foram analisados. No período estudado e ao longo de sua existência, a revista mesclava sessões diversas: feminina, infantil, doméstica, consultório médico-odontológico, política, economia, militarismo, educação, cultura e, entrecortando todas, as propagandas, produzindo indistinções e dubiedades entre umas e outras. Bastante imagética, a revista foi composta em sua maior parte por gravuras e fotografias. Muitas delas, são bastante didáticas às reflexões históricas e educativas sobre a infância e sobre as violações à sua cidadania.

O fotojornalismo foi percebido como uma tentativa de recriação do real e a imagem da propaganda como tentativa de criação de uma realidade para vender o irreal. A utilização de fotografias jornalísticas indistintamente associadas à imagem de propagandas pôde ser utilizada como documentação histórica, pois "uma série de imagens reunidas ou justapostas podem sugerir aspectos ou ângu-

---

1 Texto editorial da Revista da Semana, XXIII, 47, 18-11-1922.

los de uma atmosfera ou de um ambiente. A ambiguidade de sua leitura é então ampliada, mas, ainda aqui, ela reproduz aspectos do real" (LEITE, 1993, p. 36).

Seriou-se, reuniu-se e justapôs-se, seguindo os indícios que se procurava: aquilo que levasse à concepção de Infância da revista pesquisada do ponto de vista estético (cor de pele, vestimentas, acessórios, postura corpórea), etário (bebês, crianças, adolescentes) e educacional (escolas, creches, clubes, esportes). O recorte foi ampliado pela força ou pela fragilidade das evidências. As propagandas com expressões racistas e classistas, pela importância indiciária, foram também incluídas.

O recorte da coletânea de "fontes iconográficas impressas"[2] buscou indícios sobre a educação brasileira na década de 1930, suas relações com o autoritarismo e o racismo e quanto era ou não impositiva e eugênica. Na maioria das vezes, as crianças eram brancas, isto é, descendentes de europeus e de pele clara, predominantemente loiros. A ausência de diversidade estética é profundamente reveladora numa região como o Rio de Janeiro do período, de multiplicidade singular. Quando apareceram crianças fora da padronização, elas estavam ligadas, quase sempre, a alguma forma de exotismo e de exterioridade (ações filantrópicas em creches, orfanatos e asilos, mostrando como era "o lado de lá"), com estereótipos e marginalidade gráfica. Quase sempre os indivíduos fotografados estavam sujeitos ao anonimato. Quando o "exótico" apareceu como tema, esteve quase sempre cercado de moralismos e preconceitos, às vezes, cercados de cordialidades.

Sendo esta uma revista "conservadora para a classe burguesa" e, sendo estas eurocêntricas, as imagens, os textos e os desenhos sobre crianças também o eram. Tanto as referências estéticas quanto às concepções políticas e sociais eram colonizadas e, ao mesmo tempo, nacionalistas. Na Europa do período, a moda política burguesa de controlar o Estado era o totalitarismo autoritário. O nazismo, o fascismo, o salazarismo e o franquismo foram exemplos que apareceram muito nos documentos e com características semelhantes: militaristas, corporativas, autoritárias, religiosas, racistas, machistas, anticomunistas, antianarquistas, antissocialistas e antidemocratas.

Em vários números, encontramos exaltações positivas às ditaduras burguesas e deméritas às formas populares de ação política. Foram encontradas defesas sistemáticas dos regimes autoritários da Itália, da Alemanha, da Espanha e de

---

2   Segundo Kossoy (2001, p. 70).

Portugal. Também foram encontrados ataques sistemáticos a quaisquer governos ou movimentos de esquerda.

A imagem e a política relacionaram-se nas publicações por diversos meios: pelo tamanho das fotos, pela nomeação ou pelo anonimato dos retratados, pela disposição dos figurantes nas fotos posadas, luz e sombra, pelos comentários e pelo caricaturesco. A revista transmitia a ideologia de que se podia ser nazista, fascista, franquista ou assemelhados, apoiar as ditaduras e ser racista, mas não se podia ser socialista, comunista, anarquista ou não cristão. Poder-se-ia ter qualquer posição ideológica, desde que fosse nacionalista, cristã e capitalista (Figura 46).

A orientação ideológica da revista pode ser percebida pela cobertura dada à Revolução Espanhola (ou "Guerra Civil"). A posição da revista é abertamente franquista. Foram selecionadas algumas imagens, manchetes e comentários que permitem percebê-lo. Nestes, nota-se a defesa explícita dos golpistas, da Monarquia e dos setores mais conservadores da Igreja Católica de então. Apresentou-se o conflito como a luta do bem contra o mal, do sagrado contra o profano, do franquismo monárquico contra a República (Figuras 47 e 48).

As crianças da União Soviética, por sua vez, foram retratadas como "desordeiras", "felizes", "livres", "rebeldes", "mal vestidas" e "sem higiene", ou na linguagem jurídica da época, vadias e libertinas. O oposto do adolescente, apresentado pela revista como modelo: disciplinado, impassível, higienizado (Figura 49).

Outra verificação elucidativa das concepções ideológicas e estéticas do período, foi o encontro de um grande número de propagandas de produtos "miraculosos" para embranquecer a pele, maquiagens para tornar a "cútis alva", aparelhos para modelar o nariz e produtos para alisar ou ondular os cabelos, reafirmando traços de uma concepção eugenista eurocêntrica dos editores, das propagandas e dos que consumiam tal formulação estética.

O mendelismo social apareceu até no nome do produto (Mendel) e lamarkismo social até para vender elixir miraculoso (como no produto Tayuyá). Embranquecendo a pele (com creme Oriental), alvejando-a (com Rugol) e modelando o nariz (com Trilety), estas propagandas selecionadas e sequenciadas revelaram um imaginário eugenista que define um padrão estético, comportamental e de saúde, pressupondo a possibilidade de atingi-lo e quiçá de transmiti-lo hereditariamente.

Renato Kehl foi um dos pensadores eugenistas que mais se dedicou à discussão sobre beleza/feiura/eugenia. Em *A cura da fealdade: Eugenia e medicina social* (publicado em 1923 por Monteiro Lobato) e em *Formulário da belleza: fór-*

mulas escolhidas (publicado em 1927 por Francisco Alves) ele conceitua o "Belo" e propõe a eugenia como sua guardiã. Em relação à beleza feminina, afirmou ser aquela que possui "as justas proporções das partes, harmonia de linhas, esbelteza do talhe, delicadeza de contornos, epiderme rosada e fina, além dos predicados indispensáveis de saúde e robustez" (KEHL, 1927, p. 15-16) (Figuras 50, 51 e 52).

Ao relacionar uma concepção específica de estética do belo à ideia de saúde e de superioridade, seus editores, anunciantes e leitores criaram um imaginário que compôs o universo cultural da Capital Federal: a obesidade e a brancura-rósea nos bebês, a retidão e rigidez corpórea associada à brancura nos adolescentes, a cútis alva dos rostos e das mãos nas mulheres de silhueta esguia, o belo masculino das esculturas clássicas greco-romanas e a aura de sabedoria e de riqueza do burguês europeu apresentados como idealização do perfeito. A quase ausência de diversidades socioeconômica, cultural, ideológica e estética produziu um som gritante acompanhado de um silêncio também muito audível. A revista e parte de seu público leitor faziam relações maniqueístas óbvias e simples, em geral de grande violência simbólica. Algumas foram acompanhadas de textos acintosamente racistas e classistas (Figuras 53, 54 e 55).

O "negativo e positivo", o "ladino" e "a nega maluca e a dondoca" são imagens muito explícitas desta violência simbólica e imagética. A rudeza das imagens é complementada pelo discurso do *homem cordial*. Nota-se um discurso cordial ou de "cordialidade" no sentido captado por Sérgio Buarque de Holanda em *Raízes do Brasil* (1936), no mesmo lugar e época. A nota de rodapé de Holanda,[3]

---

3   Na íntegra, a nota de rodapé: "A expressão é do escritor Ribeiro Couto, em carta dirigida a Alfonso Reyes e por este inserta em sua publicação *Monterey*. Não parecia necessário reiterar o que já está implícito no texto, isto é, que a palavra 'cordial' há de ser tomada, neste caso, em seu sentido exato e estritamente etimológico, se não tivesse sido contrariamente interpretada em obra recente de autoria do Sr. Cassiano Ricardo, onde se fala no *homem cordial* dos aperitivos e das 'cordiais saudações', 'que são fechos de cartas tanto amáveis como agressivas' e se antepõem à cordialidade assim entendida o "capital sentimento" dos brasileiros, que será a bondade e até mesmo certa 'técnica da bondade', 'uma bondade mais envolvente, mais política, mais assimiladora' (1978, p. 106-107). Feito este esclarecimento e para melhor frisar a diferença, em verdade fundamental, entre as ideias sustentadas na referida obra e as sugestões que propõem o presente trabalho, cabe dizer que, pela expressão 'cordialidade' se eliminam aqui, deliberadamente, os juízos éticos e as intenções apologéticas a que parece inclinar-se o Sr. Cassiano Ricardo, quando prefere falar em 'bondade' ou em 'homem bom'. Cumpre ainda acrescentar que essa formalidade, por um lado, a todo formalismo e convencionalismo social, não abrange, por outro, ape-

provavelmente uma das mais citadas pela historiografia brasileira, continua como fonte, a colaborar com a compreensão da história. Citando Ribeiro Couto e entrando em debate com Cassiano Ricardo, homem de fortes ligações ideológicas e políticas com os movimentos pró-*Faccis*. Pois é justamente a posição de Ricardo, que Holanda magistralmente desnudou, a mais encontrada neste periódico e em outros materiais analisados.

Os editoriais e os textos dos articulistas da Revista da Semana complementaram as imagens tornando possível contrapor os dois tipos de textualidades. Três exemplos de textos escritos foram selecionados, pela representatividade, fruto da semelhança a vários outros e, também, pelo recorte da pesquisa. Os escolhidos foram: *Casas de Emergência*, de Octávio Tavares; *O Negro do Ganho*, de Hermeto Lima; e *Família Sertaneja*, de Afonso de Carvalho – representações bastante fiéis do tom ideológico da revista no período.

Casas de Emergência, de Otávio Tavares, analisa as moradias da classe trabalhadora mais empobrecida que se multiplicavam nos morros no entorno da cidade do Rio de Janeiro e nas margens das estradas de acesso à Capital, o que, segundo ele, seria um avanço, mesmo que primitivo, em relação às "favelas" próximas ao centro feitas de tábuas de caixotes cobertas com lâminas de latas de querosene ou, também, em relação aos bancos das praças. Defendeu sua transferência para a periferia e para o interior. O texto *O Negro do Ganho*, de Hermeto Lima, é uma apologia saudosista que reporta ao final do século XIX e início do XX. O autor se refere a um estereótipo de trabalhador muito velho, ex-escravo, que sobrevivia

---

nas e obrigatoriamente, sentimentos positivos e de *concórdia*. A inimizade bem pode ser tão *cordial* como a amizade, nisto que uma e outra nascem do *coração*, procedem, assim, da esfera do íntimo, do familiar, do privado. Pertencem, efetivamente, para recorrer a termo consagrado pela moderna sociologia, aos domínios dos 'grupos primários', cuja unidade, segundo o próprio elaborador do conceito 'não é somente de harmonia e amor'. A amizade, desde que abandona o âmbito circunscrito pelos sentimentos privados ou íntimos, passa a ser, quando muito benevolência, posto que a imprecisão vocabular admita maior extensão do conceito. Assim como inimizade, sendo pública ou política não *cordial*, se chamará mais precisamente hostilidade. A distinção entre inimizade e hostilidade, formulou-a de modo claro Carl Schimt recorrendo ao léxico latino: '*Hostis is est cum quo publice bellum habemus [...] in quo ab inimico differt, qui est is, quacum habemus privata odia...*' (Hostil é aquele com quem travamos conflitos públicos [...] diferente do inimigo, que é aquele com quem temos ódios privados...). Carl Scmitt, *Der Begriff des Politischen*, Hamburgo, s.d. [1933], pág.11, nota".

de pequenos serviços nas praças e ruas. Na visão do autor, o trabalho senil e a miséria econômica garantiam uma "bica d'água" que infelizmente secara. O artigo *Família Sertaneja*, de Afonso de Carvalho, é outra apologia saudosista, dessa vez sobre trabalhadores camponeses que são apresentados como primitivos, bárbaros, ingênuos e puros. Redimidos somente por sua "natureza" trabalhadora e servil. Os três textos terminam com discursos de exaltação: "Deixemo-las existir. O pobre também tem direito à vida", em referência às casas populares. "O negro do ganho era, pois, necessário à cidade que desapareceu como eram necessárias as bicas de água das ruas, que também desapareceram" e "Bendita sejas tu, família sertaneja, honrada, pobre, laboriosa, gata borralheira do Brasil".

O texto sobre as moradias populares também incluiu passagens como: "Primitivos"; "Indigentes"; "O lar dos indigentes, porém, não poderá desaparecer por completo"; "A pobreza, entretanto, não conhece leis architectonicas, nem posturas municipais, nem códigos de higiene"; e finaliza: "[...] um attentado à esthetica e um ultraje ao bom gosto". No texto sobre o negro de ganho, aparecem trechos como: "Não havia esquina onde elle não fosse encontrado"; "Não pagava impostos à Municipalidade"; "O negro do ganho trabalhava, pois, calmo e sereno, sem que ninguém perturbasse o seu direito de ganhar o pão"; "Para todos, elle era quase sempre conhecido como Pae João. O seu mister era fazer recados ou levar bilhete ou pequenos embrulhos"; "Sabia que o negro pagava pelo que fazia e pelo que não fazia"; "O negro do ganho era uma tradição da cidade". Às famílias sertanejas faltavam acabamento: "O verniz luminoso da civilização parou na ourela oceânica"; "[...] o sertão profundo, escapava a sua ação renovadora"; "Diante de tão atrazado (sic) 'modus vivendi', de tão chocante rudimentarismo, de atrazo (sic) tão escandaloso, a nossa alma mergulha no passado, e sem querer, remonta a um século atrás [...]"; "A miséria é indisfarçável e com uma nota grosseira, semi-bárbara"; e ainda: "Mas uma cousa te redime – o trabalho! Homens, mulheres e creanças trabalham na santa comunidade do lar". Os três textos remetem a sujeitos estereotipados e sem individualidade: o favelado, o negro do ganho e o sertanejo. Nos três casos, os sujeitos indistintos têm caráter próprio, qualquer trabalhador nas vias públicas, velho e negro era "Pae João". Os textos não falam sobre pessoas, mas sobre preconceitos (atrasados, passadistas, primitivos ou bárbaros).[4]

---

4 Como percebeu Boris Fausto no *Crime do Restaurante Chinês*, nos anos trinta havia um "clima propício", na sociedade em geral, na mídia, mas, sobretudo nos grupos que con-

As ideias de que é melhor o indigente no mato e na ribanceira do que nos bancos das praças e nas sarjetas, sobre a utilidade e inutilidade do leva-e-traz do negro do ganho e acerca do trabalho do sertanejo, incluindo o dos seus filhos pequenos, mostram uma semelhança muito grande entre os autores sobre os conceitos de trabalho, de trabalhador e de cidadania. Para os três, as questões socioeconômicas (a miséria, o trabalho infantil e de idosos e a falta de acesso a moradias dignas) eram inerentes e de responsabilidade de determinados caráteres individuais ou de determinados "caráteres coletivos", à condição humana destes elementos e grupos. O vitimado (excluído e explorado) foi transformado em vitimador de si mesmo. Aqueles que foram apresentados sem individualidade foram responsabilizados por suas "naturezas individuais" às suas inexoráveis marginalizações. Isso se fez de tal maneira que o colonizador-civilizador-explorador aparece como redentor das mazelas "da inferioridade, da barbárie e do primitivismo". Legitimou-se a desigualdade de classe, historicamente construída ao longo da conquista, colonização e escravidão, como inerentes a certos humanos e não a outros. Intensificou-se a ideia da necessidade do saneamento social no processo de urbanização e industrialização da "nação moderna".

A significativa quantidade de fontes documentais sobre infância e educação encontradas na revista envolvendo a idealização da "mulher" e do "universo feminino" acabou forçando uma atenção especial da pesquisa para estas relações. A "mulher ideal" foi mostrada repetitivamente. Ela era "alva", possuía "leveza", "beleza" e "pureza". Fisicamente era "saudável" (isto é, "apta à procriação"). Seu comportamento era de uma "senhora do lar", "equilibrada" e "controlada". E, por isso, "educadora de crianças por natureza". Recortam-se uma imagem e um texto sobre os reguladores femininos (Figuras 56 e 57).

As relações "mulher ideal"/"educadora e mãe por natureza" encontradas reforçaram os estudos de D'Ávila (2005) e sua tese sobre a diminuição no número de professoras e professores negros que acompanhou o processo de feminilização da educação básica do Rio de Janeiro na Era Vargas. As imagens de educadores que apareceram no periódico são de mulheres (ausência quase absoluta de homens, a não ser como chefes e diretores) e quase todas elas são brancas, disciplinadas e ordenadas (Figuras 58 e 59).

---

trolavam as instituições públicas responsáveis por garantir a justiça, para pré-julgar e condenar Arias de Oliveira, por ser negro e pobre, pelos assassinatos no restaurante.

As concepções de mulher ideal e professora ideal encontradas na Revista da Semana possuem fortes semelhanças com o conceito de "professora ideal" que apareceu nas palavras de Getúlio Vargas, de Francisco Campos, de Miguel Couto e na obra *A normalista*, de Adolpho Caminha. A idealização da mulher-mãe-professora ocupou funções ideológicas fundamentais no período. O machismo da construção história patriarcal brasileira, além dos cerceamentos às liberdades individuais e exploração material, fez parte também dos projetos de consolidação do Estado Autoritário Católico Eugenista e Burguês. A desvalorização do trabalho doméstico por suas pressupostas naturalidades/sacralidades favoreceu a desvalorização do trabalho manual e docente em geral. A professora ideal encontrada na pesquisa era conservadora, moralista ("casta ou bem casada") e eurocêntrica[5] (Figura 60).

No imaginário cultural captado pelas análises dos ideólogos, dos constituintes e das mídias analisadas, a lógica de relacionar *a infância ao experimentalismo* foi uma constante. Na *Revista da Semana*, a relação apareceu vinculada à "necessidade de civilizar e sanear" as crianças. O famoso "eu sei o que é melhor para você" apresentou-se para legitimar comportamentos e usos, assim como o "se não faz mal a uma criança, não fará mal a você também", ou ainda, o "se é bom para o bebê é bom para você também" foram justificativas utilizadas para vender quase de tudo, principalmente um modo de vida. Nas propagandas, a primeira infância foi mostrada com uma massa de modelar. Apareceram bebês fazendo o absurdamente "certo": comendo aveia, tomando óleo de fígado de bacalhau, fortificantes, purgantes, com colírio nos olhos, sem amamentação e com um sorriso de prazer. A entrada das indústrias farmoquímicas internacionais fez avançar no Brasil as concepções higienistas e disciplinatórias de suas regiões de origem (EUA, Inglaterra, França, Alemanha e Suíça).

A segunda infância e a adolescência apareceram disciplinadas, perfiladas, enfardadas e corporativizadas. As imagens e textos indicam quase sempre jovens organizados em batalhões, fardados, em posições de sentido ou saudação militar, fazendo exercícios militares, comandados e silenciados. A ideia de que os jovens precisavam estar alertas, de prontidão e sob controle, evidencia-se nas imagens e nos textos. Os estudantes, escoteiros, legionários de outubro e juventude integralista apareceram com uniformes semelhantes às Forças Armadas. As demons-

---

5 Ver Badinter (1985), em especial, a segunda parte, intitulada *Um novo valor: o amor materno*, onde se analisa a construção do "mito do amor materno".

trações coletivas assemelhadas às paradas militares foram numerosas. As fontes ressaltaram o adestramento, a castração do corpo e seu "saneamento moral". Os mais jovens aparecem sob controle e rigidez, muito mais que os adultos, até nas festas e nos carnavais (Figuras 61 e 62).

O ideal de "juventude" apresentada pelos editores da revista, assemelhou-se a muitos debates constituintes, discursos políticos e literaturas pesquisados, relacionados a um modelo de Estado-Nacional também idealizado. Os "menores" são apresentados como cabides onde se penduram as propagandas políticas e mercadológicas. Um forte exemplo foi a defesa explícita do disciplinamento militar das crianças e jovens. Apareceu na educação dos filhos das elites e nos processos educativos elitistas voltados à educação popular. O discurso de que "pela obediência aprenderiam a comandar e pela disciplina aprenderiam a obedecer e a trabalhar" foi sistemático. Foi um período em que o controle e a obediência eram vistos como fundamentos pedagógicos da educação infantojuvenil. Havia militarismo disciplinatório na economia e na política, obviamente, também na educação. A concepção corporativista ou maquínica de sociedade evidencia-se na idealização da criança que foi mostrada como parte de um corpo (de um organismo maior) ou como peça de uma engrenagem de uma máquina mais ampla e sofisticada.[6]

A expansão do militarismo educativo no Brasil da década de 1930 foi processual, o mesmo processo de consolidação da ditadura político-militar, da modernização conservadora do capitalismo (taylorismo, fordismo e outros dirigismos fascistas de produção) e do clima de guerra, com o aumento das tensões econômicas e militares entre as potências. A educação a ser consolidada entre crianças e jovens era utilitarista, produtivista e militarista para o bem da economia e do Estado. O controle sobre as crianças e adolescentes e o cerceamento de suas liberdades e vontades eram prerrogativas para transformá-las nas futuras bases das forças produtivas e destrutivas da "Nação": trabalhadores e soldados – controle no sentido que sugere a imagem (Figura 63).

---

6   O trabalho de Alcir Lenharo, na década de 1980, mostrou a relação entre a militarização do corpo, a sacralização da política e o pensamento corporativista e autoritário no mesmo período estudado; o trabalho de Dante Moreira Leite, na década de 1960, mostrou a existência de uma história do pensamento analítico do Brasil que, por séculos, concebeu a existência de um pretenso "caráter brasileiro". O trabalho da década de 1940, de Wilhelm Reich, defendeu a relação entre repressão e disciplinamento do ser humano e o surgimento de ideologias e práticas políticas autoritárias.

O aparelho para estudantes de canto é revelador do grau de repressão e controle comportamental a que as crianças estiveram sujeitas no período. Assim como, a foto de propaganda de cereal é reveladora da utilização de crianças para experimentalismo visando lucro. Uma escola pública foi utilizada para experiências e propagandas de uma empresa privada estadunidense de alimentação industrializada (Oats Co.). Ministraram sistematicamente porções de aveia em um grupo de 50 crianças e compararam o resultado obtido (ganho de peso) com o restante que não recebeu o "regimen alimentar de Aveia Quaker" para provar que o cereal daquela marca engordava e, por isso, fazia bem à saúde. Nesse caso, a foto prova documentalmente, sem grande dificuldade ou risco de equívoco, o fato ocorrido.[7] (Figura 64).

A concepção de infância, ou dito de outra maneira, o imaginário adulto sobre a infância, pautava-se pela ideia de que a sociedade futura, o "futuro da nação", estava sobre os ombros das crianças. Impunha a elas a responsabilidade maior, não o inverso. A educação das crianças e jovens apareceu como um investimento a gerar lucro, um gasto a ser ressarcido com trabalho, como penhor do futuro da criança ou adolescente, sem a ele garantir voz ou opção de escolha. A educação da infância não apareceu como legado dos mais velhos aos mais novos, mas sim, um produto/fardo a ser obrigatoriamente comprado e consumido no dia, para ser pago pelo jovem, a partir do dia seguinte ou depois de velho. O mundo infantil apareceu na Revista da Semana como laboratório, experimento, pátio de obras na criação e na construção da sociedade que os ideólogos daquele imaginário almejavam. O cotidiano das crianças reais não era aquele retratado e imaginado pela revista, mas era afetado por essa cultura simbólica (Figuras 65, 66 e 67).

A realidade das crianças foi muito afetada por essa cultura da segregação, principalmente a vida das crianças e adolescentes da classe trabalhadora mais empobrecida, tanto na cidade, como no campo. A trajetória da vida dos meninos estudados seguiu a lógica da transferência da Capital para o interior (do litoral para o sertão e da cidade para o campo) e sua dualidade complementar. Para entender essa dualidade, buscou-se a cultura educacional e escolar da região de Itapetininga, para onde os meninos foram levados. Foi possível captar traços dessa "visão dos sertões", principalmente, pelas fontes documentais da delegacia de ensino de Itapetininga. Os aspectos socioeconômicos e culturais retirados destas

---

[7] Como afirmou Susan Sontag (1981, p. 6): "A fotografia pode constituir perfeitamente a prova irrefutável de que certo evento ocorreu".

fontes mostraram-se eficazes no cruzamento com as demais fontes, as midiáticas e, também, as fontes políticas, jurídicas e depoimentos orais, como se verificam no item a seguir.

Colônia Educacional Agrícola e Eugenia

O período estudado, focalizado na Era Vargas (1930-1945) e expandido para alguns anos antecedentes e outros subsequentes, foi marcado pela urbanização. Foi um processo que se intensificou a partir da Primeira Guerra Mundial e se estendeu até a década de 1980. Desde fins do XIX, sobretudo nos discursos e práticas marcadas pelo Positivismo, o rural foi visto como puro, ingênuo, virgem, selvagem e bárbaro e o urbano, como corrompido, velhaco, maculado, domesticado e civilizado. Era uma visão dicotômica, maniqueísta, complementar, porém complexa. Nesta visão, os sertões (natureza e sociedade) deveriam ser domesticados e civilizados, postos no colo, conquistados se necessário, por serem, puros, ingênuos e bárbaros. Sujeitos a processos de "regeneração", por segregação ou dispersão.

As "casas de campo" da burguesia, os "manicômios", as "colônias penais", as de "leprosos", as de "tuberculosos" e as "educacionais" são alguns exemplos dessa ideia de que o rural poderia servir de "curativo aos males da civilização". O urbano, nessa mesma linha de raciocínio, aparece como a civilização a ser controlada, higienizada e "regenerada". Os mundos do campo e da cidade possuíam lógica de interdependência, na visão da maior parte dos documentos trabalhados, sobretudo entre os defensores das "políticas de eugenia".

A ideia de "colônia educacional agrícola" que apareceu na pesquisa foi marcada por essa concepção urbano/rural. A partir da cidade do Rio de Janeiro, fez-se um imaginário do "mundo rural", onde o campo apareceu "puro e regenerador", desde que sob o controle da "racionalidade e da moralidade burguesa e urbana".

Como em *Juca Mulato* de Menotti Del Picchia,[1] o espaço rural aparece como uma natureza domada ou a ser domada, bruta, menorizada e infantilizada, um meio

---

1 Integralista de tendências antissemitas o autor, em referência ao "Juca Mulato" escreveu: "Como se sente bem recostado no chão! / Elle é como uma pedra, é como a correnteza, / Uma coisa qualquer dentro da natureza / Amalgamada ao mesmo anseio, ao mesmo amplexo, A esse desejo de viver grande e complexo, / Que tudo abarca numa força de coesão. // Comprehende em tudo ambições novas e felizes, / Tem desejos até de rebrotar

bárbaro, de natureza e de humanidade, abandonado e ignorante. Espaço a ser domado, colonizado para ser regenerado, higienizado, como o lobatismo do Zé Brasil, e não o do Jeca Tatu, ou ainda, como na fazenda do cientista e professor-doutor Benson, em seu laboratório de alta tecnologia no meio das montanhas e dos sertões, na obra racista *O Presidente Negro* (de 1926), também de Monteiro Lobato.[2]

Concepções semelhantes acerca do espaço rural e da sociedade camponesa foram encontradas também nos debates constituintes, nos tratados racistas, nas práticas das áreas penal, assistencialista, de imigração, de saúde e de educação. Dentre elas, destaca-se aqui a proposta de Miguel Couto de criar institutos agrícolas em regime de internato, a fim de levar todas as crianças das zonas rurais desprovidas de escolas dos 8 anos aos 18 anos para serem posteriormente devolvidas "civilizadas" às suas casas. Este pensamento reporta à ideia das reduções jesuíticas do período colonial, acrescida das "ciências" e da racionalidade do século XX. As "colônias agrícolas" tiveram fortes teores médico-racista (de "eugenia" para os "degenerados"), educativos (civilizar, submeter e reduzir), capitalista (tornar produtivos) e católico (moralizar religiosamente). Elas compuseram, assim, a consolidação do Estado-autoritário-burguês no Brasil.

As colônias educacionais possuíram uma importante referência e sustentação jurídica: o patronato. Esta figura jurídica era próxima à tutoria e ao protetorado, sem caráter adotivo. O mais famoso patronato da época era o Patronato Arthur Bernardes, em Viçosa (MG). Para lá, também saíram meninos do Educandário Romão de Mattos Duarte, como mostra o documento (Figura 68).

Afrânio Peixoto em sua obra Noções de História da Educação (1936),[3] no texto sobre "educação especial de anormais", afirmou: "Após os deficientes e atrasados, há, pois não são normais, socialmente, os pobres e abandonados". Para esses:

---

raízes, / Deitar ramas pelo ar, /Sorver, junto da planta, e sobre a mesma leiva, / O mesmo anseio de subir, a mesma leiva, / O mesmo anseio de subir, a mesma seiva, romper em brotos, florescer, frutificar!" (DEL PICCHIA, 1923, p. 24).

2   Habib (2003) mostrou a presença de um projeto de intervenção social em parte da obra de Monteiro Lobato com forte teor racista/eugenista.

3   Esta obra teve sua primeira publicação em 1933 quando Afrânio Peixoto era professor de História da Educação no Instituto de Educação do Rio de Janeiro, dois anos depois se tornou reitor da Universidade do Distrito Federal. Palavras quem lembram sua tese de conclusão do curso de medicina em Salvador em 1897: *Epilepsia e Crime*.

> [...] a educação preventiva, isto é, capaz de prevenir punições tardias por maus hábitos, contravenções, crimes, sem ela inevitáveis [...] para endireitar um pobre abandonado, que seria torto e aleijado, moralmente, socialmente. Se o crime é, além de degeneração, uma perversa ou ausente educação [...]. Os patronatos de menores, esparsos hoje por toda parte, inspiram-se dessas ideias salutares (PEIXOTO, 1936, p. 196).

Procurando se aproximar do cotidiano dos Meninos do Romão Duarte e esse "patronato educacional agrícola" que se instalou em Campina do Monte Alegre (SP), a pesquisa procurou conhecer o cotidiano e a educação de crianças e de adolescentes na região no mesmo período.

No Relatório do Diretor da Delegacia de Ensino de Itapetininga, referente ao ano de 1936, de 22 de abril de 1937, consta uma escola na Fazenda Santa Albertina e outra na Fazenda Cruzeiro do Sul. Uma era reservada aos filhos dos empregados das fazendas, a outra aos "meninos do Romão Duarte" (Figura 69, 70 e 71).

O professor Fernando Rios, delegado de Ensino de Itapetininga e região em relatório dirigido ao Diretor de Ensino do Estado, Dr. A. F. Almeida Júnior (referente ao ano de 1936) afirmou que visitou todas as escolas citadas, entre elas as Escolas Isoladas das Fazendas Santa Albertina e Cruzeiro do Sul, não emitindo nenhum registro específico sobre ambas. Silêncio muito forte, revelador possivelmente, da conivência ou pelo menos do não estranhamento sobre as condições das crianças estudadas. Para a realidade daquela região e pelas proporções dos acontecimentos, a hipótese de Rios não ter sabido de nada é possível, mas improvável.

As descrições e análises dos dados sobre a realidade que aparecem nos dois relatórios (referentes a 1936 e 1942) revelam concepções ideológicas da burocracia estatal, responsável pública pela educação, além de ajudar a compreender a realidade regional do ensino regular e do cotidiano das crianças e de suas famílias. São documentos formais, relatórios feitos sob medida, nos quais os autores não necessariamente escreveram o que pensaram, mas, talvez, o que acreditaram que seus superiores quisessem ler. Mesmo assim, as informações contidas nas fontes trazem indícios importantes da educação escolar daquela região, principalmente da sua precariedade.

> Ora, a experiência já nos convenceu de que não é possível realizar obra educativa eficiente na zona rural sem modificar a mentalidade da população campesina. Não é isso coisa que se consiga em pouco tempo. Mas far-se-ia já algo nesse sentido, si levássemos os paes a compreender que não lhes assiste direito de manter os filhos na ignorância, tornando-se efetiva a lei da obrigatoriedade escolar e regulamentando-se o trabalho dos menores (Transcrição do relatório).

Fernando Rios revelou nesta passagem o caráter moralista e civilizador de suas ideias. A diferenciação entre o mundo urbano civilizado (avançado) e o mundo rural bárbaro (atrasado) alinhou-o com a visão hegemônica no poder político e econômico. Mais sutis e não menos importantes, foram os argumentos na defesa da "obrigatoriedade escolar" e na "regulamentação do trabalho dos menores". A educação não apareceu como direito de cidadania, mas como obrigação no combate à ignorância e a barbárie. Ele não propôs a extinção da exploração econômica de crianças, mas sua regulamentação diante da utilização indiscriminada desse tipo de mão de obra na região. Assim, ao criticar o pátrio-poder esteve em sintonia com o "Código de Menores", porém, a mesma lei proibia a exploração lucrativa do trabalho de menores. Talvez por essa dubiedade, não tenha registrado nada de anormal nos meninos-trabalhadores das fazendas Cruzeiro do Sul, Santa Albertina e Retiro Feliz.

Criticou a "escola tradicional" por ser meramente instrutiva e desinteressante; defendeu a "escola nova", que estaria mais vinculada ao mundo real, ao Brasil "moderno" (burguês, urbano e industrializado). Educar moralmente o caráter das crianças, incutindo-lhes hábitos higiênicos e sociais saudáveis – "Eis porque somos Escola-Novistas", disse o delegado de ensino.

Ao descrever as condições de sua delegacia informou índices de aprovação e alfabetização abaixo de 50%. Ao analisar as causas dos baixos rendimentos, ele fez uma lista e explicou:

> Observação – O problema das reprovações na escola primaria já foi exhaustivamente estudado pelo professor Luiz Gonzaga Fleurí no boletim nº 7, da Diretoria do Ensino. São multiplas e complexas, como acertadamente disse o professor Fleurí, as

determinantes do fenomeno que nos preocupa, fenomeno esse que, para consolo dos que trabalham no interior, se verifica, com nao menos gravidade, na Capital.

Das 24 causas provaveis apontadas pelo professor Fleurí em seu aludido e bem elaborado trabalho, aquelas a que atribuimos maior parcela de responsabilidades nas reprovaçoes da regiao, sao as seguintes:

Classes heterogeneas

Matricula de crianças imaturas no 1º ano

Matriculas tardias

Fraca frequencia de alunos

Licenciamento de professores

Impericia profissional dos professores, especialmente de escolas isoladas ruraes.

(Transcrição do relatório).

E explicou o autor (Figura 72), responsabilizando as crianças por seus próprios fracassos ("a imaturidade das crianças rurais"). Sugeriu que os professores distorciam a ética ao tentar ensiná-las ("não tem o professor outro remédio"), forçados pela questão econômica a fim de não ficarem privados de receber seus vencimentos e que eram inexperientes e de má formação. É a lógica autoritária-liberal-burguesa, a responsabilidade é individual e do outro, ela não é coletiva e histórica.

Rios defendeu a escolaridade rural somente a partir dos nove anos, devido à "imaturidade" das crianças camponesas. E, numa região sazonal e seminômade, em que cita o envolvimento de crianças na colheita do algodão, ele defendeu o rigor em uma única data de matrícula e o impedimento de ingresso fora do prazo. Assim, as maiores de 8 anos teriam uma obrigação; já as com até 8 anos não tinham nada, nem obrigação, muito menos direito à educação.

Outro dado importante é que ele se incomodava com a multiplicidade e a diversidade nos processos de ensino-aprendizagem. Ele propôs dois tipos de seleção e separação de alunos: em turmas seriadas, por idade e promoção e, se possível, divisão de uma mesma série por "nível de inteligência". Lembrava os *Testes ABC*, de Lourenço Filho, para verificação da maturidade necessária à aprendizagem da leitura e da escrita, e deixava no ar a suspeita de influências das ideias de Ugo Pizzoli e sua "pedagogia científica estruturada na antropometria física e mental, voltadas à evolução da raça e da pátria, através das ciências da educação e seus laboratórios educacionais".[4]

Em 1934, J. P. Fontenelle,[5] com suas pesquisas no Distrito Federal que foram usadas como referência e sustentação da obra *Testes ABC*, de Lourenço Filho (2008), afirmou haver uma relação entre velocidade de aprendizagem e "cor", que as crianças "pretas" possuiriam um déficit em relação às "brancas", o que deveria ser levado em conta na composição das "salas seletivas" ou no "uso de mecanismos corretivos" no processo de aprendizagem. Difícil afirmar se Rios concordaria com Fontenelle, mas ambos acreditavam ser possível dar caráter ("atrasados") a grupos de indivíduos (as crianças "pretas", as crianças da "zona rural"), fosse pela cor ou pela geografia.

Fernando Rios defendeu que sociedade e a economia é que deveriam se adequar à escola e, ao mesmo tempo, que a escola trabalhasse mais próxima à realidade, transformando a escola numa entidade sagrada em torno da qual deveria girar a realidade. As escolas e seus professores deveriam servir de catalisadores da submissão da sociedade a um projeto político-econômico mais amplo e vindo do alto. Ao esclarecer seu escolanovismo, fundamentou-se em Fernando de Azevedo para a sua concepção de Educação Moral e Civilizadora.

---

4   O trabalho de Monarcha (2007) mostrou as influências do pensamento Pizzoli no Estado de São Paulo. Pizzoli fez parte de um movimento intelectual italiano da última década do século XIX e das duas primeiras décadas do século XX. Desse movimento o nome mais conhecido e um de seus precursores foi Cesare Lambroso. Em 1914, Ugo Pizzoli passou seis meses em São Paulo ministrando cursos e palestras para a formação de professores. Monarcha (2007) mostrou as influências do pensamento de Pizzoli nos trabalhos de Clemente Quaglio que, segundo o autor, teria sido o responsável por trazer Ugo Pizzolli para o Brasil.

5   Fontenelle foi o primeiro presidente (1925) da Secção de Educação Phisica e Hygiene (SEPH) da Associação Brasileira de Educação (ABE) que junto com Belisário Penna, Gustavo Lessa e Renato Pacheco foram os médicos educadores que coordenaram um projeto de Educação Física e Higiene sintonizado com o projeto educativo geral da ABE. "Pouco a pouco, está caminhando, em nosso meio, a idéia de cuidar-se da saúde das crianças das escolas, de fazer-se-lhes a educação higiênica, de examinar-se-lhes sistematicamente o corpo e o espírito e de corrigirem-se-lhes os defeitos e desvios"e, mais a frente, "Essa higiene mental apresenta duas faces: uma, tendo em vista o trabalho defensivo contra as causas da degeneração psíquica, é a profilaxia mental; outra, procurando preparar o equilíbrio de adaptação entre a mentalidade individual e o meio físico e social, é a higiene mental propriamente dita". (FONTENELLE, 1925, p. 1-10). Ver também: Carvalho (1998) e Boarini (2006).

Rios identificou sua concepção de professor. Ele deve ter "simpatia, aparência pessoal, acolhimento, sinceridade, otimismo, entusiasmo, cultura, vitalidade, imparcialidade e dignidade". "Se for bom, educará. Poderá influir na mente da criança e fazer dela um elemento útil à sociedade. Mas se o não for, poderá fazer dela um revoltado, um rebelde, em elemento nocivo a ela". O bom educador era o educador "imparcial". Imparcialidade para ele era ser conservador, era defender o modelo cívico-patriótico-militarizado de nacionalismo com traços de xenofobia. Como se depreende do documento (Figura 73).

O fato de Fernando de Azevedo ter sido referência para o pensamento pedagógico da Escola Nova brasileira põe em debate o tipo de interlocução que o movimento escola-novista manteve com as políticas e práticas educacionais autoritárias do período. No caso estudado, o escolanovismo de Fernando de Azevedo chegou com formas autoritárias de proposituras eugenistas, bem ao estilo de seus textos do começo da década de 1910 e começo da década de 1920.[6]

No relatório ficou evidente a preocupação com a consolidação da nacionalidade e da formação de identidade nacional por meio das escolas públicas. Ele considerou positiva a ausência de escolas estrangeiras associadas a colônias de imigrantes, como se estas fossem perigosas ou atentatórias – o termo utilizado foi "infiltração". A defesa de um moralismo cívico-patriótico-militar como princípio educativo deveria transformar a escola num bastião nacionalista. Buscava-se formar o trabalhador soldado ou o soldado trabalhador. E aqui, as referências documentais não são midiáticas ou constituintes, mas são da capilaridade das políticas de Estado e de suas intervenções no cotidiano da sociedade.

Ainda no mesmo relatório, uma das referências mais importantes que apareceu foi a da relação entre educação e trabalho. O trabalho de crianças apareceu ora como empecilho à escola e ora como princípio educativo. Aliás, a defesa de que a educação de crianças e adolescentes deveria servir de preparação para o trabalho, foi uma constante entre os educadores autoritários estudados, muitos defenderam que o aprendizado do trabalho se dava pelo e no trabalho. O trabalho como princípio educativo apareceu com a denominação de "ensino agrícola e de pecuária", conforme registrado nas fotos do relatório (Figuras 74, 75, 76, 77 e 78).

Esta pesquisa mostrou que o limite se tornou indistinto entre o "trabalho como princípio educativo" e a exploração do trabalho sem remuneração sob ale-

---

6 A já citada obra *Da Educação Física* foi escrita em 1916, reformulada em 1920.

gações educativas. Não é de estranhar que a inspeção do Estado nada averiguou de errado sobre as violações dos direitos dos "meninos do Romão do Duarte", que estavam sob a guarda do Estado. A negligência da burocracia que legitimou os acontecimentos. Encontrar os meninos capinando barba-de-bode talvez sugerisse ao inspetor de ensino Fernando Rios, um princípio educativo sendo praticado. Da mesma forma, a coerção de crianças e adolescentes talvez lhe parecesse rigidez militar desejável às condições de guerra interna e externa.

A militarização do processo educativo foi defendida e exaltada também como princípio educativo. O aluno aparece como soldado obediente, disciplinado e higienizado, o que pode ser reconhecido na importância dada ao escotismo. As referências sistemáticas ao militarismo na região, palco dos conflitos de 1930 e 1932, também apareceram nas documentações e nos depoimentos e parecem ter contribuído para a intensidade da ideologia militar na região. O projeto de Estado Nacional que se consolidava em 1936, havia chegado ao poder em 1930, pela via militar e por esta mesma via, se mantinha nele. A identificação político-ideológica da ordem pública com o militarismo era forte no poder do Estado e se mostrou também poderosa nas práticas educativas cotidianas na região de Itapetininga. O relatório sugere que as características militares eram as desejáveis na educação e na conduta dos educadores (Figuras 79, 80, 81 e 82). Como se percebe no texto a seguir:

> O escotismo, dadas as vantagens que oferece quanto á formaçao do carater das crianças, tem sido objeto de especial atenção dos diretores dos grupos escolares. Ha nucleos de escotismo em Capão Bonito, Itapetininga, Faxina, Itararé e São Miguel Archanjo. Os melhores nucleos são os de Faxina e Itararé, que realizaram varias excursões em 1936. O bom aluno, na visão do Inspetor de Ensino, tinha "caráter", formado a partir dos valores do escotismo, marcadamente militaristas e disciplinadores. As fotos a seguir, referenciadas pelo autor como "Escotismo", dimensiona a importância dada por ele a esses valores (Transcrição do relatório).

As crianças, nas escolas, deveriam ser higienizadas e saneadas por seus professores, "onde o desconhecimento dos mais rudimentares princípios de higiene é coisa espantosa". Aprender a "tomar banho e se limpar" para se tornarem futuros trabalhadores e soldados, patrioticamente engajados na construção da ordem nacional:

A campanha a favor da educaçao higienica constitue, na região, assunto de todos os dias e todas as horas. Assim é que todos os senhores inspetores, por ocasiao de suas visitas aos grupos escolares e escolas isoladas, principalmente na zona rural, onde o desconhecimento dos mais rudimentares principios de higiene é coisa espantosa, têm sua atençao, constantemente voltada para educaçao higienica, fazendo aos professores recomendaçoes insistentes sobre o asseio das salas de aula e dos alunos. Já ha chuveiros nos grupos escolares de Faxina e Itararé. Considerando importante o papel que desempenham, em relação á educaçao higienica, as educadoras sanitarias, solicitei, em começos do corrente ano, o comissionamento junto a esta delegacia da professora d. Alice de Albuquerque, da 1ª Escola da Fazenda das Araras, neste municipio, mas ainda nao foi dada a soluçao á minha proposta (Transcrição do relatório). [7]

Ainda segundo os Relatórios de Ensino consultados, todas as "instituições escolares" tinham "biblioteca", nenhuma tinha "cinema educativo" e as "Associações de Paes e Mestres" nada fizeram "dignos de menção". Em contrapartida, no quesito "atividades agrícolas" sobraram descrições no relatório. Assim também, não faltaram os "orfeões" e as "bandas" nos relatórios.

Fernando Rios, ao descrever as "Escolas Isoladas" no "Relatório de Ensino de Itapetininga e região" referente a 1936, apresentou uma visão pessimista. A descrição do relatório sobre a educação rural e sobre as relações econômicas e sociais é perturbadora. Um terço das escolas encerrou suas atividades ou teve de se transferir por evasão escolar ao longo do ano. Eram 142 escolas isoladas, dentre elas a que mais interessou a esta pesquisa.

Ele confirmou indícios de escravidão revelados pela pesquisa: "[...] entregarem-se de novo, como escravos, às mãos do fornecedor". Mesmo explicitando a baixa remuneração do trabalho como causa, corresponsabilizou pela escravidão o

---

[7] Marques (s.a.) tratou da medicalização das escolas paranaenses na década de 1920 a partir de relatórios de ensino. Para efeitos comparativos e associativos a esta pesquisa, o trabalho da autora mostra, a possibilidade de existência de um discurso hegemônico de medicalização de tendência higienista/eugenista entre inspetores, delegados e diretores de ensino na época.

trabalhador escravizado, que gastava em demasia, comprando "um ponche", "um facão prateado" ou indo a "romarias".

A questão de gênero entre docentes foi outra questão de destaque no primeiro relatório. No caso de escolas isoladas, eram todas professoras. O relator dirigiu-se no feminino ao aconselhar os docentes das escolas isoladas e com forte teor moralista, machista e elitista.

O primeiro relator foi coerente em homenagear especialmente os "professores da zona rural", definindo-os como "heróis". Foi também coerente em não observar nada de diferente ou estranho nas Fazendas Santa Albertina e Cruzeiro do Sul que fosse motivo de anotação em seu relatório. Afinal, encontrar crianças e adolescentes trabalhando nas lavouras, hortas e criações ou tocando em bandas de música em dias de festa, seria considerado, em sua concepção, princípios educativos e acertos escolares.

Para ele, encontrar disciplinamento mantido pela coerção física e moral, deveria parecer aceitável ou desejável, já que era um admirador da militarização infantil na formação do "caráter do futuro cidadão". Assim, crianças fardadas, uniformizadas e reprimidas, integralistas ou não, talvez lhe parecesse cena passível de admiração, mas não de referência em seus relatos.

Sua visão elitista não o impediu de revelar as condições socioeconômicas dramáticas das crianças camponesas e de suas famílias: as crianças pobres daquela região estavam sujeitas ao trabalho, ao nomadismo, às péssimas condições de moradia, a pouco ou nenhum acesso a médicos e remédios, à forte evasão escolar e ao analfabetismo.

O segundo relatório, mais enxuto e anônimo, permitiu uma comparação parcial de continuidades e de mudanças. Por exemplo, na descrição sócio-econômico-cultural da região:

> A Região de Itapetininga, conta 14 municípios, pode ser considerada uma das maiores do Estado em extensão territorial: a sua população entretanto é rarefeita e pobres são as casas que se perdem nos campos infindos, pobres e raras, pois que distancias de 8, 10 e 12 quilómetros as separam uma das outras. Propriedades agrícolas de marcante organização, com aparelhamentos modernos, sob bases científicas, contam-se reduzidas em todo o vale do Paranapanema, cuja maior fonte de riqueza consiste nos re-

banhos. Pequenas lavouras, trabalhadas por processos rotineiros, surgem de longe em longe, atestando o pouco rendimento do caboclo triste e opilado, que põe uma nota confrangedora na paisagem. Mas dolorosamente impressionante é o quadro que se depara na zona de Ribeira, Apiaí e Iporanga, rica de minérios: o seu sub-solo esconde incalculaveis tesouros; a natureza agreste e bravia, oferece um espetáculo inédito: matas extensas, rios e cachoeiras, serras abruptas, uma riqueza imensa não explorada, toda essa grandeza espetacular contrastando com a fragilidade dos seus habitantes, sem instrução, de costumes primitivos, combalidos por enfermidades várias, principalmente amarelão e maleita. A escola, quase só ela, tem realizado o milagre de transformar massas informes em seres pensantes. As crianças que vivem nessa região abandonada, são rebotalhos humanos destinados à tortura de uma existência apátrida. Não é possível que nossos patrícios permaneçam ainda nessa situação de angústia: os poderes públicos, estabelecendo colonias nessa região, fazendo a sua profilaxia, creando escolas, hão de salvar toda essa gente da miséria física e moral, integrando-a como valores a grande comunidade brasileira (Transcrição do relatório).

O segundo relator, concordou com a análise feita pelo seu predecessor acerca do "primitivismo", dos "rebotalhos humanos", da "miséria moral" da população, das "massas informes" na região. O primeiro, considerou o mundo urbano como culturalmente superior. O segundo foi além e colocou a população camponesa como desintegrada dos valores da "grande comunidade brasileira". Apresentou-a como doente e abandonada e contraditoriamente vivendo em uma região de "riqueza imensa", sobre o solo, no solo e no subsolo.

A Delegacia Regional do Ensino de Itapetininga abrange a área de 20.175 Kms.², com uma população geral de 180.198 indivíduos, ou seja uma densidade de 8,9 habitantes por Kms.², o que vale dizer que é zona de população rarefeita. Nessa massa de população constáta-se a existência de 33.422 crianças em idade escolar, o que dá tambem para cada Km², a média de 1,6. Como em tése, uma escola deve servir a uma área de 12,5 Kms.², aproximadamente, ou seja a um núcleo de 2 Kms. de raio, concluese que as escolas desta região

> não poderiam ter mais de 22 crianças, matriculadas em desacôrdo com a legislação vigente. Uma exceção para esta zona deveria ser aberta, reduzindo-se o mínimo da matrícula para 25 pelo menos e frequência média de 20. Salvar-se-iam da ignorância dezenas de milhares de crianças (Transcrição do relatório).

Ele confirmou o Relatório de 1936: a população é significativa, o número de crianças também, mas dispersas, o que dificultaria o funcionamento ou à existência de escolas. Com esta constatação, o autor proclamou a necessidade de ajuda da iniciativa privada (Figura 83).

> Encontram-se relatos de miséria extrema, fome e desnutrição infantil como no primeiro relatório. Reafirmou, também, a feminização do ensino no período. O tema da superioridade do espaço urbano superior sobre o rural, do higienismo e do sanitarismo, também apareceram. Ao comparar o filho do camponês ao filho do operário, mostrou sua concepção: "Cotejando o nivel intelectual do filho do operario e do homem que trabalha no campo, a diferença é sensível em favor do primeiro".
> Nesta região, com pequenas exceções, as escolas emcontram grandes dificuldades oriundas da desnutrição geral, causadora de tantos males. Criança alimentada à meia ração, sem higiene, é rebotalho humano condenado à inércia. O trabalho da professora em ambiente de fartura, saúde, de vigor físico, é sempre coroado de êxito. É comum verificar-se até que extremos chegam os fenômenos nervosos entre as crianças. O rendimento escolar está, pois, ligado a problemas sociais de solução lenta. A legislação trabalhista, que já cuidou da situação do operário, dando-lhe assistência, além de salário mínimo, está empenhada agora na obra patriótica de arrancar da miséria um exército de trabalhadores rurais, que precisam de instrução para seus filhos, de saúde e de higiene (Transcrição do relatório).

No segundo relatório, assim como no primeiro, apareceu o relato da fome e da subnutrição relacionado às dificuldades no processo de "desenvolvimento físico e mental da infância". Parece que na região, a fome era para muitos, uma realidade cotidiana.

> Uma das nossas maiores preocupações no exercício do cargo foi a de incentivar na região a assistência alimentar, melhorando-a, aperfeiçoando-a. Base principal do rendimento escolar, com a melhoria do nivel de saúde, a sopa que se distribue diariamente às crianças tem sido um fator de relevo no desenvolvimento físico e mental da infância. Tivemos ocasião de observar a sofreguidão com que os escolares recebem o alimento, principalmente os menos favorecidos pela fortuna. Nos próprios grupos escolares da séde (Itapetininga), vimos crianças que, antes da distribuição coletiva do prato de sopa, não haviam recebido nenhum alimento! (Transcrição do relatório).

O índice de alfabetização e de analfabetismo foi outra continuidade encontrada no período:

> Porcentagem de alfabetização – grupos escolares............63,8
> Porcentagem de alfabetização – escolas estaduais............48,3
> Porcentagem de alfabetização – escolas municipais.........40,9
> Média geral na região..51,0

A explicação para o analfabetismo sofreu, porém, uma mudança entre o primeiro e segundo relator, entre 1936 e 1942:

> Em se tratando dêsse palpitante assunto, vem logo à nossa mente a ignorância em que permanece o grosso da população no Brasil. É um verdadeiro exército mergulhado nas trevas. Muitos sociólogos procuram estudar os problemas de solução mais urgentes no Brasil, atribuindo a múltiplas causas o nosso moroso desenvolvimento. Um só, porém, o Dr. Miguel Couto, focalisou o ponto nevrálgico da questão, afirmando que o nosso país só tem um problema: a alfabetização do povo. Evidentemente, nos parece que alfabetização é o elemento precípuo no aparelho escolar. Desde o começo do ano letivo, essa tem sido a nossa preocupação, em qualquer pôsto de comando. Dêsse ângulo deve ser visto o progresso do Brasil (Transcrição do relatório).

A fundamentação em Miguel Couto é particularmente cara a esta pesquisa. O seu nome apareceu como membro e como referência nos discursos legislativos da bancada eugenista na Constituinte de 1933 e 1934, membro da Sociedade e Eugenia do Rio de Janeiro, sendo que a obra citada no relatório, *No Brasil só há um problema nacional – A Educação do Povo*, contém um conjunto enorme de textos racistas, defendendo eugenia, como já foi demonstrado.

O autor do segundo relatório (de 1942) se referiu e sustentou seus argumentos, também, em Sampaio Dória. Este apareceu na documentação trabalhada, defendendo ideias eugenistas e higienistas (principalmente nos discursos políticos e legislativos na bancada eugenista da Assembleia Constituinte). Sobre Dória, o relator escreveu:

> A escola está intimamente ligada a todas as camadas sociais, em função do meio onde desenvolve o seu programa, e, por força das circunstancias que a cercam, é uma expressão legítima das correntes de opinião e principalmente uma célula viva da família e da Patria. Que é afinal a educação sinão a superiorisação do indivíduo, consoante à doutrina de Sampaio Doria? Educar é melhorar, aperfeiçoar, estabelecer diretrizes, dar ao homem a ideia exata da sua natureza e do seu destino, dentro de um ideal de unidade, coerência e harmonia nos atos (Transcrição do relatório).

No comando da educação pública na região estudada, revelou-se um eugenista. Ele também exaltou a formação do cidadão-soldado, os corpos higienizados e organizados por uma disciplina hierarquizante e obediente. Ressaltou, porém, as novas condições surgidas da proibição dos partidos políticos, nacionais e estrangeiros e suas bandeiras. Exaltou a declaração de guerra do Brasil ao Eixo (Berlim-Roma-Tóquio). Defendeu fortemente a ditadura do Estado Novo e seus mecanismos "de aperfeiçoamento do espírito de brasilidade". Elogiou a Hora do Brasil, o dirigismo ideológico na imprensa e a produção orientada de materiais didáticos, então de responsabilidade do Departamento de Imprensa e Propaganda (DIP), um dos mais importantes e violentos mecanismos da ditadura. Ao defender o Estado de Guerra sustentou que as escolas estivessem sistematicamente de prontidão "para a luta" e saudou a presença sistemática do 5.º Batalhão de Cavalaria nas festividades escolares. Elogiou e incentivou os professores a ensinarem aos alunos "amar os Estados Unidos e a Inglaterra" e a "admirar a energia e resistência dos Russos".

O tempo transcorrido entre o primeiro e o segundo relatório foi acompanhado de profunda transformação no mundo e no Brasil. Proclamou-se, no segundo, um patriotismo com espaço para amar as potências imperialistas e até admirar a União Soviética, inconcebível em 1937, ano da conclusão do primeiro relatório. O que não podia mais era ser nazista, fascista ou integralista, algo bastante aceitável nos tempos do primeiro relatório e desejável naquela região.

O discurso eugenista, higienista, autoritário e militarista, do segundo relatório aprofundou-se em relação ao primeiro, com exaltações à ditadura e à guerra. Foram evidenciados, assim, indícios fortes de que os pensamentos e práticas eugenistas/higienistas/autoritárias/militaristas estiveram associadas ao nazismo, ao fascismo e ao integralismo, mas não somente numa relação causal ou de interdependência, mas de complementaridade. As ideias de eugenia e suas pretensas práticas sobreviveram ao expurgo produzido pela ditadura que se tornou Aliada contra o Eixo na Guerra. As ideias autoritárias e de eugenia estavam postas antes da ascensão nazifascista na Europa e antes do surgimento da AIB no Brasil. Constatou-se que essas ideias se ampliaram e tiveram continuidade depois do expurgo nazifascista. Foi no ano de 1934, em plena ascensão do autoritarismo no mundo, que a eugenia se tornou lei constitucional no Brasil enraizando-se nas políticas públicas nos anos que se seguiram.

Analisar algumas características da cultura das elites econômicas e da classe média da Capital Federal, por intermédio de seus periódicos, ajudou a compreender a aceitação e a permissividade da sociedade da época acercados desenrolar dos acontecimentos que envolveram as crianças estudadas. À sustentação jurídica e política, somou-se a percepção de uma faceta de um universo cultural bastante propício aos acontecimentos envolvendo a transferência das crianças. Da mesma forma, a análise dos relatórios de ensino da região de Itapetininga serviu para compreender as concepções políticas e educacionais dos responsáveis públicos do local e suas permissividades frente à realidade de exploração e violência à infância que o capítulo a seguir mostrará.

O cotidiano dos meninos trabalhadores

No primeiro capítulo, explicitou-se a realidade histórica da Capital Federal e as condições que viabilizaram a transferência de 50 crianças para serem exploradas em uma região distante, no interior paulista, em Campina do Monte Alegre. As fontes consultadas revelaram que a zona sul da cidade do Rio de Janeiro passava por uma forte reurbanização e que os responsáveis pelos abusos dos meninos eram empresários envolvidos diretamente nas obras e empreendimentos urbanísticos. Constatou-se, também, que o Educandário Romão de Mattos Duarte da Irmandade da Misericórdia do Rio de Janeiro, onde os Rocha Miranda eram beneméritos, estava lotado e, devido à permanência tardia da roda de expostos no local, a situação, que já era crítica, agravou-se no fim da década de 1920 e na década de 1930. Os meninos com mais de 7 anos, "pretos ou pardos", "órfãos ou abandonados", foram os que estiveram mais sujeitos às práticas do patronato, da tutoria e de seus abusos. Verificou-se, ainda, que a legislação voltada à infância, o Código do Menor de 1927, ademais das proibições de exploração e violência aos "menores", era complacente com essas práticas. Seu autor, o juiz José Cândido de Albuquerque Mello Mattos, foi responsável legal pela transferência de vários dos meninos transferidos do Rio de Janeiro para Campina do Monte Alegre (SP).

A traumática experiência educacional estudada, iniciou-se pelo isolamento de um grupo escolhido pela faixa etária (9-12 anos), por gênero (masculino), pela cor da pele (apenas dois dos 50 foram identificados e caracterizados como brancos), pela força e agilidade (os que primeiro pegassem as balas lançadas ao chão). Era um projeto educativo administrado pela Capital Federal, sob responsabilidade e conivência da Igreja Católica (por intermédio da Irmandade de Misericórdia do Rio de Janeiro) e do Estado (por intermédio do Juizado do Menor do Distrito Federal e da Delegacia Regional de Ensino de Itapetininga). A rígida disciplina, os castigos e a imposição do trabalho forçado com fins lucrativos foram utilizados e aceitos como estratégias civilizatórias para a inserção dessas crianças na ordem burguesa, urbana industrial na qual o Brasil se inseria.

Conhecer o cotidiano das práticas educativas dessas crianças dependeu muito das informações surgidas das entrevistas e depoimentos. O uso das memórias orais impôs a reflexão sobre as relações entre memória e história. Afinal, as memórias nesta pesquisa, como nas palavras de Seixas (2001, p. 51), apareceram "tecendo fios entre os seres, os lugares, os acontecimentos (tornando alguns mais densos em relação a outros), mais do que recuperando-os, resgatando-os ou descrevendo-os como "realmente" aconteceram".

Dessa maneira, a utilização dos relatos como documentos legítimos exigiu o reconhecimento na pesquisa de que as memórias não se confundem com a História nem se opõe a ela. Os registros das memórias, assim como os demais documentos, são produzidos, depurados e ressignificados ao longo do tempo, mas nem por isso deixam de ser reais e participativos na produção e na compreensão da História, desde que contrapostos, mediados e intersectados a outros documentos e a uma análise crítica rigorosa.

Os relatos de memórias de situações traumáticas são documentos que possuem componentes emocionais intensos e de forte teor ético. Afinal, querer reviver, mesmo que por instantes, dores antigas, ressentimentos e revoltas contra os que já morreram ou contra realidades que já não existem mais, justifica-se na esperança de um futuro em que os relatos possam ajudar a impedir que coisas semelhantes se repitam e possibilitem, como se verificou, aos que sofreram os traumas a elaboração do luto. Seixas assim se expressa sobre o tema:

> Assim podemos melhor compreender os comentários de Habermas e Todorov, dentre outros, sobre a necessidade de "mantermos viva a memória" do holocausto judeu na Segunda Guerra Mundial, menos para pedir reparações ou repor ritualisticamente os sofrimentos e a culpa, mas principalmente "para estarmos em alerta sobre situações novas e, no entanto, análogas (SEIXAS, 2001, p. 54).

Romper o silêncio dos detentores das memórias mostrou-se a parte mais difícil da pesquisa. O acesso às memórias dependeu da elaboração de um roteiro geral de entrevistas, que fomentasse memórias longínquas no tempo. Houve a necessidade de acesso prévio a outros tipos de documentação que servissem de "portas" ao passado que não foi esquecido, porém mantido em silêncio. Assim, para as entrevistas, tão importante quanto o roteiro derivado do conhecimento do tema e de outras documentações pesquisadas, foi criação de ambientes de confiabilidade favoráveis aos relatos. Segundo Alberti:

> O ideal, numa situação de entrevista, é que se caminhe em direção a um diálogo informal e sincero, que permita a cumplicidade entre entrevistado e entrevistador, à medida que ambos se engajam na reconstrução, na reflexão e na interpretação do passado. Essa cumplicidade pressupõe necessariamente que ambos reconheçam suas diferenças e respeitem o outro como portador de uma visão de mundo diferente, dada por sua experiência de vida, sua formação e sua cultura específica (ALBERTI, 2004, p. 102).

A persistência nessa metodologia resultou profícua na ruptura do silêncio que persistiu por mais de meio século. Referindo-se à manutenção e à ruptura do silêncio entre vítimas do nazismo na Europa, Pollack afirmou:

> Em face dessa lembrança traumatizante, o silêncio parece se impor a todos [...] e algumas vítimas, que compartilham essa mesma lembrança "comprometedora", preferem, elas também, guardar silêncio. Em lugar de se arriscar a um mal-entendido sobre uma questão tão grave. A essas razões políticas do silêncio acrescentam-se aquelas, pessoais, que consistem em querer poupar os filhos de crescer na lembrança das feridas dos pais. [Porém,] no momento em que as testemunhas oculares sabem que vão desaparecer em breve, elas querem inscrever suas lembranças contra o esquecimento. E seus filhos, eles também querem saber (POLLACK, 1989, p. 6-7).

Os depoimentos foram gravados, digitados e divididos por temas, com pequenas alterações redacionais necessárias à inteligibilidade na transcrição do texto oral para o texto escrito. Os recortes das entrevistas foram posteriormente apresentados aos entrevistados que puderam confirmá-los, autorizando o uso. Recortar e selecionar os depoimentos dependeu de trabalho de confronto entre o áudio e o texto digitado, do confronto entre os diferentes depoimentos e destes com os outros tipos de fontes e documentos não orais. Muitas vezes, foram nas nuances, nos detalhes e nos silêncios que se puderam criar intersecções entre as fontes, viabilizando análises.

As entrevistas realizadas aconteceram de forma muito semelhante às afirmações de Portelli:

> Uma entrevista é uma troca entre dois sujeitos: literalmente uma visão mútua. Uma parte não pode realmente ver a outra a menos que a outra possa vê-lo ou vê-la em troca. Os dois sujeitos, interatuando, não podem agir juntos a menos que alguma espécie de mutualidade seja estabelecida. O pesquisador de campo, entretanto, tem um objetivo amparado em igualdade, como condição para uma comunicação menos distorcida e um conjunto de informações menos tendenciosas (PORTELLI, 1997, [s.p.]).

Para que se possa capturar a trajetória traumática e o sofrimento vivido pelos "meninos do Romão Duarte", a partir do roteiro geral do questionário e do relatado em suas memórias, optou-se por tematizá-las, evidenciado as relações entre as memórias e a História do período, a saber: do mundo urbano ao mundo rural; o cotidiano nas fazendas; a escola rural; o integralismo e o nazismo na região; os impactos da Segunda Guerra; e educação e trabalho.

Do Mundo Urbano ao Mundo Rural

Aloysio Silva quando indagado sobre sua transferência da Capital Federal para Campina do Monte Alegre (SP) relatou assim suas memórias:

> Essa família Rocha Miranda entrou e ficou lá no passadiço, e nós estava brincando, jogando bola. Aí ele chegou e mandou o tutor que era o motorista dele, que já morreu, o André... Mandou encostar nós num canto lá, então nos separou como separa boi na mangueira. Da minha turma ele tirou 20 e desses 20 tirou dez, de onde veio nós 10; ele mandou a Superiora botar nós num lugar lá pra esquecer dos outros. Então nós ficamos isolados oito dias esperando o dia de vim embora. Mas nós nem sabia o que era São Paulo, nós não sabia de São Paulo. [...] Ele levou um sacão de bala desse tamanho assim e de lá de cima ele jogava... Então nós corria lá catar... Na primeira vez só, mas quando foi da segunda vez nos já desconfiemos. Nós cata as balas e ele com a varinha apontava pro André: "Joga esse pra lá. Bota aquele pra lá... Joga outro pu-

> nhado...". Do orfanato nós saímos de carro até a estação D. Pedro I, mais dois carros de polícia acompanhando para não fugirmos. Aí pousemos lá em São Paulo, daí no outro dia peguemos outro trem pra descer aqui em Hermillo,[1] aqui. Me lembro que nós desembarquemos na estação... Sabe qual é a função que transportaram nós pra fazenda? Duas charretes [para levar] os 10 moleques. Mas fala sério, nós olhava um pro outro e dizia mas o que é isso aqui... Nós não sabemos. Isso pra nós lá no Rio é aranha. Fomos de charrete e naquela época os gaúchos tinha derrubado a ponte lá do Hermillo, a do Paranapanema que divide lá Campina com a Fazenda do Piauí lá na frente. A gauchada derrubaram as ponte, aquele tempo, aquela época boi passava em balsa, por causa da Revolução de 32 (Transcrição de informação oral).

"Separar boi na mangueira" foi uma seleção: os mais "ligeiros", os de "canela mais fina", os "mais fortes" foram "apartados"; os outros foram considerados "refugos" e "abriram a porteira pro pasto". Oswaldo Rocha Miranda apontou, "André apartou" e "Indalécio Barbosa os recebeu" na nova morada: "O André que veio entregar nós... Pro outro que estava esperando, o Idalécio Barbosa, um paraibano. Ele [Osvaldo] é major não porque ele era militar. Não... antigamente o sujeito que tem dinheiro era coroné ou senão major...".

Maria da Glória de Almeida, filha de José Alves de Almeida, lembrando-se dos relatos de seu pai acerca da transferência do Educandário Romão de Mattos Duarte para Campina do Monte Alegre (SP), afirmou que:

> A única coisa que ele falava [sobre a transferência] é que veio do Rio de Janeiro porque ele era muito traquinho, moleque peralta... A madre pegou e jogou ele no meio pra vim pra cá [Campina do Monte Alegre (SP)], como castigo. A madre falou "Você é muito peralta, cê vai pro meio da turma" e daí ele foi escolhido e não teve como tirar ele mais. Colocou e não era pra colocar. A irmã [Judith] chorava, ela prometeu pra ele que eles iam continuar tendo contato... Foi aí que eles se separavam... Por isso que eles, eles

---

1 Estação da E. F. Sorocabana mais próxima de Campina do Monte Alegre (SP).

sofreram bastante, porque eles não se largavam... (Transcrição de informação oral).

O cotidiano nas fazendas

Aloysio Silva, ao ser indagado em que circunstâncias dormiam, ele afirmou: "Ah, aí nós tinha um alojamento bem arrumado, mas até um tempo, mas depois foi trocando de tutor tudo e já foi relaxando, muita coisa aí...". Inquirido a respeito de lembranças dos nomes dos tutores, ele disse: "Se me lembro! Tinha dois irmão: Pedro Dias e Waldomiro Dias, era dois baianos".

De acordo com Aloysio Silva, ambos eram empregados de Oswaldo Rocha Miranda e haviam sido mandados para "tomar conta" de seu grupo. Aloysio Silva contou que de início todos comiam bem, mas com o passar do tempo a situação foi piorando, afirmou:

> Eu não posso dizer mais ou menos quanto tempo... Mas eu sei que no começo foi bom. Porque de cada 15 dias o fazendeiro mandava o peão dele matar uma vaca pra dividir com os funcionário tudo. Então pra nós ia um quarto do boi inteiro... (Transcrição de informação oral).

Chamou a atenção o fato de a má alimentação estar relacionada às tentativas de fuga e de resistência ao controle, que já se davam por volta dos 12 anos de idade:

> Ah! Depois que a gente já começou a se conhecer melhor e a região tudo aí... a vontade da gente era só fugir mas esse paraibano [Indalécio Barbosa] que eu falo que foi o 1.º tutor nosso, ele tinha dois cachorro assim: um macho e uma fêmea, ensinados. Aonde ele mandava os cachorro ir, eles ia. Ele apontava assim o cachorro ia acompanhar nós, cercar nós... Aí tinha que voltar para trás. Antigamente... Nós viemos pra cá porque fazia praguejar de "barba de bode".[2] Aquilo não era lugar pra gente mesmo... porque quando nós cheguemo aí já tava esse paraibano que eu digo pro

---

2   Barba de Bode é vegetação rasteira e arbustiva, espinhosa e considerada, à época como "praga".

senhor já com um chicotinho de fio de máquina de mulher costurar e uma palmatória (Transcrição de informação oral).

Sobre brincadeiras de infância no Educandário Romão de Mattos Duarte, lembrou-se da "bola", do "pião", da "bicicleta" no "pátio e no quintal" e sobre brincadeiras nas fazendas. Foi enfático e mais de uma vez respondeu: "não tenho nenhuma memória de brincadeira, de coisa boa daquele lugar".

A Escola Rural

Um ano antes da chegada dos primeiros meninos trazidos do Rio de Janeiro, fundou-se o Núcleo Escolar Fazenda Santa Albertina (1932), sendo designada como professora Olívia Soares que passou a residir na Fazenda Retiro Feliz, também de propriedade dos Rocha Miranda. A escola, do então município de Buri (hoje Campina do Monte Alegre), era submetida à Delegacia de Ensino de Itapetininga (SP), como já visto.

A pouca educação escolar que os meninos do Educandário Romão de Mattos Duarte acabaram recebendo ficou a cargo e corresponsabilidade do poder público, desta vez, de outra Unidade Federativa: não mais o Distrito Federal, mas o Estado de São Paulo. Os fazendeiros cederam espaço físico para a realização das aulas, além de pouso e rancho para a professora. A maioria dos "meninos do Romão Duarte", chegou com 10 e 11 anos de idade, tendo completado, alguns, o 3º, outros, o 4º ano primário. De fato, alguns meninos nem sequer a frequentaram; outros o fizeram somente por um ano. Durante o período escolar, eles frequentaram a escola no período da tarde. As aulas eram ministradas depois do almoço, das 13h às 16h, pois trabalhavam nas plantações e cuidavam dos animais antes e depois da escola.

Constatou-se que a jornada era, portanto, exaustiva. Sobre a educação escolar recebida, Aloysio Silva explicou:

> A escola... nós tivemos só um ano na escola. Porque quando nós viemos do Rio nós já viemos com o 3.º ano já completo. Aí ela [a professora] ficou com nós um ano só, porque daí não tinha o que ensinar a gente [porque era só até a 4.ª série]. Era de uma hora da tarde até as quatro. De manhã a gente levantava às 5 horas, para ir pra piscina tomar banho, pra depois tomar o café 6 horas, tinha

> que ficar na fila pra receber a enxadinha e ir pro campo, começava às 7 horas da manhã e ia até as 10 horas que era hora do almoço... Almoçava e aí ficava tudo ali empacotado ali num podia sair pra canto nenhum. Até a hora da escola. Depois da escola, das quatro horas até as cinco horas, horário dos homens trabalhar, a gente ia trabalhar mais um pouco, para acompanhar o horário deles (Transcrição de informação oral).

Indagado sobre o nome da professora, a memória não vacilou: "Dona Olívia", disse ele e afirmando que a escola ficava na Fazenda Santa Albertina (Figura 88):

> Sabe o que é palmatória, né? Um símbolo público. [O tutor/feitor] Batia... Deixava a a gente um nada. Aí ia de praguejar o campo lá a praga do campo até a hora da escola ... Da hora da escola, quando a professora chegava nóis ia para a escola. Tinha lousa, carteira, tinha tudo, caderno, lápis, tinha tudo. Tinha livros. Isso foi tudo recolhido. Até a escola lá, a sede de lá, derrubaram tudo. A professora era muito boa. Era gente do bem, a gente respeitava muito ela, Dona Olivia! (Transcrição de informação oral).

Outro aspecto da educação dos meninos nesta "colônia agrícola" foi a formação de banda de música e orfeão, que teve continuidade mesmo depois do fim da escola primária. Nas memórias relatadas por Aloysio Silva, apareceu o seguinte registro:

> Quando eles faziam festa [Sérgio Rocha Miranda na Fazenda Cruzeiro do Sul], daí convidava o irmão dele [Osvaldo Rocha Miranda] pra ir lá e levavam nós tudo. Porque nós tínhamos uma banda de música aqui. Ele formou uma banda de música aqui com nós. E trouxe mais de Buri e tudo. Ensinou a nós (Transcrição de informação oral).

A "banda" também apareceu nas memórias de Divanir Teodoro de Almeida, quando disse que "ele [seu marido, José Alves de Almeida] falava que tocava na banda... Eles tinham uma banda que era do colégio, que tocavam, tem até fotografia deles aí". "Eu de menina ouvi muitas vezes na [Fazenda] Cruzeiro do Sul".

As bandas marciais e os cantos orfeônicos apareceram em vários documentos trabalhados. Na *Revista da Semana*, foi presença constante nos diferentes volumes consultados. Nos discursos constituintes de 1933 e 1934, vários membros da bancada eugenista faziam referências a eles. Também foram recomendados e defendidos por Miguel Couto, por Francisco Campos e por Plínio Salgado. Essa educação musical apareceu associada ao militarismo: enfardamento e ritmos de marcha e de combate. Muitas vezes, a referência foi Villa-Lobos.

Os relatos revelaram que houve a militarização da infância dos "meninos do Romão Duarte".

O integralismo e o nazismo na região

A existência na região de importantes líderes integralistas e de símbolos nazistas nos tijolos e no gado, levou a indagações sobre a temática. Perguntado sobre esses temas, Aloysio Silva respondeu:

> Pois é... Naquela época existia só dois partidos políticos né? Não é quem nem hoje que têm diversos. Antigamente era o PRP e o PC. O PRP[3] era da Alemanha; e o PC era da Rússia, comunista. A calça era branca... A camisa era verde e tinha um bibi [boina militar] com um emblema aqui, um M.[4] O "bom dia", "boa tarde" desse PRP era "anauhê"! Não era "bom dia", nem "boa tarde", nem "boa noite"... Era "anauhê"! De fim de semana, eles fazia reunião e chama todo o povo pra assistir, uma vez veio um telegrama, porque antigamente não tinha telefone, era por telegrama pela sorocabana. Major mandou um telegrama aí que era pra nós tudo ir pra São Paulo. A fazenda inteira. Pessoal tudo. Tudo camisa verde, calça branca, aquele bibizinho na cabeça. E nós tinha banda de música que nós fumo junto acompanhando. O pai do Renatinho, o Renato, esse Getúlio Vargas mandou prender depois que ele começou fazer os discursos lá no Anhangabaú em São Paulo de repente veio um aviãozinho vermelho e começou dar uma volta lá e deu umas caída lá e quando ele subiu já saiu jogando granada aí não via mais um integralista na rua. Foi, porque o Getúlio Vargas tava (...) só no momento de escutar os outros fazendo discurso. Senhor ouviu falar no Plínio Salgado? Era outro chefão... E que

---

3   O PRP, segundo Chauí, foi à gênese da AIB. Ver: Chauí & Carvalho Franco (1978). Ver também: Manifesto Programa do PRP de 1936.

4   A letra grega sigma (Σ), símbolo integralista, deitada (M).

orador! Então o Getúlio mandou a polícia dele lá no Rio, catou todos eles lá e mandou prender. Então naquela época o major de lá mandou um telegrama aí... Que era pro administrador juntar toda a roupa do integralismo e mandou uma máquina abrir no chão, furar o chão lá e jogou tudo lá enterrou tudo no campo de aviação deles (Transcrição de informação oral).

Solicitado a dar mais detalhes sobre a presença de nazista na região, Aloysio Silva afirmou que, na época "não sabia o que era nazismo", dizendo que faz pouco tempo que ouviu falar. Afirmou também que o símbolo da suástica, que atualmente sabe ser nazista, era comum na região (Figura 89):

> O Sr. Sérgio tinha esse gado, esse gado nelore, ele criava dentro da cocheira, fazia baile e tudo pro gado perder o medo e acostumar com gente, porque sempre era gado de exposição que ele levava pra São Paulo e Rio de Janeiro. Era tudo... Toda criação dele... marcados assim (Transcrição de informação oral).

Divanir Theodoro de Almeida (esposa de José Alves de Almeida), quando indagada se os tijolos marcados com a suástica da fazenda Cruzeiro do Sul, eram anteriores a Segunda Guerra Mundial, respondeu: "Ah, são sim!". Informação confirmada por Carmo Lourenço Gomes, que nasceu em Campina do Monte Alegre (SP) em 1934. Lembra-se das marcas nazistas na época em que tinha por volta de 10 anos de idade. Contou que ademais do isolamento do local, quando as tropas de gado passavam pela cidade era possível ver as marcas:

> É, eu por exemplo... Posso dizer que tive conhecimento assim... Porque a gente não tinha liberdade de ir lá pra fazenda, falar com o fazendeiro, com ninguém da fazenda... Então a gente não tinha uma relação mesmo assim... Agora, passava aqui aqueles bois boniiiitoos pra exposição com aquela marca engraçada... Uma marca engraçada a gente achava... É! Aqueles cavalos... Então passavam cavalos bonitos, chamava atenção... Eu tinha 10 anos... Eu sou de 34, mais ou menos 44... Depois foi que a gente ouviu falar que a guerra terminou em 45 (Transcrição de informação oral).

Carmo Lourenço Gomes, já adulto, relatou ter conversado sobre o assunto das marcas com o falecido Renato Rocha Miranda Filho:

> Sobre essa da suástica uma vez eu conversei com seu Renato que foi o herdeiro. Então eu perguntei pra ele por quê, simplesmente perguntei sobre isso... "Não, não, não, a gente não tem nada a vê com isso. Nós somos integralistas!" Aí eu perguntei qual a diferença. Ele num disse... Ele disse assim: "Integralista é que nem aqueles que tem na Santa Catarina, dos barriga verde, que eles usam a faixa verde na cintura, então né, os Barriga Verde" (Transcrição de informação oral).

Também sobre o gado marcado com a suástica, Divanir Theodoro de Almeida reiterou:

> Até hoje, o meu filho quer saber assim: onde foi o gado do seu Sérgio que ele, ele tem essa mania de quere sabe assim... Onde foi o gado do seu Sérgio que eram todos marcados com a marca... Essa marca ... Onde foi pará esse gado depois disso? Onde tá os cavalos, gado...? Porque eles eram de exposição tudo os gado dele, meu pai foi tratador muitos anos, tem até foto dele com os primeiros bois que eu conheci, tudo marcado... Essa marca [a suástica] dentro do coração! Agora do Major tinha outra diferencinha que eu num lembro que tipo que era do major... Cada um deles tinha uma diferença... Mas dentro... Sempre aparecia a marca... Entendeu? Todos eram marcados com esse símbolo, cavalo, gado... (Transcrição de informação oral).

Ao serem retirados da cidade do Rio de Janeiro, foram impedidos de recomporem suas famílias. Muitos deles, como Aloysio Silva e José Alves de Almeida, tinham familiares conhecidos na cidade. Eles não tiverem nenhuma participação da migração e nem liberdade individual de escolha, pois estavam submetidos juridicamente ao patronato (tutoria e proteção). Não foram adotados e nem se tornaram herdeiros (Figura 90). Como já foi dito com mais detalhes no primeiro capítulo, essa figura jurídica foi oficialmente ocupada por Oswaldo Rocha Miranda, que assinou a documentação de saída dos meninos do Educandário Romão de

Mattos Duarte. Oficialmente não era pai, nem professor, nem juiz, nem delegado e nem sequer vivia na região. Na velhice "Major" Didico foi reconhecido pela prática do apadrinhamento mediada por relações de fidelidade, lembrando o "Senhor" dos tempos da escravidão e o "Coronel" da República Velha.

Os impactos da Segunda Guerra

A militarização da infância, que apareceu nos discursos de intelectuais, ideólogos e políticos, foi também identificada nos "Relatórios de Ensino de Itapetininga e região" e se efetivou no cotidiano dos "meninos do Romão Duarte", em acordar às cinco horas da manhã e tomar banho gelado numa piscina coletiva no inverno do Vale do Rio Paranapanema, fazer fila para receber a enxada, trabalhar, não poder brincar sequer nas horas de descanso, vestir fardas para a banda em dias de festa, servir a pátria e ir à guerra.

Em 1943, os "Meninos do Romão Duarte" eram, na sua maioria, adolescentes e jovens adultos: os mais velhos beiravam os 20 anos; os mais novos eram crianças de 9 a 14 anos. José Rodrigues, um dos "meninos do Romão Duarte" foi combater os nazistas na Itália. O menino que havia sido educado e explorado por nazistas e integralistas, sob a tutela do Estado, acabou recrutado e enviado para guerra de oposição ao nazi-fascismo, com auxílio de seu tutor integralista, pertencente à cúpula da AIB.

Aloysio Silva, referindo-se aos seus 18 anos (em 1941), deu uma explicação que permitiu compreender parte das angústias de uma juventude submetida a tempos de barbárie e ao risco de não poder escapar à guerra (Figura 91 e 92):

> Certo, porque nos documentos que o Major [Osvaldo Rocha Miranda] mandou pra mim veio com a cor parda. Ele tirou... Não sei se ele tirou... Ele deu lá pra mim para servir o exército aqui em Itapetininga. O José Rodrigues já morreu, esse teve na guerra de 1942 [Segunda Guerra Mundial], morreu louco (Transcrição de informação oral).

As fazendas que outrora serviram como base integralista e nazista, ao eclodir o conflito, aderiram à política de oposição ao nazismo e ao fascismo na Europa, disponibilizando soldados, inclusive um de seus filhos para participar da guerra como aviador. Não foi possível, pela documentação, afirmar se foram convocados ou voluntários, mas é possível se levantar a hipótese de uma busca oportunista de redenção ou redefinição política.

Aloysio Silva relatou que seus documentos chegaram do Rio de Janeiro pelas mãos de seu tutor para que ele se alistasse em Itapetininga (SP). Houve, no mínimo, corresponsabilidade, senão incentivo por parte de Oswaldo Rocha Miranda. Aloysio Silva, felizmente, não foi à Guerra. Renato Rocha Miranda Filho foi enviado aos EUA para treinamento em combate aéreo (Figura 93), mas não chegou ao *front*.

Educação e trabalho

A redenção pelo trabalho e pelo castigo foi a filosofia do Estado nacional autoritário e patriótico, defendido por seus representantes, no estamento burocrático do Estado. Imagens (Figuras 94 e 95) mostram a existência de um ideário de exaltação ao trabalho das crianças da classe trabalhadora na mídia burguesa.

O trabalho infantil foi apresentado em documentos como a "redenção" para a "família sertaneja" e como "princípio e fundamento" para a educação dos filhos da classe trabalhadora. Apareceu, também, como valor moral a ser defendido, mesmo em desacordo ao "Código do Menor de 1927", que proibiu o seu uso para a obtenção de lucro. A Constituição de 1937, em seu artigo 129, enfatiza o ensino dos trabalhos manuais em todas as escolas primárias e propõe um programa de ensino pré-vocacional e profissional, que se destina às "classes menos favorecidas"

Dentro do espectro da prevenção à vadiagem, ao crime e a bandidagem de que "filho de pobre tem que trabalhar desde pequeno", tornou-se banalizada a ideia de que as crianças pobres, desprovidas até de família, deveriam ser "naturalmente" colocadas para trabalhar, sem direito à infância. Nos relatos sobre os anos de submissão dos meninos à tutela de Oswaldo Rocha Miranda, o que mais os depoentes, sobreviventes, familiares e contemporâneos ressaltaram foram as memórias de trabalho e de castigo que aparecem associadas às práticas educativas. Ambas as práticas, trabalho e castigo, foram defendidas exaustivamente, nas documentações analisadas, como princípios educativos para os filhos da classe trabalhadora. Os representantes do poder burguês–autoritário-eugenista constituído, do Presidente da República ao Delegado de Ensino de Itapetininga, assim o fizeram.

A educação para os "Meninos do Romão Duarte", depois "Meninos do Major Didico", foi fundamentada nesses dois "princípios", não era retórica política ou pedagógica. No trabalho exaustivo, coercitivo, aos 10 anos de idade, o menino José Fausto morreu num tombo, quando cuidava de um burro, nas fazendas dos Rocha Miranda, pouco tempo depois da chegada. Ele agonizou, sem assistência médica e foi velado pelos demais meninos. Esse episódio foi descrito por Aloysio Silva, da seguinte maneira:

> Fausto, ele caiu de um burro e quebrou o crânio. Com mais ou menos 10 anos. A primeira turma veio com esse padrão aí, 10 anos, nós não sabia nem nada... Nós guardemo ele tudo aí... Um temporal assim que nem esse que tá hoje, assim, ele... Não morreu na hora não... não levaram... [para o hospital]. Aqui nem farmácia, num existia... Naquela época...nem médico num tinha (Transcrição de informação oral).

Ao ser indagado sobre seu cotidiano em Campina do Monte Alegre (SP), depois que findou o 4.º ano escolar, ele afirmou que a partir daí passou a trabalhar como "no dia corrido dos homens. Das sete da manhã até as cinco horas da tarde". Perguntado sobre salário e idade que começou a trabalhar o dia todo, respondeu que não recebia salário, "era só comida" e que o trabalho corrido começou "com 10, 11 anos de idade por aí...".

Divanir Theodoro Almeida indagada sobre o pagamento do trabalho realizado nas fazendas pelo seu marido José Alves de Almeida e pelos outros meninos afirmou que "todos trabalhavam, desde que chegaram" e enfatizou: "Ah... Ele nunca recebeu. Agora sobre os outros não vou dizer o que eu não sei... Ele num tinha...[salário]". Sobre os meninos, ela disse também:

> Ficavam sempre lá mesmo, não saiam. Quando saía era sempre com uma pessoa tomando conta. Era na roça, iam carpi, né... Plantar milho, essas coisas, pra fazenda. O Dois ficou pra cozinheiro e depois mordomo do seu Renato (Transcrição de informação oral).

Meninos de 9 e 10 anos estiveram sujeitos ao cárcere pelo isolamento no campo, aos cães de guarda treinados, aos castigos físicos, aos constrangimentos morais e ao encarceramento solitário. Foram explorados e submetidos ao trabalho não remunerado como princípio educativo. Divanir Theodoro Almeida contou que ouvia o marido exclamar sobre um dos feitores: "Era bravo o homem!".

Aloysio Silva, ao ser questionado sobre a existência de castigos físicos exclamou: "Ah! Castigo era apanhar de chicote, palmatória, botava semente de milho no chão e ficava ajoelhado aí duas horas. Era chicotada, lambada...".

Para melhor esclarecimento, foi pedido a ele, para comparar os castigos com as punições que as demais crianças sofriam naquela época. Ele afirmou categoricamente: "Apanhava mais". E, reiterou: "Esse major [Oswaldo Rocha Miranda], sempre de cada 15 dias do mês, ele vinha fazer uma visita na fazenda, ficava aqui correndo na fazenda inteira e deixava as ordens tudo feita aí quando ele ia embora".[5]

Considerado pelo pesquisador como conceito-chave para caracterizar e analisar as relações de poder, foi explicado a Aloysio Silva o conceito de escravidão, como o "impedimento a liberdade, trabalho não remunerado, coerção física e constrangimento moral". Foi-lhe, então, perguntado se, em seu juízo, ele havia sido escravizado. Ele respondeu que havia sido "explorado bastante" e que "tinha castigo". "E que quando iam trabalhar ficava sempre alguém vigiando; se não trabalhasse: Ah! Aí já não dava comida. Ficava ajoelhado em cima de grão de milho..."

> Não, liberdade não tinha. O cativeiro nosso era viver ali preso ali... Hora de folga que a gente pudia brinca, ou joga uma bola, nois ficava tudo sentadinho ali, sem saí dali. Que se saí dali, já o tutor já vinha já com o cachorro e tudo lá... Indalécio Barbosa. Não esqueci o nome, aqui esqueceram, até já morreu. Depois que foi trocado pareceu um baiano que andava com um punhal de cabeça pra baixo... E depois outro nortista também... Andava cum baita punhalão. Mas teve um dia, que cedo de domingo, o administrador ia lá no orfanato, no colégio nosso, levava nós com revorvão na cinta e então nós saímos e fechemos a roda e daí cerquemos ele num lugar e ele se sentiu apavorado e deu um tiro pra cima pra assustar nós. Eu já era um mulecão, já... Já criado, já, mas menor de idade. Nós íamos linchar ele... Rá, rá, rá! (Transcrição de informação oral).

---

5 Solazzi (2007) mostrou como o castigo fez parte da formação da sociedade e da cultura brasileira. O castigo, fundamento da escravidão, também fez parte da consolidação do Estado Nacional brasileiro, de sua estrutura política-jurídica-repressiva, tanto no Império quanto na República. Os capítulos *Raça e Abolição* e *Correção e Polícia Médica* destacam-se pelas intersecções temáticas com este trabalho.

Procurando melhor compreender a prática de punição, com encarceramento, Aloysio Silva foi indagado sobre o assunto e afirmou que na "na Fazenda Cruzeiro do Sul o baileo, pra armazená ração pra criação, quando não tinha onde prende a gente, mandava jogá lá dentro". Perguntado se havia sido preso neste lugar (Figura 96) muitas vezes, exclamou: "ôoh!":

> [Havia um] baileo. Ah, mais de... Várias vezes fui preso aí. Daí fui crescendo ai não puderam mais. É... mai esse baileo era mais fraco porque assim, perto do chão cedia pra cima. Quando era hora de levá comida lá, de dentro eu falava: trai uma vasia d'água, móia a parede aí e cutuca com ferro que froxá um tijolo aí derruba. Era assim (Transcrição de informação oral).

Perguntado reiteradamente para que tinham sido levados à fazenda, respondeu: "Pra trabalhá na fazenda. Como escravo. Como trabalhei". Questionado sobre as relações e os sentimentos dele para com os outros meninos que viveram com ele, essas experiências de vida, afirmou: "Foram irmãos, foram. Ali num tinha que separa nenhum não, era tudo igual...".

Aloysio Silva e José Alves de Almeida tiveram histórias semelhantes com cotidianos diferentes. Aloysio Silva teve durante a infância e adolescência um cotidiano muito próximo dos demais meninos com trabalho na roça e com o gado.

José Alves de Almeida, por sua vez, teve o cotidiano ligado às residências de Renato Rocha Miranda e, depois, de Renato Rocha Miranda Filho. Quando menino, trabalhou na cozinha e nos afazeres domésticos; depois de adulto, como mordomo. Era emocionalmente próximo de Maria da Glória Rocha Miranda e de seu filho, Renato Filho, com a mesma faixa etária e convivência doméstica. No fim da vida, sua esposa Divanir Teodoro de Almeida relatou que, durante as crises emocionais potencializadas pelo álcool, desabafava a injustiça que acreditava terem feito a ele. Ao ser perguntada sobre as lembranças de José Alves de Almeida acerca da infância e se ele se sentia injustiçado, respondeu que "não, ele não, porque ele foi tirado de lá e foi passado pro um lugar que não fazia nada da roça. Tinha a vida boa...".

Mas, segundo a filha do casal, Maria da Glória de Almeida:

> Depois de velho ele achava que era explorado, aí ele xingava... Daí ele já era [taxado] de "alcoólatra", daí ele xingava! Daí ele

desabafava pro seu Renato, porque ele xingava ele. Ele pensava que nunca deram nada pra ele, porque ele não tinha salário e ele ia ficar ali. Então ele se sentia assim: já que ele não tinha um salário ele também não podia ser mandado embora dali. Ele ia morre ali, porque trouxeram ele... (Transcrição de informação oral).

Maria da Glória de Almeida, ao ser indagada sobre o uso, pelo finado pai, do termo escravo para se identificar, afirmou:

Escravo, assim eu não lembro. Escravo assim bem a palavra de fala... Num lembro se ele falava, mas que ele falava que usaram bem: "Quem usou, comeu da carne até os ossos, agora vai aguentar!" Era um desabafo e dentro da razão. Porque ele sabia que ele tinha razão. Por mais que ele bebesse era lúcido da cabeça, do que ele falava.... Ele pouco comentava sobre a infância. Isso depois de moço, meu irmão sempre achava assim "Por que ficou bloqueado na cabeça, porque eles não comentavam?" Era muito pouco o que eles comentavam... Eu não sei se foi desde pequeno induzido a não fala alguma coisa porque... Você cria um bloqueio que você não fala. Essas coisinhas ele não falava... (Transcrição de informação oral).

Presente no registro deste relato, Divanir Teodoro de Almeida fez questão de defender e ressaltar a proximidade afetiva do marido com a família Rocha Miranda.

Todos eles gostavam muito dele... Ele criou o sobrinho dele [de Oswaldo], depois que o seu Renato [o filho] veio pra cá, tomo conta dele, toda vez que ele chegava aqui. Nossa ele fazia de tudo! Ele comandava a vida do seu Renato. É... ele se dava muito com a mãe do seu Renato (Transcrição de informação oral).

A filha Maria da Glória de Almeida ressaltou: "Quando eu nasci ele me pôs o nome dela! Ele dizia que colocou o nome em homenagem a ela, que ele gostava muito dela... Maria da Glória. É o nome do Hotel Glória!". Cotidiano distinto de Aloysio Silva e dos demais meninos que viviam "apartados" no isolamento da fazenda e eram trabalhadores camponeses sujeitos às autoridades dos tutores-feitores-capangas, José Alves de Almeida foi trabalhador doméstico, criado do *domus* (mordomo, fino, requintado, altivo, de autoridade e bem resolvido foram termos a ele relacionados). Ele esteve sujeito às autoridades de Maria da Glória Rocha Miranda e, depois, de seu filho, Renato Rocha Miranda Filho. A sua história ajudou a compreender as nuances e complexidades do processo educativo a que os meninos estiveram submetidos. A diversidade nas variações dos conceitos de tutoria/patronato/protetor e o envolvimento de diferentes formas de afetividade, controle e exploração.

Em algumas questões, buscando tipificar a exploração do trabalho infantil, "para efeito comparativo", perguntou-se a Aloysio Silva sobre as relações de trabalho dos adultos e sua forma de remuneração. Sua explicação foi precisa ao revelar o porquê de os meninos não receberem salário pelo trabalho realizado. Afinal, mesmo os trabalhadores assalariados recebiam em moeda interna como forma de pagamento (Figuras 97 e 98).

> É, porque foi Getúlio Vargas que pôs a lei trabalhista e o salário mínimo que tá correndo até hoje. Aqui, antigamente, era tudo no mil--réis. Pros colono vim aqui fazer compra pra casa tudo aí, era um vale, pegava um papelzinho com aquele valor. Pegava no escritório pra... Não, não tinha [dinheiro] (Transcrição de informação oral).

O pesquisador, intencionalmente, reiterou questões relacionadas ao racismo. Ao ser questionado se havia sido vítima de racismo por parte dos donos da fazenda, Aloysio Silva respondeu: "Eu acho que sim"; e reafirmou que:

> Na época aqui na Campina onde branco frequentava negro não entrava. O pau quebrava. Quando eu tava servindo o exército quando e era 13 de maio, os branco não entrava no salão de negro lá de Itapetininga. Não. O pau quebrava. Por causa da cor, né... O senhor sabe que depois que a Princesa Isabel libertou, aí já foi já melhorando, depois que eu ouvi fala no Nelson Mandela que eu pensei e vi esse home passa na televisão aí que se fez a lei,[6] né?

---

6 Presume-se que seja a Lei nº 7716 de 5 de janeiro de 1989 ou a Lei nº 9459 de 13 de maio de 1997, que reformou a primeira. As relações com Princesa Isabel e Nelson Mandela assim sugerem. Na visão dele, essa lei concretizou a Lei Áurea.

Melhorou porque hoje eu sou chamado de homem e tratado com justiça (Transcrição de informação oral).

Relatou como fora racialmente discriminado na sua saída do Educandário Romão de Mattos Duarte e deu resposta bastante elucidativa sobre as proximidades dos conceitos de racismo e eugenia naquele período: "Fui, fui. O major escolhia pela ligeireza que a gente tinha". Benedito Silva, seu filho, afirmou que "o pai, foi discriminado [porque era] mais escuro. O pai foi um dos que só foi escravizado". Aloysio Silva completou:

> Eu, de tão reberde que eu fui, eu perdi muita... muita coisa... muita... quando eu penso que eu pudia hoje tá melhor de vida... Por exemplo: Fui aprende uma coisa difícil, a domar criação bruta, que o senhor sabe que uma criação tem mai força que um home né? Mai ela num, num tem recurso [mental] né...? Então o home domina tem mais... Mai uma defesa... Pois é. Hoje, todos pião de fazenda que eu cunheço hoje, num tem nada na vida, sabe? Só tem o dia e a noite. Depois que entrou essa circulação de rodeio, é tudo segurado lá, é... Antigamente num era, era tudo brutal. Certo? Depois que eu tive no Joquey Club e tava indo bem, mas por causa di...[bebida]. Tinha em Pinheiro, São Paulo. É, eu era iscovador de cavalo. Tinha cavalo pra iscova, zela i leva pro joquey corre lá na pista... I de dia de semana eu que treinava... Agora como já tinha que aprende esse negocio de lida com animar já... Eu amansei muito potros ali na pista...Eu fiz, ah, teste de futebol, não fui um profissional por causa, fugia do clube pra i bebe na rua. Bebi todo esse tempo, de doze anos. Fui largá agora em 1999. Eu aprendi tudo isso foi lá. A revolta da gente era muito grande né? Por isso que só troca de tutor tudo, não parava não (Transcrição de informação oral).

Explicou que a bebida chegava até as crianças porque "os colonos às vezes levava, né? Os colonos vinham fazer compra na Campina lá...". Sobre o comportamento dos responsáveis diante da questão, afirmou que "depois de 12 anos, nós já começou não obedece mais nem ordem de tutor".

A História da educação e a História da exploração do trabalho infantil são indissociáveis no Brasil. A educação baseada no princípio eugênico que atingiu a história de 50 meninos, constava na Constituição de 1934, teve a conivência do Juizado de Menores da Capital Federal e da Delegacia de Ensino de Itapetininga (SP). Viabilizou-se pelo envolvimento da Irmandade de Misericórdia do Rio de Janeiro com os negócios agropecuários de Otávio, Osvaldo, Sérgio e Renato Rocha Miranda. Durante mais de uma década, houve de exploração de trabalho coercitivo e sem remuneração de menores, sob a guarda e vigilância do Estado. Tempo suficiente para marcar para sempre e traumaticamente suas vidas.

Interesses capitalistas e ideais eugênicos na educação se juntaram na exploração da força de trabalho de crianças. Sob a lógica da inserção do Brasil no capitalismo monopolista e de seus agentes representantes economicamente e politicamente: o que era bom para o Rio de Janeiro, para o Educandário, para o Juizado de Menores, para parte dos Constituintes de 1933-1934, para a AIB, para os Nazistas e para a Nação, por que não seria bom também às crianças pobres sua inserção nas práticas da educação seletiva e competitiva para o trabalho? A infância apareceu não como centro do processo educativo e formativo, mas subjugada aos interesses de diferentes grupos sociais, desprovida de liberdades e direitos, condições necessárias à construção da cidadania.

No início deste estudo, a atenção ao pensamento eugenista era insignificante, mas durante o desenvolvimento da pesquisa, assumiu importância capital e ampliou-se o espaço reservado ao tema. O que se tinha inicialmente eram memórias de crianças negras exploradas em uma colônia nazista e integralista. Buscou-se, por isso, conhecer as teorias e as práticas educacionais dos nazistas, fascistas, integralistas e assemelhados. Foi essa busca que permitiu perceber que o termo "eugenia" substituía e ampliava, para seus defensores, o conceito de segregação racista. Quando os resultados das pesquisas mostraram as ligações entre os ideólogos da eugenia, os acontecimentos envolvendo crianças e os seus responsáveis, surgiram semelhanças despropositadas com a obra *Os meninos do Brasil*, a ficção científica que envolveu nazismo, crianças e experimentalismo eugenista no Brasil. Foram, porém, nas diferenças, na contraposição, entre a ficção e a realidade que a história dos meninos do Brasil estudada nesta pesquisa ganhou seus reais contornos.

Os Meninos do Brasil

Em 1976, o escritor estadunidense Ira Levin escreveu um romance ficcional intitulado *The Boys from Brasil*, que se tornou filme homônimo sob direção de Franklin J Schaffner, em 1978. No livro ficcional e no filme, o médico Joseph Menguele (oficial médico-chefe da enfermaria do campo de Birkenau do complexo de Auschwitz) teria liderado, depois da guerra, uma experiência para clonar Adolph Hitler e recriar condições históricas que permitissem o surgimento de um novo "líder" nas colônias alemãs da América do Sul. 94 clones do ditador teriam sido criados por famílias adotivas na região. A trama envolvia, também, o assassinato de seus 94 pais, visando a produzir, nos meninos, trauma semelhante ao do antigo ditador. Em outras palavras, eram clonagem, eugenia e engenharia médico-social comandadas pelo "doutor" nazista das ciências gênicas.

Menguele, na vida real, depois das atrocidades cometidas nos campos de concentração que lhe renderam o apelido de "anjo da morte", refugiou-se na Argentina, depois no Brasil até sua morte. Em território nacional, um de seus refúgios foi em Assis (SP), na mesma região estudada. Assis fica a cerca de 200 km de Campina do Monte Alegre (SP) e, coincidência ou não, seu entorno foi marcado por forte presença nazista (TRINDADE, 1974; DIETRICH, 2007; DIWAN, 2007). Joseph Menguele, em Assis (SP), e os Krupp, em Campina do Monte Alegre (SP), podem sugerir que os sertões do Paranapanema se tornaram não só região de presença de grupos de nazistas como também refúgio de parte da cúpula do Estado Nazista, depois de sua derrocada. Esta pesquisa não respondeu essa dúvida. A princípio, a presença dos Krupp e de Menguele foram casos isolados.

O reconhecimento de que o nazismo, o partido nazista e o capital alemão estiveram presentes no Brasil antes da guerra – e que seus líderes encontraram aqui refúgio depois dela – contribuiu para a compreensão das relações políticas e econômicas da Alemanha nazista e do imperialismo germânico na América do Sul, respaldados pelas elites locais. Com a ascensão de Hitler e a fragilização do imperialismo dos EUA por conta da grande depressão, os interesses do capitalismo alemão buscaram se consolidar na região, a Alemanha buscava a consolidação de uma hegemonia na América do Sul. Projeto de hegemonia foi efetivado pelos EUA após a Segunda Guerra, com a formação da Organização dos Estados Americanos (OEA), a imposição por Washington-DC da Doutrina de Segurança Nacional, a criação da Escola das Américas no Panamá para a formação de militares latino-americanos e a promoção das ditaduras militares na região. As relações sociais, os contatos políticos e econômicos estabelecidos pela burguesia nazista no Brasil viabilizaram, apesar da derrota na guerra, prosperidade e tranquilidade na velhice para alguns deles e para suas famílias, como, por exemplo, o caso da Madame Krupp em Campina do Monte Alegre (SP) (Figura 99). Segundo Divanir Theodoro de Almeida:

> Minha irmã morou 30 anos com a Madame que era mulher do Krupp... Ela se separô nos anos 30 na Alemanha. I ele comprou esse [Fazenda] "Retiro Feliz", que era do doutor Otávio [Rocha Miranda], tio do seu Renato Rocha Miranda Filho... E daí ela comprou e a minha irmã foi morar [e trabalhar] com ela (Transcrição de informação oral).

O partido nazista brasileiro foi o maior agrupamento político do partido nazista fora da Alemanha, segundo Dietrich (2007). Organizou-se aproveitando parte das colônias alemãs e austríacas no Brasil, muitas vezes de maneira impositiva, outras vezes, com apoio ufanista (GERTZ, 1987). O objetivo do grupo em terras brasileiras era gradativamente tornar-se a expressão da Nação alemã no Brasil, incorporando inclusive, a representação diplomática. Osvaldo Aranha foi forte crítico desse processo como já foi demonstrado.

Os trabalhadores imigrantes alemães no Brasil sofreram perseguições após a declaração de guerra ao eixo.[1] Simultaneamente, as aproximações ao nazismo se davam da cúpula do Estado e das elites econômicas brasileiras, diretamente com a cúpula política e econômica da Alemanha de Hitler.[2]

---

1 Perazzo (1999) mostrou que a política de nacionalização, com suas leis proibitivas aos estrangeiros em geral (e, com a entrada do Brasil na Segunda Guerra Mundial, aos japoneses, italianos e alemães em particular), ampliou a xenofobia e a perseguição, sobretudo, aos imigrantes trabalhadores. A autora se refere ao surgimento de um temor coletivo do "perigo alemão" que justificou uma série de injustiças com a comunidade alemã no Brasil.

2 Ver também: Rahmeier (2009).

O papel do partido nazista no Brasil não se limitou às comunidades alemãs. Colônias nazistas foram estabelecidas com maior ou menor grau de investimento em função dos interesses da indústria de guerra, em diferentes estados brasileiros, como na Amazônia[3] e no Nordeste,[4] onde a presença germânica era pequena ou nula. Nessas regiões, a expansão do nazismo seguiu pelo menos duas estratégias: a aproximação empresarial ou a aproximação com AIB. Os dados da pesquisa mostraram que, no caso estudado, as duas iniciativas se deram ao mesmo tempo. Eram empresários e políticos brasileiros (os Rocha Miranda) e da cúpula da AIB (da Câmara dos Quarenta), negociando com empresários e políticos alemães da cúpula nazista (os Krupp) (Figura 100).

Hans Henning Von Cossel, por vezes chamado de o "fürher tupiniquim", não escondia a expectativa (que felizmente se tornou desilusão) de ver a AIB transformar-se, no Brasil, naquilo que o partido nazista era na Alemanha, ou seja, em sua visão, o próprio Estado. Nos anos que antecederam o fechamento da AIB como partido político e do estabelecimento da "política de nacionalização" que atingiu o partido nazista no Brasil, houve uma intencional aproximação ideológica e também organizacional. A AIB e Partido Nazista não se sobrepuseram, mas se intersectaram fortemente. O antissemitismo de Gustavo Barroso não foi o único aspecto da aproximação entre o nazismo e o integralismo, mas também o estabelecimento de colônias e negócios conjuntos. Esta afirmação é reforçada pela presença nazista em terras dos membros da cúpula da AIB.

O nazismo e o integralismo já estavam proibidos há cerca de quatro anos pelo Estado Nacional varguista e, a partir de 1942, tornaram-se inconveniências políticas e econômicas. Um passado nazi-integralista tornou-se também inconveniente. Uma colônia nazista-integralista fazendo "educação eugênica" tornou-se uma prática a ser extirpada e um passado a ser enterrado e esquecido.

Renato Rocha Miranda Filho, ao voltar dos EUA, assumiu gradativamente os negócios da família na região. A dispersão dos meninos foi uma das medidas

---

3   Ver também: Glüsing (2008).

4   "A Suplan, um órgão do Governo do Estado da Paraíba, guarda em seu depósito uma porção de ladrilhos ilustrados com a Suástica Nazista. Este piso foi retirado de uma sala do Palácio da Redenção, em João Pessoa, em 1995, por ordem do governador Antônio Mariz. Historiadores de renome afirmam que as pedras foram importadas da Europa, na década de 1930, em pleno curso da expansão do nazismo". In: GOUVÊA. Ôxente. Hitler. Disponível em: <http://www.clickpb.com.br/artigo.php?id=17276>. Acesso: 26 jun. 2010.

tomadas pelo novo mandatário (entre o fim de 1943 e o fim de 1944, a data não é precisa). Os que não morreram e nem fugiram de Campina de Monte Alegre (SP), uma década depois da chegada das primeiras crianças, foram sujeitados à escolha de ficar na região ou ir embora, por sua própria conta e sorte. Foi assim que Aloysio Silva relatou os acontecimentos:

> Ele (Oswaldo Rocha Miranda) queria morrê aqui na fazenda pra se enterrado lá... Os médicos não autorizaram Aí, quando ele viu que num guentava mais... Ele chamou o seu Renato... O Renatinho que já tava como dono da fazenda... Sócio dele, chamô lá e cunversô... Seu Renato depois contô pra nós que ele chamô, falô o nome de um por um nosso lá e disse "ói fulano, cicrano, bertrano, isso e aquilo, aquele que quisé fica com você, você emprega na fazenda... E os que num quiser, você dá um jeito di coloca fora..." Mai nada disso ele fez... E o que ele fez? Ele foi lá no Rio e recebeu todas as ordens, tudo lá e ai, nu outro dia ele já tava aqui... Mandô o fiscal de turma chama nós tudo e boto lá no terrero da fazenda ali no meio do pátio e daí disse "Olha, meu tio me chamou assim e agora daqui, de hoje em diante eu sou responsável por vocês..." Que ele era responsável por nós aí até 21 anos de idade, mai ele num fez... Aí ele disse "Oia, eu vou escolher quem vai fica comigo aqui..." Intão ele disse "Dois você pra cá... E vocês, se virem!" O resto, falou... Dos 49... Era 50 com o dois... Aí nois ficamos um olhando pra cara do outro e dizia "e agora? O que nós vamos fazê?" E eu num sei... No outro dia cedo, um atrás do outro, pegava o caminho da Hermillo... Uns foram pela linha de trem, outros... outros pela estrada, tudo a pé, sem um tostão no bolso, foro tentar bate no Rio de Janeiro... Então, tinha outro colégio novo que o major mandou fazer pra trazer 100 de lá. 50 meninos e 50 meninas. Depois que o seu Renato abandonô nós, então a turma que foi embora pro Rio, quando chegou lá foram direto na superiora, a madre Mamede. Foi lá e fizeram a queixa pra ela, na hora se consultou com o juiz de menor lá e foi parado, foi cancelado. Já tava 50 menino pra ele separá e 50 menina e já tinha um padre escalado pra vim junto. Pra vim com nós e desfruta de 400 alqueires de terra prá produzir em usufruto. A gente só trabaiava pra produzi isso tudo pra ele. Pra trabalha na fazenda. Como escravo. Como trabalhei. Eu fiquei porque acos-

tumei com o ambiente aqui e... o major mandô um dos nortista, os Caicós me ensinar uma função besta de loco, que hoje eu falo memo. Domá, aprendi a domá burro, cavalo, tudo aí... Eu tenho, eu tenho um negócio porque eu quebrei aqui a perna e hoje eu num posso... Mai do jeito que eu fui criado ali mesmo... Eu ficava revoltado aí eu fazia cada besteira, cada loucura...

Os planos de ampliação da colônia de "órfãos e abandonados", de trazer mais 100 crianças do Rio de Janeiro para a região cessaram. As obras em curso, para receber outras 100 crianças, pararam. Restaram somente as ruínas de edificações que não foram utilizadas para os objetivos iniciais. Esse novo colégio para mais 100 crianças que não se efetivou também apareceu na memória de Divanir Theodoro de Almeida: "Depois fizeram um outro colégio, só que o outro não chegaram nem ocupá... Que é esse pedaço de terra que diz que era pra eles, né?".

Em 1943, havia meninos de 9 anos, como Osvaldo Gomes dos Santos, adolescentes de 14, como Jorge Lopes que, segundo Aloysio Silva, que não soube precisar data, acabou morto a tiros pela polícia em São Miguel Paulista (SP), tentando voltar ao Rio de Janeiro. Alguns poucos eram maiores, com 21 e 22 anos, da primeira turma de 1933, e os demais eram menores de idade. Poucos tinham algum vínculo familiar ou com o mundo exterior, pois viveram enclausurados desde a primeira infância. Com pouca formação escolar e, por não receberem salários, não tiveram a possibilidade de poupança e nem previdência. Eles tinham a experiência da roça, lidavam com plantio, com o gado e com a doma de animais xucros, em regime disciplinar fechado, numa região e época de forte segregação racista.

Aloysio Silva (Figura 101), ao ser questionado se havia sido injustiçado e por quê, deu resposta amarga e triste. Nem as violências físicas, nem a exploração do trabalho foram centrais na resposta: "Quando eu saí dele em 1970, eu até agradeci seu Renato: ói eu fico muito agradecido de me educá, acabá de mi educá e mi ensiná a trabaiá". A injustiça para ele foi ele ter sido separado da mãe e ter sofrido preconceito racista. Ele relatou duas memórias, uma aos 16 anos e outra quando já era adulto:

Uma por causa que eu num conhecia mãe nem o pai... que era um direito que eu tinha, né? Agora vivia aí como um indigente... Enquanto num casei eu era um indigente... Sei lá... A gente fica muito revoltado né... Porque eu sabia já o nome da mãe, mai nunca falei pra ninguém aqui. Aí ele veio com quatro cartas pra mim... eu li e guardei. E um dia veio aí o Renatinho tava indo do Rio, eu escrevi. Fiz a resposta da carta e pedi pra ele por num correio pra mim. Mais ela num recebeu, porque pra mim ou ele leu ou roubou. Eu não sei como é que acharam o endereço que eu tava, foi direto pra mim lá. Mai com o negócio de mudá pra li, mudá pra qui, perdi muita coisa. Era 16 ano. Eu tava com 16 ano aquela época. Ela tava fazendo, tava me procurando. [E, também] porque uma vez esse Renatinho eu tava juto cum ele lá i ele tava fazendo uma visita p'um médico, amigo dele i cum aquela bebedera deles dois lá... numa daquela ele me deu fora comigo e começou me acusa e disse "olha doutor, vou fazer desse negro um homem que ele é muito trabalhador e tudo, mas tem um defeito, é muito brabo demais..." aaa aí eu deixei ele fala... Porque quando ele tem medo de fala, hoje ele é casado... Ele é até o meu cumpadi... Falei "cumpadi cê já falou?" "Já." "Intão..." ele disse pra mim " você quer fala alguma coisa?" "Quero." "Então fale.". Eu disse "ói, seu cumpadi o senho foi criado em berço de oro... e eu sou um miserável, sou um pobre... mais um carinho que o senhor teve da sua.. seu pai, sua mãe, eu da minha, da minha parte eu num tive... minha mãe nem pai. E até num cunheci ninguém... eu sou um home indigente" Aí o home paro e disse "tenente, acabo a noite" aí foro dormir... (Transcrição de informação oral).

José Alves de Almeida (Figura 102), com vivências cotidianas distintas dos demais, foi a exceção que confirmou a regra. O único, segundo seu Aloysio Silva, que foi convidado a permanecer com a família quando da dispersão. Expressão exemplar das "relações cordiais" de trabalho doméstico, ele cruzou a vida sem contrato de trabalho e, após décadas de servidão, assim como os demais, quando findou a relação trabalhista, a nada teve direito.

Aloysio Silva, José Alves de Almeida, Zé Carias (Zacarias) e Renatão foram exceções à outra regra. Eles se casaram e constituíram família. Quanto aos demais, ou não se tem relatos de memória ou são contundentes, migrações em busca do reencontro de lares perdidos, expressões de solidão, sofrimento, abandono e morte violenta. A revolta, a consciência da injustiça e o trauma apareceram em todos os relatos e em todos os indícios encontrados. Divanir Theodoro de Almeida, indagada sobre quantos deles se casaram, afirmou:

> Ah que eu sei... Ah é pouco né... A que eu conheci, soltero... O Vinte [Roque, foto a seguir] morreu soltero... Osmar Figuero morreu soltero... É, o... noi chamava de Fred da Horta tamem morreu sortero... qual outro? O que casou que eu sei foi o Aloysio Silva, o Renatão, o Dois e o falecido Zé Carias que é o... Que cozinhava po Seu Renato... São quatro, né? Ele deixou uma filha, o Zé Carias... O Dois deixou um casal, que é o casal que eu tenho... Renatão tamem deixou... É o Clove e a Ana Márcia e o Pita, né...? Se casaram eu não sei, porque eles foram imbora pro Rio de novo... Quem, quem teve que ir embora depois foi imbora daqui... Se criô, se ficaro adulto e foram embora, agora os que ficaram né... Tá... Foi os que eu conheci... (Transcrição de informação oral).

Roque "da Silva" (Figura 103), em entrevista a João Maurício Rosa, em 1999, afirmou: "A gente apanhava e era trancado em uma cela quando reclamava".

Esses seres humanos tiveram suas vidas marcadas por uma experiência educativa de práticas autoritárias, discriminatórias e de fundamentação eugenista. Após Auschwitz, o pensamento eugenista da criação e aperfeiçoamento racial científico foi desmascarado por seus equívocos e farsas. Em algumas partes do mundo, mais do que em outras, o pensamento eugênico e autoritário assumido pelos governantes e intelectuais na perseguição aos "incapazes" e aos "degenerados" passou pelo mesmo processo. A educação embasada na eugenia e no autoritarismo sofreu retrocesso após as denúncias das atrocidades constatadas nos campos de concentração.

Esta pesquisa constatou e explicitou que o autoritarismo, a exploração do trabalho, a "eugenia" e educação caminharam juntas. No Brasil das décadas de 1930 e 1940, tentou-se aplicar os fundamentos da "educação eugênica" às crianças filhas da classe trabalhadora mais empobrecida, sobretudo aos seus "órfãos e abandonados". As práticas e políticas excludentes de se buscar a "raça" perfeita formada, por indivíduos perfeitos, foram necessariamente autoritárias unindo as elites políticas, econômicas, cientistas e intelectuais, ao defenderem como verdades científicas absolutas a eugenia, visando justificar ações de poder político e econômico. As políticas autoritárias implementadas, por mais de uma década, contra estes meninos e adolescentes foram as de: segregação, isolamento, cárcere privado, castigo físico, violência moral, separação por sexo e exploração de trabalho. Todas as discriminações sofridas pelos "meninos do Romão Duarte" são atualmente consideradas crimes graves. Na época, elas foram consideradas e praticadas como princípios educativos, mesmo violando artigos do Código do Menor de 1927. A política de "embranquecimento e higienismo social" na Capital Federal, a "colonização, civilização e exploração dos sertões" e a "tutela" feita por nazistas e integralistas reforçam a prática da educação eugênica apregoada constitucionalmente. Afirma-se: houve, no Brasil, experiência de "educação eugênica". Houve, no Brasil, experiência "eugenista".

Os "Meninos do Brasil" foram vítimas de uma experiência emblemática na história da consolidação de um Estado-Nacional cuja Nação excluiu parte de suas crianças e sobre elas jogou a responsabilidade, por meio do trabalho e da opressão, de sustentá-la. A infância dessas crianças foi roubada em nome do capital, da educação para a modernidade e da crença na regeneração da "raça" para o futuro da nação.

Os "Meninos do Brasil", representados pelos "Meninos do Romão Duarte", em oposição radical aos "Ficcionais Meninos do Brasil", foram na sua maioria absoluta crianças pobres, "pretas e pardas". Essas crianças foram vítimas das instituições do Estado Brasileiro (do Juizado de Menores do Distrito Federal e da Delegacia de Ensino do Estado de São Paulo), do Estado Alemão (Partido Nazista no Brasil) e da Igreja Católica (Educandário Romão de Mattos Duarte, da Irmandade de Misericórdia do Rio de Janeiro). Os responsáveis se foram, mas elas continuam presentes em nossas memórias e, também, em nossa realidade (Figuras 105 e 106).

"Minha infância foi roubada"
(Aloysio Silva, aos 88 anos de idade).

Considerações finais

O ocorrido com os "meninos do Romão Duarte" revela uma face da História brasileira marcada pela desigualdade de direitos e por uma educação opressiva definida em nome de interesses econômicos ocultos, sob o manto de uma racionalidade científica, na construção das instituições consideradas alicerces do Estado Moderno varguista. Estas crianças, pobres, "órfãs, abandonadas, pretas e pardas" tiveram suas infâncias roubadas, ao serem transferidas do Educandário Romão de Mattos Duarte da Irmandade de Misericórdia do Rio de Janeiro (RJ) para as fazendas dos Rocha Miranda em Campina do Monte Alegre (SP) e com o aval do Juizado de Menores do Distrito Federal. Não conheceram a liberdade, e sim a exploração e a opressão. Foram priorizadas nas políticas de intervenção do Estado, em função de interesses privados e para a inserção do Brasil no capitalismo internacional. Em nome da ciência e do progresso, essas crianças foram segregadas e excluídas socialmente, por meio de práticas educativas discriminatórias. A concepção de infância capturada por intermédio dos discursos oficiais, das revistas e das memórias da época, longe de vislumbrar um universo infantil de cidadania ampliada, foi permissiva e incentivadora do uso sistemático do disciplinamento, da agressão física e da violência simbólica. Os acontecimentos estudados mostraram-se exemplares da falta de equidade jurídica e política na época. Ao estarem sob a guarda do Estado, por serem desprovidas de propriedades materiais e estarem fora da convivência familiar, suas realidades demonstraram o grau de (des)respeito aos direitos humanos mais básicos. "Educar a menoridade" apareceu como termo ligado sistematicamente a verbos como: "dirigir", "controlar", "disciplinar", "treinar", "testar", "higienizar", "militarizar", "trabalhar", "castigar" e "eugenizar. As crianças e os adolescentes por serem vistos como seres "inconscientes e inconsequentes" só tinham deveres e responsabilidades a cumprir, como se o Estado e a sociedade devessem se proteger preventivamente dos "menores órfãos e abandonados", e não garantir seus direitos.

Das 53 crianças estudadas – 50 do Educandário Romão de Mattos Duarte e três da região de Campina do Monte Alegre (SP) – foram roubados os mais preciosos bens, seus anos de brincadeira, a convivência pública que a liberdade permite e a possibilidade da convivência familiar. Elas trabalharam, geraram riquezas sem serem empregadas nem receberem salários e foram castigadas com cárcere, violência física e constrangimentos morais. Foram escravizadas. Vestiram fardas integralistas sem a possibilidade de saber o que era o integralismo. Cuidaram de animais marcados pela suástica desconhecendo o nazismo, foram usadas economicamente e politicamente.

Oswaldo Rocha Miranda, quando os retirou do Educandário Romão de Mattos Duarte, exerceu tal atitude com a permissão da Madre Superiora, do Juizado de Menores do Distrito Federal e com amparo legal no Código do Menor de 1927 e da Constituição de 1934. O código fomentava a criação de "patronatos" particulares e a remoção de grupos de crianças e adolescentes do Distrito Federal, numa evidente política segregacionista contra a população pobre e excluída. A constituição incentivou a "educação eugênica" e, com ela, o aumento da política de segregação.

Apesar das diferenças entre as duas ideologias expressas pelos irmãos Rocha Miranda, tanto o nazismo quanto o integralismo propuseram a eugenia e a militarização como fundamentos educativos. O Código do Menor de 1927 proibia a exploração lucrativa do trabalho de crianças, e por maiores que fossem as brechas da lei para o "trabalho educativo", os acontecimentos extrapolaram qualquer permissividade jurídica. A rigidez militar e as longas jornadas de trabalho regiam o cotidiano educativo. O ocorrido com os "meninos do Romão Duarte" mostrou que para muitas crianças daquele período o mundo foi desigual em direitos, sem liberdade e de opressão. A concepção de infância percebida na época era permissiva e incentivadora do disciplinamento físico e moral pela prática da agressão, muito longe de vislumbrar um universo infantil solidário e livre. Os traços marcantes captados foram tanto de violência material quanto simbólica. No Brasil das décadas de 1930 e 1940, os traços hegemônicos da educação encontrados nessa pesquisa foram autoritários, elitistas e preconceituosos.

Nas memórias de infância registradas pelas entrevistas, os anos no educandário e o tempo passado na escola da fazenda apareceram como "paraísos perdidos", quando comparados com as violações posteriores. Entretanto, o que as documentações destas instituições mostraram foi que suas concepções e práticas educativas permitiram ou compactuaram com os abusos cometidos. Para o educandário, com seus problemas de superlotação e com significativos índices de mortalidade apontados nos documentos, a retirada de 50 crianças foi uma "bênção", sobretudo vinda do filho de um dos maiores benfeitores da Irmandade de Misericórdia do Rio de Janeiro, como revela o retrato de Luis Rocha Miranda, que está no saguão central da Santa Casa de Misericórdia do Rio de Janeiro (RJ). Foi uma política oportuna para o Estado de São Paulo e para a União transferi-las da Capital Federal e mantê-las em um lugar como a Fazenda Santa Albertina, sem o custo de manutenção de estruturas físicas, funcionários e professores.

Considerando as fontes consultadas e analisadas, pode-se afirmar que muitos integrantes das elites econômicas e políticas da cidade do Rio de Janeiro devem ter julgado a transferência como um ato nobre e favorável ao desenvolvimento das crianças e da Capital Federal. As representações culturais e sociais encontradas acerca do "menor abandonado", sobre as "classes perigosas" e da "degenerescência social" demonstraram uma conjuntura histórica propensa à segregação como prática do Estado Nacional autoritário e capitalista que se consolidava.

Os "meninos do Romão Duarte" viviam nas fazendas, eram vistos em público somente em ocasiões especiais, como times em jogos de futebol ou como banda de música em dia de festa. Na vila de Campina do Monte Alegre das décadas de 1930 e 1940, os irmãos Rocha Miranda foram tidos como excêntricos e benfeitores. O nome da rua principal e da maior escola pública da cidade (Renato Rocha Miranda) ajudam na compreensão dos dilemas que envolveram e, ainda envolvem os filhos, netos e bisnetos dos "meninos do Romão Duarte", que constituíram suas vidas na região.

Sérgio Rocha Miranda, dono da fazenda Cruzeiro do Sul, propagandeava o nazismo. Renato Rocha Miranda, dono da fazenda Santa Albertina, manteve negócios com as empresas Krupp durante o regime nazista antes da Segunda Guerra. Terminado o conflito, Otávio Rocha Miranda vendeu a fazenda Retiro Feliz ao criminoso de guerra e ministro do Estado Nazista, Alfried Krupp von Bohlen und Halbach para abrigar o seu único herdeiro. Foram nessas três fazendas que os "meninos do Romão Duarte" mais trabalharam. Eles ajudaram a transformar "barba de bode" em agroindústria, jardins e casas de campo, com serviçais versados em etiqueta. As crianças estudadas foram vítimas também de interesses do nazismo e da guerra. Muito longe do Rio de Janeiro e ainda mais do palco central do conflito, elas sofreram seus impactos. Quando o Estado brasileiro declarou guerra ao Eixo, ironicamente e tragicamente, algumas delas (então adolescentes) foram alistadas com apoio de seu responsável legal. Pelo menos uma chegou ao *front* de combate aos nazistas na Itália.

A coragem ética dos depoentes em tornarem públicas suas memórias e de não permitirem o esquecimento do ocorrido, foi crucial para a conclusão da pesquisa. Esta postura permitiu a reafirmação de análises das representações, das ideologias e do imaginário que emergiram do conjunto documental. Os sentimentos expostos nas falas sobre os traumas e saudades, mostraram uma evidente preocupação com o presente e com o futuro da infância e uma esperança solidária de que seus relatos ajudem a impedir que esse tipo de injustiça aconteça novamente.

Referências

FONTES DOCUMENTAIS

I. Primárias

1. Documentação do Educandário Romão de Mattos Duarte, Rio de Janeiro (RJ):
Livros de Circulação dos Internos;
Livros de Documentos dos Internos;
Talonário de Saída dos Internos.

2. Documentação da Santa Casa de Misericórdia de Campinas, Centro de Memória da Unicamp, Campinas (SP):
Livros de Circulação das Internas.

3. Documentação do arquivo pessoal de Senhorinha Barreto da Silva, Fazenda Santa Albertina, Campina do Monte Alegre (SP):
Fotos;
Objetos;
Resquícios arquitetônicos;
Documentos pessoais;
Registros de compra e venda de imóveis;
Contabilidades;
Papéis timbrados;
Entre outros.

4. Documentação Escolar, Arquivo do Estado de São Paulo, São Paulo (SP):
Relatórios da Delegacia Regional de Ensino de Itapetininga.

5. Documentação do Departamento Estadual de Ordem Política e Social (DEOPS-SP), Arquivo Público do Estado de São Paulo, São Paulo (SP).
Relatórios de investigação de crime político.

6. Documentação da Constituição de 1934. Biblioteca da Câmara Federal, Congresso Nacional, Brasília (DF):
Relatórios da Subcomissão do Itamarati (1932-1933), Anais e Diários da Assembleia Nacional Constituinte de 1933-1934.

7. Leis e códigos:
Código do Menor, de 1927;
Constituição de 1934;
Constituição de 1937;
Declaração dos Direitos Humanos de 1948;
Convenção Internacional sobre a eliminação de todas as formas de discriminação racial de 1963.

8. Publicações Governamentais:
Discursos de Getúlio Vargas;
Anuários do Ministério da Agricultura, Indústria e Comércio;
Anuários do Ministério das Relações Exteriores.

II. Secundárias

1. Revista da Semana.
2. Revista *Anauhê!*.
3. Manifesto Integralista de Outubro de 1932
4. Manifesto Programa do PRP de 1936.

III. Entrevistas

1. Aloysio Silva.
2. Divanir Theodoro de Almeida.
3. Maria da Glória de Almeida.
4. Carmo Lourenço Gomes.

BIBLIOGRAFIA

ADORNO, T. Educação após Auschwitz. In: _____. *Educação e emancipação*. Rio de Janeiro: Paz e Terra, 1995.

ALBERTI, V. *Manual de história oral*. Rio de Janeiro: FGV, 2004.

ARAGÃO FRANCISCO, E. *Brèsil*: 1930/1968. Reflet du processus d'industrialisation dans la politique de l'education. Tese (Doutorado) – Universidade de Sorbonne, Paris, 1980.

_____. Raça nacional e educação para o trabalho. *Revista Proposições*, v. 14, n. 2, ed. 41, maio/ago. 2003.

ARAGÃO FRANCISCO, E. Representações e práticas escolares na construção da escola republicana: o olhar etnocêntrico nos manuais escolares. In: CONGRESSO LUSO-BRASILEIRO DE HISTÓRIA DA EDUCAÇÃO, 5., Évora, 2004. *Anais...*. Évora (Portugal): [s.n.], 2004.

ARENDT, H. *A condição humana*. Rio de Janeiro: Editora Forense-Universitária, 1987.

ATAS do colóquio "O Fascismo em Portugal". Lisboa: A Regra do Jogo, 1982.

AZEVEDO, C. M. M. A recusa da "raça": anti-racismo e cidadania no Brasil dos anos de 1830. *Horizontes Antropológicos*, Porto Alegre, v. 11, n. 24, jul./dez. 2005.

_____. *Anti-racismo e seus paradoxos*: reflexões sobre cota racial, raça e racismo. São Paulo: Annablume, 2004.

AZEVEDO, F. Da educação física. *Obras completas*. São Paulo: [s.n.], 1960, v. 1.

AZEVEDO, J. A. M. Elaborando a Constituição Nacional. *Atas da Subcomissão elaboradora do Anteprojeto 1932/1933*. Brasília: Senado Federal, 1933.

BADINTER, E. *Um amor conquistado*. Rio de Janeiro: Nova Fronteira, 1985.

BARCELLOS, M. *Evolução constitucional do Brasil*. Rio de Janeiro: Imprensa Nacional, 1933.

BARTOLETTI, S. C. *Juventude hitlerista*. Rio de Janeiro: Relume Dumará, 2006.

BELOLLI, M. et al. *História do carvão de Santa Catarina*. Criciúma: Imprensa Oficial do Estado de Santa Catarina, 2002.

BENJAMIN, W. Pequena História da fotografia. In: _____. *Magia e técnica, arte e política*: ensaios sobre a literatura e história da cultura. Trad. S. P. Rouanet. São Paulo: Brasiliense, 1994.

BITTENCOURT, C. *Pátria, civilização e trabalho*. São Paulo: Loyola, 1990.

BOARINI, M. L. O higienismo na Educação Escolar. In: CONGRESSO LUSO-BRASILEIRO DE HISTÓRIA DA EDUCAÇÃO, 6., Uberlândia, 2006. *Anais...*. Uberlândia: UFU, 2006.

BOSI, A. *Dialética da colonização*. São Paulo: Companhia. das Letras, 1992.

BUENO, M. F. G. Corpos violados: fotografias em processos do judiciário. *Boletim CDAPH*, v. 3, n. 1, jan./jun. 2002.

CAMINHA, A. *A normalista*. Rio de Janeiro; São Paulo: Editora Record, [s.a.].

CAMPOS, F. *Direito constitucional*. Rio de Janeiro: Revista Forense, 1942.

_____. Oração à Bandeira. In: _____. *O Estado Nacional*. Rio de Janeiro: José Olympio, 1941.

CAMPOS, R. D. C. *Mulheres e crianças na imprensa paulista (1920-1940)*. São Paulo: Ed. da Unesp, 2009.

CAPELATO, M. H. *Os arautos do liberalismo*. São Paulo: Brasiliense, 1988.

CARNEIRO, M. L. T. *O anti-semitismo na Era Vargas*: fantasmas de uma geração. São Paulo: Brasiliense, 1988.

CARONE, E. *A terceira república*. São Paulo: Difel, 1982.

CARVALHO, J. M. *A formação das almas*. São Paulo: Companhia. das Letras, 1990.

_____. *Os bestializados*. São Paulo: Companhia. das Letras, 1987.

CARVALHO, M. M. C. *A escola e a república*. São Paulo: Brasiliense, 1989.

_____. *Molde nacional e fôrma cívica*: higiene, moral e trabalho no projeto da Associação Brasileira de Educação (1924-1931). Bragança Paulista: EDUSF, 1998.

CASTORIADIS, C. *A instituição imaginária da sociedade*. São Paulo: Paz e Terra, 2000.

CAVALARI, R. M. F. (org.). *Novos estudos e reinterpretações*. Rio Claro: Arquivo Público do Município de Rio Claro, 2004.

_____. *Educação e integralismo*: um estudo sobre estratégias de organização da Ação Integralista Brasileira – A. I. B. (1932-1937). Tese (Doutorado) – Faculdade de Educação da Universidade de São Paulo. São Paulo: FEUSP, 1995.

CHALHOUB, S. *Trabalho, lar e botequim*. Campinas: Editora da Unicamp, 2001.

CHAUÍ, M.; CARVALHO FRANCO, M. S. *Ideologia e mobilização popular*. São Paulo: CEDEC; Paz e Terra, 1978.

CORRÊA, M. *As ilusões da liberdade*: a escola Nina Rodrigues e a antropologia no Brasil. Bragança Paulista: Editora da Universidade São Francisco, 2000.

COSTA, E. V. *A abolição*. São Paulo: Unesp, 2008.

COUTO, M. *No Brasil só há um problema nacional – a educação do povo*. Rio de Janeiro: Rodrigues & C., 1933.

CRUZ, N. R. *O integralismo e a questão racial*: a intolerância como princípio. Tese (Doutorado) – Universidade Federal Fluminense. Niterói: UFF, 2004.

D'ÁVILA, J. *Diploma de brancura*. São Paulo: Ed. da Unesp, 2005.

DE LUCA, T. R. *A Revista do Brasil*: um diagnóstico para a (N)ação. São Paulo: Ed. da Unesp, 1999.

DECCA, E. S. *O silêncio dos vencidos*. São Paulo: Brasiliense, 1981.

_____.; VESENTINI, C. A. A revolução do vencedor. *Contraponto*, Rio de Janeiro, n. 1, p. 60-71, nov. 1976.

DEL PICCHIA, M. *Juca Mulato*. São Paulo: Monteiro Lobato & Cia, 1923.

DEL PRIORI, M. *História das crianças no Brasil*. São Paulo: Contexto, 2000.

DIETRICH, A. M. *Nazismo tropical?*: O partido nazista no Brasil. Tese (Doutorado) – Faculdade de Filosofia, Letras e Ciências Humanas da Universidade de São Paulo. São Paulo: FFLCH/USP, 2007.

DIWAN, P. *Raça pura*: uma história da eugenia no Brasil e no mundo. São Paulo: Contexto, 2007.

DOMINGUES, O. Hereditariedade e eugenia. *Bibliotheca de Divulgação Scientifica*. Rio de Janeiro: Civilização Brasileira S. A., 1936, v. 5.

FAUSTO, B. *O crime do restaurante chinês*. São Paulo: Companhia. das Letras, 2009.

FLORES, M. B. R. *Tecnologia e estética do racismo*. Chapecó: Argos, 2007.

FONTENELLE, J. P. Hygiene mental e educação. *Archivos brasileiros de hygiene mental*. Rio de Janeiro, n. 1, p. 1-10, jan./jun. 1925, p. 1-10, v. 1.

GERALDO, E. *Entre a raça e a Nação*: a família como alvo dos projetos eugenista e integralista de Nação brasileira nas décadas de 1920-1930. Dissertação (Mestrado) – Instituto de Filosofia e Ciências Humanas da Universidade Estadual de Campinas. Campinas: IFCH-UNICAMP, 2001.

GERTZ, R. *O fascismo no sul do Brasil*. Porto Alegre: Mercado Aberto, 1987.

GIRARDET, R. *Mitos e mitologias políticas*. São Paulo: Companhia. das Letras, 1987.

GLÜSING, J. *Das Guayana-Projekt*: Ein deutsches Abenteuer am Amazonas. Berlim (Alemanha): Ch.Links; Verlag, 2008.

GODOY, S. S. *O avô do tempo*: diário de um meteorologista (1900-1940). Dissertação (Mestrado) – Programa de Pós-Graduação em História Social da Cultura da Pontifícia Universidade Católica do Rio de Janeiro. Rio de Janeiro: PUC-RJ, 2005.

GOMES, M. R. C. S. *Nacionalização da política de assistência social e governos estaduais no Brasil*: o caso do estado de São Paulo. Tese (Doutorado) – Pontifícia Universidade Católica de São Paulo. São Paulo: PUC-SP, 2008.

GUALTHIERI, R. C. E. A educação do "homem-espécie": eugenia e pensamento pedagógico no Brasil das décadas de 1920 a 1940. Cultura Escolar Migrações e Cidadania. In: CONGRESSO LUSO-BRASILEIRO DE HISTÓRIA DA EDUCAÇÃO, 7., Porto, 2007. *Anais...*. Porto (Portugal): Faculdade de Psicologia e Ciências da Educação (Universidade do Porto), 2007.

_____. Eugenia e educação no Brasil (1920-1930). In: CONGRESO IBEROAMERICANO DE HISTORIA DE LA EDUCACIÓN LATINOAMERICANA, 8., Buenos Aires, 2007. *Anais...*. Buenos Aires (Argentina): [s.n.], 2007.

HABIB, P. A. B. B. *"Eis o mundo encantado que Monteiro Lobato criou"*: raça, eugenia e nação. Dissertação (Mestrado) – Instituto de Filosofia e Ciências Humanas da Universidade Estadual de Campinas. Campinas: IFCH-UNICAMP, 2003.

HOBSBAWN, E. J. *A era das revoluções*. São Paulo: Paz e Terra, 2007.

_____. *A era dos extremos*. 2. ed. Trad. Marcos Santarrita. São Paulo: Companhia. das Letras, 1995.

_____. *Tempos interessantes*. São Paulo: Companhia. das Letras, 2002.

HOLANDA, S. B. *Raízes do Brasil*. Rio de Janeiro: José Olympio, 1978.

HORTA, J. S. B. *O hino, o sermão e a ordem do dia*: a educação no Brasil (1930-1945). Rio de Janeiro: Ed. da UFRJ, 1994.

IANNI, O. *A formação do Estado populista na América Latina*. São Paulo: Ática, 1989.

_____. *Estado e planejamento no Brasil*. Rio de Janeiro: Civilização Brasileira, 1996.

KANT, I. *Sobre a pedagogia*. Piracicaba: Unimep, 1996.

KEHL, R. *A cura da fealdade*: eugenia e medicina social. São Paulo: Monteiro Lobato & Coeditores, 1923.

_____. *Formulário da belleza*: fórmulas escolhidas. Rio de Janeiro: Francisco Alves, 1927.

KHOURY, Y. A. (coord.). *Guia dos arquivos das Santas Casas de Misericórdia do Brasil*. São Paulo: Imprensa Oficial do Estado de São Paulo; PUC-SP; CEDIC; FAPESP, 2004.

KOSSOY, B. *Fotografia & História*. São Paulo: Ateliê, 2001.

LE GOFF, J. *Reflexões sobre a História*. Lisboa: Edições 70, 1986.

LEITE, M. M. *Retratos de família*. São Paulo: Edusp, 1993.

LENHARO, A. *A sacralização da política*. Campinas: Papirus, 1986.

LÉVI-STRAUSS. *Antropologia estrutural*. Rio de Janeiro: Tempo Brasileiro, 1996.

LIMA, L. L. G.; VENÂNCIO, R. P. Abandono de crianças negras no Rio de Janeiro. In: PRIORE, M. D. (org.). *História da criança no Brasil*. São Paulo: Contexto, 1991.

LONDOÑO, F. T. A origem do conceito menor. In: PRIORE, M. D. (org.). *História da criança no Brasil*. São Paulo: Contexto. 1991.

LOURENÇO FILHO, M. B. *A formação de professores*: da escola normal à escola de educação. Brasília: INEP, 2001.

_____. *Testes ABC*. Para a verificação da maturidade necessária da leitura e da escrita. Brasília: INEP, 2008.

MACEDO, S. S. *Higienópolis e arredores*. São Paulo: EDUSP; PINI, 1987.

MARCÍLIO, M. L. A roda dos expostos e a criança abandonada na História do Brasil (1726-1950). In: FREITAS, M. C. (org.). *História social da infância no Brasil*. São Paulo: USF, 1997, p. 51-76.

_____. *História social da criança abandonada*. São Paulo: Hucitec, 1998.

MARQUES, V. R. B. A doença na escola paranaense nos anos de 1920. In: SEMANA DE ENSINO, PESQUISA E EXTENSÃO DO SETOR DE EDUCAÇÃO (SEPE), 19.; REUNIÃO DA SOCIEDADE BRASILEIRA DE ENSINO DE BIOLOGIA REGIÃO SUL (EREBIO), 1, [s.a.]. *Anais*.... [s.l.]: [s.n.], [s.a.].

_____. *A medicalização da raça*. Campinas: Editora da Unicamp, 1994.

MARX, K. & ENGELS, F. *A ideologia alemã*. São Paulo: Hucitec, 1996.

MIRANDA, P. R. *Plácido da Rocha Miranda (depoimento, 1996)*. Rio de Janeiro: CPDOC, 1998.

MONARCHA, C. Sobre Clemente Quaglio (1872-1948): notas de pesquisa – Patrono da Cadeira n. 31. *Boletim Academia Paulista de Psicologia*, ano XXVII, n. 2, v. 07, p. 25-34, 2007.

MONTEIRO LOBATO, J. B. *O escândalo do petróleo e do ferro*. São Paulo: Editora Brasiliense, 1956.

_____. *O presidente negro*. São Paulo: Clube do Livro, 1945.

NASSER, D. *Falta alguém em Nuremberg*. Rio de Janeiro: O Cruzeiro, 1966.

MONTENEGRO, Antonio José de Rezende. O Cinquentenário do Comitê Olímpico Brasileiro. Revista de Educação Física, Rio de Janeiro, [s. a.], n. 115, p. 22-27, [s. m.] [1989?].

NEGRÃO, A. M. M. *Infância, educação e direitos sociais*: "Asilo de Órfãs". Campinas: Unicamp; CMU, 2004.

NEVES, F. C. Curral dos Bárbaros: os campos de concentração no Ceará (1915 e 1932). *Revista Brasileira de História*. São Paulo: ANPUH; Contexto, v. 15, n. 29, p. 93-122, 1995.

_____. Getúlio e a seca: políticas emergenciais na Era Vargas. Revista Brasileira de História. São Paulo: ANPUH, v. 21, n. 40, 2001.

NUNES, C. Cultura escolar, modernidade pedagógica e política educacional no espaço urbano carioca. In: HERSCHMANN, M.; KROPF, S.; NUNES, C. *Missionários do progresso*: médicos, engenheiros e educadores no RJ – 1870/1937. Rio de Janeiro: Diadorim, 1996.

OLIVEIRA, L. L. O intelectual do DIP: Lourival Fontes e o Estado Novo. In: BOMENY, Helena (org.). *Constelação Capanema*: intelectuais e política. Rio de Janeiro: FGV, 2001.

PACHECO E SILVA, A. C. *Serviços sociais*. São Paulo, 1937.

PASSETI, E. Crianças carentes e políticas públicas. In: PRIORE, M. D. (org.). *História das crianças no Brasil*. São Paulo: Contexto, 1996.

_____. *O que é o Menor*. São Paulo: Brasiliense, 1985

PEIXOTO, A. *Noções de História da Educação*. São Paulo: Companhia Editora Nacional, 1936.

PERAZZO, P. F. *O perigo alemão e a repressão policial no Estado Novo*. São Paulo: Arquivo do Estado, 1999.

POLLAK, M. Memória, esquecimento e silêncio. *Estudos Históricos*. São Paulo, n. 3, p. 3-15, 1989.

PORTELLI, A. Forma e significado na história oral: s pesquisa como um experimento em igualdade. São Paulo, *Projeto História*, n. 14, p. 1-279, 1997.

PRESTES, A. L. 70 anos da Aliança Nacional Libertadora (ANL). *Estudos IberoAmericanos*. PUCRS, v. 30, n. 1, p. 101-120, jun. 2005.

_____. *Tenentismo pós-30*. São Paulo: Paz e Terra, 1999.

PRIORE, M. D. (org). *História da criança no Brasil*. São Paulo: Contexto, 1991.

RAHMEIER, A. H. P. *Alemanha e Brasil*: as relações diplomáticas em 1938. Tese (Doutorado) – Pontifícia Universidade Católica do Rio Grande do Sul. Porto Alegre: PUC-RS, 2009.

REALE, M. *Memórias*. São Paulo: Saraiva, 1986, v. 1.

REICH, W. *Psicologia de massas do fascismo*. São Paulo: Martins Fontes, 2001.

RICARDO, C. *Vamos caçar papagaios*: a Plínio Salgado e Menotti Del Picchia (1926). Fac. Símile.

RIZZINI, I. Pequenos trabalhadores do Brasil. In: PRIORE, M. D. (org.). *História das crianças no Brasil*. São Paulo: Contexto, 1996, p. 376-406.

ROSANVALLON, P. *O liberalismo econômico*. Bauru: EDUSC, 2002.

SALGADO, P. *Manifesto de Outubro (1932) e Manifesto Programa (1936)*. Difusão Doutrinária do P. R. P.

_____. *O integralismo na vida brasileira*: enciclopédia do integralismo. Rio de Janeiro: Livraria Clássica Brasileira, [s.a.].

SAMARA, E. M. (org.). *Racismo & racistas*: trajetória do pensamento racista no Brasil. São Paulo: Humanitas; FFLCH/USP, 2001.

SARTRE, J-P. *Reflexões sobre o racismo*. São Paulo: Difusão Europeia do Livro, 1960.

SEIXAS, J. A. Percursos de memórias em Terras de História: Problemáticas atuais. In: BRESCIANI, S.; NAXARA, M. *Memória e (res)sentimento*. Campinas: Ed. da Unicamp, 2001.

SILVA, A. L. S.; GOELLNER, S. V. "Sedentárias" e "Coquettes" à margem: corpos e feminilidades desviantes na obra de Renato Kehl. *Pensar e Prática* (UFG), v. 11, p. 26-36, 2008.

SILVA, H. *1934*: a constituinte. Rio de Janeiro: Civilização Brasileira, 1969.

_____. *1938*: terrorismo em Campo Verde. Ciclo Vargas. Rio de Janeiro: Civilização Brasileira, 1964.

_____. *Alemães atacam navios brasileiros*. São Paulo: Editora Três, 1998.

SILVA, R. S. A política como espetáculo: a reinvenção da história brasileira e a consolidação dos discursos e das imagens integralistas na revista Anauê!. *Revista Brasileira de História*. São Paulo, vol. 25, n. 50, jul./dez. 2005.

SOARES, C. L. *Educação física*: raízes europeias e Brasil. Campinas: Autores Associados, 2004.

_____. *Imagens da educação do corpo*. Tese (Doutorado) – Faculdade de Educação da Universidade Estadual de Campinas. Campinas: Unicamp, 1996.

SOLAZZI, J. L. *A ordem do castigo no Brasil*. Manaus: Imaginário, 2007.

SONTAG, S. *Ensaios sobre a fotografia*. Rio de Janeiro: Arbor, 1981.

SOUZA, R. F. A militarização da infância: Expressões do nacionalismo na cultura brasileira. Campinas, *Cadernos CEDES*, ano XX, n. 52, nov. 2000.

SOUZA, G. H. P. & VIEIRA, F. B. Eugenia e Imigração. *Folha Médica*, Rio de Janeiro, 1928.

STEPAN, N. L. *A hora da eugenia*: raça, gênero e nação na América Latina. Rio de Janeiro: Fiocruz, 2005.

TIN, E. *Em busca do Lobato das cartas*. Tese (Doutorado) – Instituto de Estudos Linguísticos da Universidade Estadual de Campinas. Campinas, Unicamp, 2007.

TRAGTENBERG, M. *Burocracia e ideologia*. São Paulo: Ática, 1974.

TRINDADE, H. *Integralismo*: o fascismo brasileiro na década de 30. São Paulo; Porto Alegre: Difusão Europeia do Livro; UFRGS, 1974.

VECHIA, A.; LORENZ, K. M. Fernando de Azevedo e a questão da "Raça Brasileira": sua Regeneração pela Educação Física. *Cadernos de História da Educação*, v. 8, n. 1, jan./jun. 2009.

VESENTINI, C. A. *A teia do fato*. São Paulo: Hucitec, 1997.

VIANA, F. J. O. *O idealismo da Constituição*. 2. ed. Rio de Janeiro: Companhia Editora Nacional, 1939.

_____. *Populações meridionais do Brasil*. Belo Horizonte; Niterói: Itatiaia; Ed. da UFF, 1987, v. 1 e 2.

_____. *Raça e assimilação*. 4. ed. Rio de Janeiro: José Olympio, 1959.

VILLARES, G. D. *Urbanismo e indústria em São Paulo*. São Paulo: Empresa Gráfica da "Revista dos Tribunais", 1946.

Entrevista com Aloysio Silva[1]

A transcrição da conversa buscou respeitar a variação linguística adotada pelos interlocutores; porém, priorizando uma versão inteligível para leitura.

SIDNEY AGUILAR FILHO: Eu gostaria de ver se o senhor poderia me ajudar, porque tenho umas dúvidas ainda, que apareceram. O senhor tem que ter paciência [comigo]; a hora [em] que o senhor cansar, o senhor fala "para", mas o que eu gostaria que senhor tivesse claro é o seguinte: o que me interessa é que não continue acontecendo (o que aconteceu com o senhor) com outros meninos hoje.

ALOYSIO SILVA: Perfeitamente.

SIDNEY AGUILAR FILHO: Esse é meu objetivo para estar aqui. Esse é o meu motivo de estar aqui.

ALOYSIO SILVA: O que esse fazendeiro, que hoje ele é parecido, ele é que tirou nos lá e enganou nóis lá, depois de ele escolher a turma que ele queria trazer primeiro, então ele (me) falou que nóis vinha pra cá conhecê São Paulo, porque quem quisesse aprendê a andá a cavalo ia andá de cavalo, criá passarinho, andá de barco, tudo. Peitou nóis lá... E aí mand... pediu pra superiora nossa lá pôr nóis numa outra sessão, fiquei muito dias sem ver mais ninguém. Quando fez oito dias, aí foi dois carro de polícia lá acompanhar nóis até na estação Dom Pedro I lá. Aquele tempo era a Sorocabana que corria aí, que não tinha condução, outra condução, carro, etc. não existia aquele tempo. Aí quando cheguemo aqui, o negócio foi diferente, já tava o "tutor" lá, já esperando nóis aí, um paraibano ruim.

---

1   Realizada em 7 de dezembro de 2009.

SIDNEY AGUILAR FILHO: O senhor não lembra o nome dele?

ALOYSIO SILVA: Indalécio Barbosa. Não esqueci o nome. Aqui... esqueceram, até já morreu.

SIDNEY AGUILAR FILHO: Seu Alo, posso fazer uma sequência de perguntas para o senhor?

ALOYSIO SILVA: Pode.

SIDNEY AGUILAR FILHO: Então, vamos lá. Enquanto o computador liga, eu quero mostrar umas coisas. Eu tirei umas fotos lá. Acho que tem muita coisa [em] que o senhor vai me ajudar, então vamos lá. A primeira coisa é o seguinte: o que mais me interessa é o período de 33 a 42. Então, de quando você foi retirado de lá até 1942. Pelos meus cálculos, isso daria 18 anos de vida para o senhor. É isso?

ALOYSIO SILVA: É.

SIDNEY AGUILAR FILHO: É isso? É esse período que me interessa. O período [em] que o senhor era maior de idade já não faz parte da minha pesquisa.

ALOYSIO SILVA: Certo.

SIDNEY AGUILAR FILHO: A primeira pergunta, seu Aloysio Silva, é a seguinte: o senhor poderia me falar das lembranças mais antigas que o senhor tem? Se possível, lembrança lá do Rio de Janeiro...

ALOYSIO SILVA: De lá do Rio de Janeiro?

SIDNEY AGUILAR FILHO: De lá, do Rio de Janeiro.

ALOYSIO SILVA: Do que eu me lembro?

SIDNEY AGUILAR FILHO: É.

ALOYSIO SILVA: É lá... Eu estava na escola, ta estudando, da escola, nóis ficava pesseando nos que era o quintal. O alojamento era em cima e tinha um quintal pra gente andá de bicicreta jogá bola, isso, aquilo... E... Era isso aí. Estudá e brinca, né?

SIDNEY AGUILAR FILHO: O senhor se lembra da madre superiora do educandário Romão de Mattos Duarte? Da pessoa dela?

ALOYSIO SILVA: A superiora?

SIDNEY AGUILAR FILHO: Sim.

ALOYSIO SILVA: Ah...

SIDNEY AGUILAR FILHO: O senhor lembra o nome dela?

ALOYSIO SILVA: Não sei se é Mamed... Não é?

SIDNEY AGUILAR FILHO: Eu não sei, seu Alo... Não sei... Eu tenho o... Ela aparece nas minhas pesquisas como madre superiora, mas eu não me recordo, não sei o nome dela.

ALOYSIO SILVA: O nome dela não estou certo, certo...

SIDNEY AGUILAR FILHO: Mas o senhor falou um nome agora.

ALOYSIO SILVA: Mais ou menos Mamed.

SIDNEY AGUILAR FILHO: Mamed. É que aí eu procuro lá, fica mais fácil pra mim. O senhor se recorda do prédio do educandário Romão Duarte?

ALOYSIO SILVA: Se eu lembro?

SIDNEY AGUILAR FILHO: É.

ALOYSIO SILVA: Lembro.

SIDNEY AGUILAR FILHO: Que o senhor pode descrever pra mim do prédio? Eu vou mostrar umas fotos...

ALOYSIO SILVA: Tinha um com... De cama, essas coisas?

SIDNEY AGUILAR FILHO: O que o senhor lembrar...

ALOYSIO SILVA: Não, o alojamento nosso era bem instalado, bem arrumado, tudo... Tinha tudo.

SIDNEY AGUILAR FILHO: Eram só meninos ou tinha menino e menina?

ALOYSIO SILVA: Não, meninas era outra repartição.

SIDNEY AGUILAR FILHO: Tá.

ALOYSIO SILVA: Não, meninas era outra repartição.

SIDNEY AGUILAR FILHO: Mas não no mesmo prédio.

ALOYSIO SILVA: É, tinha dos maior até 21 ano que já era oficina, que era oficina, ali era... Quem quisesse continuar ali, continuava com emprego de sapateiro, músico, encadeirador, enfim, trabalhá na filoca; era... Você disse que ficava lá; agora senão daí a superiora com jeito arrumava colocação fora.

SIDNEY AGUILAR FILHO: É... O senhor se lembra das pessoas adultas que conviviam com o senhor lá? Lá no educandário.

ALOYSIO SILVA: Das que vieram comigo.

SIDNEY AGUILAR FILHO: Não, lá no educandário, professores, funcionários, o senhor se lembra de alguém?

ALOYSIO SILVA: Agora fica difícil eu responder porque... mas do muito ser era um negão veião, acho que já é morto.

SIDNEY AGUILAR FILHO: Sim.

ALOYSIO SILVA: Não lembro bem dele, se era Ataliba o nome dele... mais o Menezes... agora tinha uns outros de maior, que tinha lá, que sabia deles, não sei se estão vivos ainda.

SIDNEY AGUILAR FILHO: Mas professores, funcionários...

ALOYSIO SILVA: Professores, não.

SIDNEY AGUILAR FILHO: Funcionários, o senhor não...?

ALOYSIO SILVA: Não, não lembro. Funcionários que eu lembro eram os cozinheiros, que era Zé Carlos, era um negão, tinha um mocinho que era mais baixinho e a noite ele ia fechá o portão da entrada. Senhor sabe lá.

SIDNEY AGUILAR FILHO: Sim, da escadaria lá embaixo.

ALOYSIO SILVA: Não, da rua, pra gente não sair na rua.

SIDNEY AGUILAR FILHO: Ah! O senhor sabe que agora a frente de lá não é mais a Marquês de Abrantes, porque eles cortaram uma rua... Hoje lá, a entrada é pela Paulo VI, que é uma outra rua que abriram. Eu vou mostrar para o senhor as fotos que eu fiz de lá...

ALOYSIO SILVA: Esses todos aí eu tenho essa lembrança aí, mas tinha mais gente lá, mais funcionários né?

SIDNEY AGUILAR FILHO: O senhor não se lembra de mais ninguém?

ALOYSIO SILVA: Não se lembro.

SIDNEY AGUILAR FILHO: Eu vou mostrar umas imagens aqui... Bom, seu Aloysio Silva, quer ver? Vamos andar aqui... Tinha repressão física lá no educandário, seu Aloysio Silva? Tinha castigo físico?

ALOYSIO SILVA: Não.

SIDNEY AGUILAR FILHO: Tinha prisão, alguma coisa?

ALOYSIO SILVA: Não, não tinha.

SIDNEY AGUILAR FILHO: Eu trouxe umas coisas aqui para o senhor ver, para ver se o senhor se recorda... Isso é de hoje, né?

ALOYSIO SILVA: Hum...

SIDNEY AGUILAR FILHO: Lá de dentro.

ALOYSIO SILVA: Tudo mudou muito.

SIDNEY AGUILAR FILHO: Mas talvez o piso seja o mesmo.

ALOYSIO SILVA: Não, tá mudado. Isso é a parte de berçário?

SIDNEY AGUILAR FILHO: Hoje funciona lá como alojamento dos meninos. Esse pátio interno o senhor não se recorda...

ALOYSIO SILVA: Esse que é de... Sai da escola?

SIDNEY AGUILAR FILHO: Quer ver? Vamos ver outro, que dá para o senhor... Ou é entrada que entra lá no colégio, não é?

ALOYSIO SILVA: Esse tipo de imagem não recorda não. Aí é outro prédio né. O alojamento nosso era assim... No segundo andar, né? No andar? Esse é um pátio interno... Que entra na gruta que vai as mães visitá os filhos? Na Igreja?

SIDNEY AGUILAR FILHO: Vamos ver, vamos... Essa é a frente do Romão de Mattos Duarte... Esse o senhor reconhece?

ALOYSIO SILVA: A entrada do portão grande da rua...

SIDNEY AGUILAR FILHO: É que hoje o portão estaria aqui... Aí entra pelos portões, aí tem umas escadarias, uma gruta... Tem uma Nossa Senhora, assim... Aí a portaria é aqui.

ALOYSIO SILVA: Pois é, mais aqui que trabalhava... Que as mães da criança ia visitar os filhos, ficava rodeando eles ali.

SIDNEY AGUILAR FILHO: Aí é a capela.

ALOYSIO SILVA: Isso.

SIDNEY AGUILAR FILHO: Mas o senhor está conseguindo se recordar do lugar, ou não?

ALOYSIO SILVA: É... Muito longe... Há quanto tempo eu estou aqui? Né?

SIDNEY AGUILAR FILHO: Ah, sim, não tenha dúvida. Não tem problema, eu só trouxe as imagens para ajudar a memória... Seu Aloysio Silva, o senhor se lembra de um nome chamado José Candido de Albuquerque Melo Matos?

ALOYSIO SILVA: Não tô lembrado.

SIDNEY AGUILAR FILHO: Esse o nome do juiz que o senhor estava sob a guarda.

ALOYSIO SILVA: Ah é?

SIDNEY AGUILAR FILHO: José Cândido de Albuquerque Melo Matos

ALOYSIO SILVA: Mas eu nunca vi esse homem.

SIDNEY AGUILAR FILHO: Provavelmente não, porque o senhor saiu de lá muito cedo, mas eu gostaria que o senhor soubesse que esse é o homem responsável.

ALOYSIO SILVA: Mas ele é vivo ainda?

SIDNEY AGUILAR FILHO: Não...

ALOYSIO SILVA: Não é?

SIDNEY AGUILAR FILHO: Aliás, na época que o senhor era menino ele já era velho

ALOYSIO SILVA: Já, né?
SIDNEY AGUILAR FILHO: Ele em 33 já devia ter os seus 60 e poucos aos...

ALOYSIO SILVA: Hum.

SIDNEY AGUILAR FILHO: É... O senhor, quando foi retirado do orfanato, em novembro de 1933, o senhor já tinha conhecimento de quem era Oswaldo Miranda, ou outro membro da família?

ALOYSIO SILVA: Não tinha.

SIDNEY AGUILAR FILHO: Nunca o senhor tinha ouvido falar de Rocha Miranda? O senhor se lembra da saída de lá? Do dia que o senhor saiu de lá...

ALOYSIO SILVA: Depois da revolução de 32, né?

SIDNEY AGUILAR FILHO: Sim.

ALOYSIO SILVA: Daí foi em 33... Foi esse mês de novembro, mas não sei o dia lembro mais.

SIDNEY AGUILAR FILHO: O dia foi... 16 de novembro de 1933.

ALOYSIO SILVA: Tá certo.

SIDNEY AGUILAR FILHO: Mas o senhor se recorda do dia?

ALOYSIO SILVA: Agora que estou se recordando, sabendo.

SIDNEY AGUILAR FILHO: Sim, mas na memória não vem quando aconteceu lá a passagem.

ALOYSIO SILVA: Mas tudo passou da ideia... Eu esqueci muita coisa de lá.

SIDNEY AGUILAR FILHO: O senhor não se recorda, por exemplo, se o senhor saiu de lá de carro, se o senhor saiu de lá de trem. Se o senhor...

ALOYSIO SILVA: Não, de lá do orfanato de... nós saímos de carro, mas dois carros de polícia acompanhando nós...

SIDNEY AGUILAR FILHO: Até São Paulo ou até aqui?

ALOYSIO SILVA: Não, lá no Rio, na estação Dom Pedro I... né? Estação de trem.

SIDNEY AGUILAR FILHO: Então o carro de polícia levou o senhor?

ALOYSIO SILVA: É, acompanhamento pra nóis não fugir...

SIDNEY AGUILAR FILHO: Até a estação de trem lá do Rio, aí depois o senhor veio de trem até São Paulo e de São Paulo pra cá...

ALOYSIO SILVA: Aí pousemos lá em São Paulo, daí no outro dia peguemos outro trem pra descer aqui em Hermillo, na estação de Hermillo aqui.

SIDNEY AGUILAR FILHO: Ah tá... E como é que foi a saída do senhor de lá? O que o senhor poderia falar da saída do senhor de lá?

ALOYSIO SILVA: Não sei como falar...

SIDNEY AGUILAR FILHO: Como o senhor foi escolhido?

ALOYSIO SILVA: Ahhhh! Então ali no alojamento nosso tem um... A gente chama passadiço, uma areazinha... Ali saiu no outro lado lá. Então essa família

Rocha Miranda entrou ficou lá, no passadiço e nós estava brincando de bicicreta, jogando bola... tudo.

SIDNEY AGUILAR FILHO: Lá naquele pátio interno vocês estavam brincando...

ALOYSIO SILVA: Certo. Aí ele chegou e mandou o tutor, que era o motorista dele, que já morreu, o André... Mandou encostar num canto lá, então separou nós como separa boi na mangueira. Da minha turma ele tirou 20 e desses 20 tirou 10, de onde veio nós 10; ele mandou a superiora lá botar nós no lugar lá pra esquecer dos outros. Então nós fiquemos isolados oito dias esperando o dia de vim embora. Mas nem sabia o que era São Paulo, nós não sabia de São Paulo...

SIDNEY AGUILAR FILHO: Porque tem uma história que eu ouvi dos jornalistas com quem o senhor conversou... De bala... De terem jogado...

ALOYSIO SILVA: É, então... Ele levou um sacão de bala desse tamanho assim e de lá de cima ele jogava... Então nós corria lá catar as... Primeira vez só, mas quando foi da segunda vez nos já desconfiemos. Nós cata as balas e ele com a varinha apontava pro André... Joga esse pra lá.

SIDNEY AGUILAR FILHO: Esse que apontava com a varinha...

ALOYSIO SILVA: Era o motorista deles

SIDNEY AGUILAR FILHO: Ah, o André...

ALOYSIO SILVA: Bota aquele pra lá... Jogava oto punhado, aí eles ia com medo, jogava outra pra...

SIDNEY AGUILAR FILHO: Mas o senhor acha que eles tavam procurando o quê? Quem era mais ágil?

ALOYSIO SILVA: Justamente.

SIDNEY AGUILAR FILHO: Ah, então dos 20 separaram 10 pra lá, 10 pra cá. Desses 10, você não se recorda dos nomes deles?

ALOYSIO SILVA: Ah... Dos 10. Tem dos 10, tem, tem um que se não tiver morto ele está ali pro lado de Cabo Frio. E capaz de ser até aposentado como sargento da marinha.

SIDNEY AGUILAR FILHO: Como ele se chamava.

ALOYSIO SILVA: Argemiro.

SIDNEY AGUILAR FILHO: Argemiro... Argemiro dos Santos.

ALOYSIO SILVA: Certo. Agora tem outro também, o Fausto, esse tá enterrado aqui no aracação, caiu dum burro e quebrou o crânio.

SIDNEY AGUILAR FILHO: Quando? Quando era menino ainda?

ALOYSIO SILVA: Quando era menino ainda, nós era tudo moleque.

SIDNEY AGUILAR FILHO: Com quantos anos?

ALOYSIO SILVA: Mais ou menos 10 anos. A primeira turma veio com esse padrão aí, 10 anos.

SIDNEY AGUILAR FILHO: Então, logo que chegou não deu muito tempo, ele morreu?

ALOYSIO SILVA: Ah, já morre, nós não sabia nem nada (...) nos guardemo ele tudo aí... Um temporal assim que nem esse que ta hoje, assim.

SIDNEY AGUILAR FILHO: O senhor lembra outros nomes?

ALOYSIO SILVA: Dos 10?

SIDNEY AGUILAR FILHO: É.

ALOYSIO SILVA: Esse falecido Fausto... José de Jesus, o Afonso, tem eu, são cinco.

SIDNEY AGUILAR FILHO: Tinho o irmão da Judite.

ALOYSIO SILVA: Era o Dois... É da segunda turma...

SIDNEY AGUILAR FILHO: A Judite não veio?

ALOYSIO SILVA: Não... A Judite só veio... Só vê a morte do irmão dela, mas muito tempo depois.

SIDNEY AGUILAR FILHO: É, Jorge o senhor falou... Fausto, o senhor falou, José Rodrigues.

ALOYSIO SILVA: O José Rodrigues já morreu, esse teve na guerra de 1942. Morreu louco.

SIDNEY AGUILAR FILHO: Almir...

ALOYSIO SILVA: Almir...

SIDNEY AGUILAR FILHO: Tem Fasto que o senhor falou...

ALOYSIO SILVA: É, morreu...

SIDNEY AGUILAR FILHO: O Roque?

ALOYSIO SILVA: Roque Paturis morreu pouco tempo, há tempo, aqui no Paranapanema.

SIDNEY AGUILAR FILHO: Ele também é do primeiro grupo?

ALOYSIO SILVA: Sim.

SIDNEY AGUILAR FILHO: E Geraldo?

ALOYSIO SILVA: Geraldo Bomba que a gente chamava.

SIDNEY AGUILAR FILHO: Por que "Bomba"?

ALOYSIO SILVA: Não sei, era o apelido de moleque, né?

SIDNEY AGUILAR FILHO: O senhor falou de Geraldo, de Afonso.

ALOYSIO SILVA: Isso... Tem o Silvio?

SIDNEY AGUILAR FILHO: O Silvio... Muito bem... O Jorge e Jorge Lopes são a mesma pessoa. Ou não?

ALOYSIO SILVA: O Jorge Lopes é da segunda turma... Esse mataram ele em São Miguel Paulista... Antigamente tinha um monte de guarda federal... A fiscalização pra fiscalizar ali quem era. A saída, tudo antigamente tinha um posto da guarda federal né? Fiscalização. Pra fiscalizar ali quem era a saída, tudo, essa época, saía pra ir pro Rio.

SIDNEY AGUILAR FILHO: O esse Oswaldo Gomes dos Santos? O senhor tem notícia dele?

ALOYSIO SILVA: Não sei quem é. Não tô lembrado. Senhor, sabe, eu fico aqui e tem dias que eu fico pensando daí some o sentido, eu fico revoltado.

SIDNEY AGUILAR FILHO: Quer ver, vou dizer os nomes pro senhor: Almir Fernandes. Esse da primeira turma... Aloysio Silva Silva, o senhor. Afonso Custodio.

ALOYSIO SILVA: Certo.

SIDNEY AGUILAR FILHO: Silvio Custódio.

ALOYSIO SILVA: Isso.

SIDNEY AGUILAR FILHO: O Afonso e o Silvio eram irmãos?

ALOYSIO SILVA: São irmãos.

SIDNEY AGUILAR FILHO: Ademar...

ALOYSIO SILVA: Os dois mais brancos da primeira turma... foi eles.

SIDNEY AGUILAR FILHO: Olha aí! Mais branco quando senhor fala é o que eles chamavam de pardo.

ALOYSIO SILVA: Não. Branco mesmo.

SIDNEY AGUILAR FILHO: Dos 10, quantos eram brancos? Tinham a pele clara?

ALOYSIO SILVA: Eram esse Afonso e o Silvio.

SIDNEY AGUILAR FILHO: Os dois só?

ALOYSIO SILVA: É. Os outros era já eram mais morenos e mais negro e eu na verdade sou negro. Não nego minha cor.

SIDNEY AGUILAR FILHO: Sim, mas é que na época, aparecem assim: branco, preto e pardo.

ALOYSIO SILVA: Certo porque nos documentos que o Major mandou pra mim veio com a cor parda. Ele tirou... Não sei se ele tirou... Eu de lá pra mim servir o exército aqui em Itapetininga.

SIDNEY AGUILAR FILHO: Olha aí... E esses documentos ajudariam. Ademar Baía?

ALOYSIO SILVA: Ademar?

SIDNEY AGUILAR FILHO: Roque, o senhor já falou...

ALOYSIO SILVA: Ademar pode ser de outra turma então...

SIDNEY AGUILAR FILHO: José Fausto? É o mesmo Fausto?

ALOYSIO SILVA: É o mesmo que morreu.

SIDNEY AGUILAR FILHO: Mas tem dois ou é um só.

ALOYSIO SILVA: É um só.

SIDNEY AGUILAR FILHO: José de Jesus, o senhor falou... Geraldo Freitas.

ALOYSIO SILVA: Isto.

SIDNEY AGUILAR FILHO: Argemiro... O senhor também falou.

ALOYSIO SILVA: Isso.

SIDNEY AGUILAR FILHO: Voltando às minhas perguntas aqui... O senhor falou que se lembra da saída. Se lembra da viagem pra cá?

ALOYSIO SILVA: Sei.

SIDNEY AGUILAR FILHO: E da chegada aqui, do momento da chegada... O senhor de recorda? Quando senhor chegou aqui?

ALOYSIO SILVA: Me lembro que nós desembarquemos na estação de Hermillo ... Sabe qual é a função que transportaram nós pra fazenda? Duas charrete.

SIDNEY AGUILAR FILHO: Pra levar os 10 moleques...

ALOYSIO SILVA: Os 10 moleques. Mas fala sério, nós olhava um pro outro e dizia mas o que é isso aqui... Nós não sabemos. Isso pra nós lá no Rio é aranha.

SIDNEY AGUILAR FILHO: Aí foram de charrete.

ALOYSIO SILVA: Fomos de charrete e naquela época os gaúchos tinha derrubado a ponte lá do Hermillo, a do Paranapanema, que divide lá Campina com a fazenda e a do Apiaí, lá na frente. A gauchada derrubaram a ponte aquele tempo, aquela época, boi passava em balsa, o senhor sabe o que é balsa?

SIDNEY AGUILAR FILHO: Sim. Por causa da revolução de 32, né?

ALOYSIO SILVA: Isso a gauchada ia tudo campiando...

SIDNEY AGUILAR FILHO: E quando vocês chegaram... Quem trouxe o senhor? E os seus colegas?

ALOYSIO SILVA: O motorista do Osvaldo da Rocha Miranda, o André.

SIDNEY AGUILAR FILHO: Que foi o rapaz que escolheu vocês lá.

ALOYSIO SILVA: Foi.

SIDNEY AGUILAR FILHO: Então lá no orfanato, seu Osvaldo não foi?

ALOYSIO SILVA: Foi! Ele era o motorista deles.

SIDNEY AGUILAR FILHO: O André foi.

ALOYSIO SILVA: Foi,

SIDNEY AGUILAR FILHO: Mas o Osvaldo foi ao orfanato?

ALOYSIO SILVA: Foi.

SIDNEY AGUILAR FILHO: Foi também.

ALOYSIO SILVA: Foi.

SIDNEY AGUILAR FILHO: E aqui ele veio receber vocês ou não?

ALOYSIO SILVA: Não veio.

SIDNEY AGUILAR FILHO: Não, foi o André.

ALOYSIO SILVA: O André que veio entregar nós... Pro outro que estava esperando.

SIDNEY AGUILAR FILHO: E quem era o outro?

ALOYSIO SILVA: O Indalécio Barbosa. Um paraibano.

SIDNEY AGUILAR FILHO: O senhor se lembra de outros nomes, que o senhor pode lembrar, que o senhor se lembre? Que tenha a ver com a viagem, a saída de lá, a vinda pra cá, até a chegada aqui... Nosso André, Osvaldo, e esse Indalécio Barbosa. Tem mais alguém que senhor se recorda dessa viagem, fora os meninos?

ALOYSIO SILVA: Ele é major por causa da patente, não que ele seja de militarismo...

SIDNEY AGUILAR FILHO: Ah, o seu Osvaldo não era major...

ALOYSIO SILVA: Não... antigamente o sujeito que tem dinheiro era coronel ou senão major...

SIDNEY AGUILAR FILHO: Ah... Entendi.

ALOYSIO SILVA: Tinha um fazendeiro muito rico também o Vitalinu...?? Era coroné... Quem sabe o senhor ouviu falar no Toniquinho Pereira, era um fazendeiro grande nesta região, coroné...

SIDNEY AGUILAR FILHO: Ah... Mas era na patente, por causa do dinheiro...

ALOYSIO SILVA: Certo... (risos).

SIDNEY AGUILAR FILHO: Seu Aloysio Silva, onde vocês dormiam? Aqui, quando vocês...

ALOISIO: Ah, aí nós tinha um alojamento bem arrumado, mas até um tempo, mas depois foi trocando de tutor tudo e já foi relaxando, muita coisa aí...

SIDNEY AGUILAR FILHO: E quais foram os outros tutores, você lembra o nome dos outros tutores?

ALOYSIO SILVA: Que me lembro, tinha dois irmão... Pedro Dias e Waldomiro Dias, era dois baiano.

SIDNEY AGUILAR FILHO: Eles eram empregados do Osvaldo?

ALOYSIO SILVA: Isso. Foi mandado por esse major para tomar conta de nós...

SIDNEY AGUILAR FILHO: Esse major é o Osvaldo da Rocha Miranda?

ALOYSIO SILVA: É... E aí foi trocando, aí quando crescemos e conhecemos a região já começamos já a fazer o que a gente queria fazer... (inaudível).

SIDNEY AGUILAR FILHO: Vocês comiam bem?

ALOYSIO SILVA: No começo, certo.

SIDNEY AGUILAR FILHO: No começo, quanto tempo assim?

ALOYSIO SILVA: Eu não posso dizer mais ou menos quanto tempo... Mas eu sei que no começo foi bom. Porque de cada 15 dia o fazendeiro mandava os... peão dele matar uma vaca pra dividir com os funcionário tudo. Então nós ia num quarto, do boi inteiro...

SIDNEY AGUILAR FILHO: Fome vocês não passavam...

ALOYSIO SILVA: Não, no começo não.

SIDNEY AGUILAR FILHO: Quando o senhor fala "no começo", porque depois passou...

ALOYSIO SILVA: Foi... o que é verdade a gente tem que falar...

SIDNEY AGUILAR FILHO: Sim! Mas quanto... O senhor tinha mais ou menos quantos anos quando essa coisa de comer mal começou...

ALOYSIO SILVA: Ah! Depois que a gente já começou a se conhecer melhor a região tudo aí... a vontade da gente era só fugir, mas esse paraibano que eu falo, que foi o primeiro tutor nosso, ele tinha dois cachorro assim: um macho e uma fêmea, ensinado. Aonde ele mandava os cachorro ir, eles ia.

SIDNEY AGUILAR FILHO: Mas vocês...

ALOYSIO SILVA: Ele apontava assim, o cachorro ia acompanhar nós, cercar nós... Aí tinha que a gente voltar pra trás.

SIDNEY AGUILAR FILHO: Mas quando o senhor fala que tentavam fugir... quantos anos mais ou menos o senhor tinha quando o senhor tentou fugir pela primeira vez?

ALOYSIO SILVA: Tinha... Tava lá com ... De 12 anos já.

SIDNEY AGUILAR FILHO: E nessa época aí já tava começando a comida a ficar ruim...

ALOYSIO SILVA: Já. Já. Antigamente... Nós viemos pra cá porque a fazenda era praguejada de barba de bode. O senhor num sabe o que é barba de bode?

SIDNEY AGUILAR FILHO: Espinho?

ALOYSIO SILVA: É... tinha uns espinhosinho mas aquilo não... Esse mês de novembro, dezembro, isso aí (inaudível) tudo. Essa região tudo desse, quando eram assim. Hoje já veio lavoura, tem tudo...

SIDNEY AGUILAR FILHO: Mas por que que vocês tentavam fugir, seu Alo?

ALOYSIO SILVA: Não sei... Aquilo não era lugar pra gente mesmo... porque quando nós cheguemo aí já tava esse paraibano que eu digo pro senhor já com um chicotinho de fio de máquina de mulher costurar e uma palmatória. O senhor sabe o que é palmatória, né?

SIDNEY AGUILAR FILHO: Sim.

ALOYSIO SILVA: Um símbolo público. Batia... (bate) Deixava a gente nada. Ae ia de praguejar o campo lá, a praga do campo, até a hora da escola ... Da hora da escola, quando a professora chegava, nóis ia para a escola.

SIDNEY AGUILAR FILHO: O senhor se lembra o nome da professora?

ALOYSIO SILVA: Dona Olívia.

SIDNEY AGUILAR FILHO: Sobrenome, o senhor não se lembra?

ALOYSIO SILVA: Não.

SIDNEY AGUILAR FILHO: Dona Olívia... Onde ficava esta escola que o senhor diz?

ALOYSIO SILVA: Aqui na sede da fazenda mesmo

SIDNEY AGUILAR FILHO: Na sede da fazenda Santa Albertina?

ALOYSIO SILVA: Santa Albertina.

SIDNEY AGUILAR FILHO: Tá.

ALOYSIO SILVA: O senhor sabe por que tem o nome fazenda Santa Albertina? O major batizou Santa Albertina porque colocou o nome da mãe dele. Era Albertina.

SIDNEY AGUILAR FILHO: Sim. Fala mais pra mim, seu Alo, sobre a escola… A professora, quanto tempo vocês ficaram…

ALOYSIO SILVA: A escola… Nós tivemos só um ano na escola.. Porque quando nós viemos do Rio, nós já viemos com o 3.º ano já completo. Aí só ela ficou com nós um ano, porque daí não tinha o que ensinar a gente.

SIDNEY AGUILAR FILHO: Calma, não entendi… a escola fechou porque não tinha mais o que ensinar ou a escola fechou porque…

ALOYSIO SILVA: Não, não tinha mais o que ensinar…

SIDNEY AGUILAR FILHO: Porque era só até a 4.ª série.

ALOYSIO SILVA: É.

SIDNEY AGUILAR FILHO: Então vocês chegaram e ficaram um ano tendo aula.

ALOYSIO SILVA: Foi.

SIDNEY AGUILAR FILHO: Um ano só. E a aula era de que hora a que hora, o senhor se recorda?

ALOYSIO SILVA: Era de uma hora da tarde até as quatro.

SIDNEY AGUILAR FILHO: E que hora começava a trabalhar?

ALOYSIO SILVA: Depois da escola, as quatro hora, horário da cinco hora, de os homens trabalhar, a gente ia acompanhar o horário deles.

SIDNEY AGUILAR FILHO: E de manhã?

ALOYSIO SILVA: De manhã, a gente levantava 5 horas, pa ir pra piscina tomar banho pra depois tomar o café seis horas, tinha que ficar na firma pra receber a enxadinha e tudo e ir pro campo, começava as sete horas da manhã e ia até as 10 horas que era hora do almoço...
SIDNEY AGUILAR FILHO: Aí almoçava...

ALOYSIO SILVA: É... Almoçava e tudo aí ficava tudo ali empacotado ali num podia sair pra canto nenhum.

SIDNEY AGUILAR FILHO: Até a hora da escola.

ALOYSIO SILVA: Até a hora da escola.
SIDNEY AGUILAR FILHO: Então vocês trabalhavam das 7 às 10.

ALOYSIO SILVA: Certo.

SIDNEY AGUILAR FILHO: E depois vocês trabalham das quatro e meia às cinco horas da tarde até escurecer.

ALOYSIO SILVA: Certo.

SIDNEY AGUILAR FILHO: Ah, umas seis, sete horas por dia de trabalho.

ALOYSIO SILVA: Certo.

SIDNEY AGUILAR FILHO: É isso aí mais ou menos?

ALOYSIO SILVA: É, mais ou menos isso.

SIDNEY AGUILAR FILHO: E quando a escola fechou, aí trabalhava o dia inteiro?

ALOYSIO SILVA: Aí era o dia corrido dos homens

SIDNEY AGUILAR FILHO: Das sete horas da manhã, até que horas?

ALOYSIO SILVA: Até as cinco horas da tarde.

SIDNEY AGUILAR FILHO: E vocês ganhavam?

ALOYSIO SILVA: Não. Era só comida.

SIDNEY AGUILAR FILHO: Isso aí, vocês tinham quantos anos? Com 10 anos de idade por aí?

ALOYSIO SILVA: É.

SIDNEY AGUILAR FILHO: Tá. Castigos físicos, seu Aloysio Silva, o que o senhor pode falar pra mim?

ALOYSIO SILVA: Ah, castigo era apanhar de chicote, palmatória, botava semente de milho no chão e ficava ajoelhado aí duas horas.

SIDNEY AGUILAR FILHO: Mas batia até sangrar ou não?

ALOYSIO SILVA: Era chicotada, lambada, o senhor sabe disso.

SIDNEY AGUILAR FILHO: Então, eu estou querendo diferenciar se era o a punição que quase todas as crianças sofriam ou vocês apanhavam mais.

ALOYSIO SILVA: Apanhava mais.

SIDNEY AGUILAR FILHO: Apanhava mais do que as crianças normalmente apanhavam do pai e da mãe.

ALOYSIO SILVA: Depois desse major, sempre de cada 15 dias do mês, ele vinha fazer uma visita na fazendo, ficava aqui 15 dias correndo na fazenda inteira e deixava as ordens tudo feita aí quando ele ia embora...

SIDNEY AGUILAR FILHO: Ah, então seu Osvaldo não ficava direto?

ALOYSIO SILVA: Não.

SIDNEY AGUILAR FILHO: Qual dos Rocha Miranda que ficava direto aí? Nenhum?

ALOYSIO SILVA: O... sobrinho dele, o Renatinho, que também já é morto e enterrado aqui na Campina.

SIDNEY AGUILAR FILHO: O Renato ou o Renatinho?

ALOYSIO SILVA: O Renatinho. Que tem o Renato, que era pai do Renatinho.

SIDNEY AGUILAR FILHO: Sim, o senhor Renato, pai do Renatinho, não vinha aqui muito?

ALOYSIO SILVA: Ele era sócio da fazenda com Osvaldo, eram... são irmãos; são quatro irmãos. Eram... Hoje da família Rocha Mirada só existe um o... Maurício, que tá lá no Rio.

SIDNEY AGUILAR FILHO: Então qual dos membros da família adulto que mais ficava aí era então o...

ALOYSIO SILVA: Renatinho.

SIDNEY AGUILAR FILHO: Mas o Renatinho nesta época ele não era muito novo?

ALOYSIO SILVA: Era. Ele terminou o estudo dele lá no Rio, completô os 19 anos, aí ele veio aqui e falou: "oi, pai, agora eu vim embora pra cá, eu já terminei meu estudo". Aí...

SIDNEY AGUILAR FILHO: Isso aí, você ainda era menino?

ALOYSIO SILVA: Não... Já era grande...

SIDNEY AGUILAR FILHO: Ah, já era adulto, não. Quando você era menino, seu Alo... Quem era dos Rocha Miranda que mais aparecia? Era o Osvaldo?

ALOYSIO SILVA: Era o Osvaldo.

SIDNEY AGUILAR FILHO: O Renato, pai do Renatinho, não?

ALOYSIO SILVA: Não, ele tava estudando na época.

SIDNEY AGUILAR FILHO: Ele era raro.

ALOYSIO SILVA: Era.

SIDNEY AGUILAR FILHO: O pai do Renatinho, o Renato.
ALOYSIO SILVA: Ah, o seu Dati, chamava seu Dati.

SIDNEY AGUILAR FILHO: Esse vinha muito ou não?

ALOYSIO SILVA: Eles vinha junto.

SIDNEY AGUILAR FILHO: Ah, vinham juntos. Seu Aloysio Silva, agora eu vou pedir uma coisa mais difícil para o senhor. As datas novembro de 37. Finalzinho de 1937 e março de 38, começo de 1938. Diz alguma coisa paro senhor? Final de 37... E então senhor tava com... 14 anos para 15 anos... O senhor se recorda se teve alguma mudança aí na fazenda, alguma coisa?

ALOYSIO SILVA: 37... Não tô lembrado.

SIDNEY AGUILAR FILHO: Não? Não tem problema. O senhor se lembra sobre a atuação dos integralistas na região?

ALOYSIO SILVA: Disso eu me lembro, não de tudo.

SIDNEY AGUILAR FILHO: Mas o que o senhor pode falar sobre a AIB, sobre os integralistas aí na região.

ALOYSIO SILVA: Pois é... Que naquela época existia só dois partido político né? Não é quem nem hoje que tem diversos. Antigamente era o PRP e o PC? O PRP era da Alemanha; e o PC era da Rússia, comunista.

SIDNEY AGUILAR FILHO: Então mas esse, por exemplo o senhor se recorda de... dos funcionários da fazenda vestidos de uniforme...

ALOYSIO SILVA: É.

SIDNEY AGUILAR FILHO: Que cor era o uniforme?

ALOYSIO SILVA: Ah, a capa era branca... A camisa era verde e tinha um bibi com um emblema aqui, um M.

SIDNEY AGUILAR FILHO: Bibi, o que é isso?

ALOYSIO SILVA: Era... Lá no Rio se chamava casquete, aqui eu vejo os paulista falá bibi.

SIDNEY AGUILAR FILHO: O que é? É um cap?

ALOYSIO SILVA: Não... É um tipo de um boné, mas sem... o senhor já não viu oficial do exército?

SIDNEY AGUILAR FILHO: Sim.

ALOYSIO SILVA: Com um daqueles na cabeça.

SIDNEY AGUILAR FILHO: Sim

ALOYSIO SILVA: Não tem o bico assim que nem boné, não.

SIDNEY AGUILAR FILHO: Sim, sim. Ele é redondidnho.

ALOYSIO SILVA: É. Quase... Funilado.

SIDNEY AGUILAR FILHO: E eles usavam alguma insígnia no braço?

ALOYSIO SILVA: Quem?

SIDNEY AGUILAR FILHO: Alguma marca que eles usavam na roupa?

ALOYSIO SILVA: Não

SIDNEY AGUILAR FILHO: Nenhum símbolo?

ALOYSIO SILVA: Só os cabeça era... divisa que nem capitão, essas coisas...

SIDNEY AGUILAR FILHO: Era fardado?

ALOYSIO SILVA: Era fardada.

SIDNEY AGUILAR FILHO: Mas não andavam com aquele "E" do... Integralismo?

ALOYSIO SILVA: Não.

SIDNEY AGUILAR FILHO: Não.

ALOYSIO SILVA: E agora o "bom dia", "boa tarde" desse PRP era "Anauê!".

SIDNEY AGUILAR FILHO: Anauê!.

ALOYSIO SILVA: Não era "boa dia", nem "boa tarde", nem "boa noite"... Era "Anauê!".

SIDNEY AGUILAR FILHO: Se cumprimentavam com "Anauê!".

ALOYSIO SILVA: De fim de semana eles fazia reunião e chamava todo o povo pra assistir.

SIDNEY AGUILAR FILHO: E quem que presidia as reuniões aqui? Quem comandava as reuniões?

ALOYSIO SILVA: Já foi, já morreram tudo.

SIDNEY AGUILAR FILHO: Mas os Rocha Miranda participavam dessas reuniões?

ALOYSIO SILVA: Participava. Tanto que uma vez nos fumo lá ver um telegrama (porque antigamente não tinha telefone) era por telegrama pela Sorocabana. Major mandou um telegrama aí que era pra nós tudo ir pra São Paulo. A fazenda inteira. Pessoal tudo. Tudo camisa verde, calça branca, aquele bibizinho na cabeça.

SIDNEY AGUILAR FILHO: O senhor se recorda?

ALOYSIO SILVA: E nós tinha banda de música que nós fumo junto acompanhando.

SIDNEY AGUILAR FILHO: Mas o senhor se lembra que ano foi isso?

ALOYSIO SILVA: O ano num tô lembrado.

SIDNEY AGUILAR FILHO: Mas é nos anos 30 ainda...

ALOYSIO SILVA: É. Mais ou menos por aí é. Então, eu não sabia o que era nazismo, agora que eu to vendo falar e tudo aí. Mas o pai do Renatinho, esse Getúlio Vargas mandou prender depois que ele começou fazer os discursos lá no Anhangabaú em São Paulo, de repente veio um aviãozinho vermelho e começou dar uma volta lá e deu umas caída lá, e quando ele subiu já saiu jogando granada aí num via mais um integralista na rua.

SIDNEY AGUILAR FILHO: Isso aí quando?... 37, 38?

ALOYSIO SILVA: É por aí, por aí...

SIDNEY AGUILAR FILHO: O senhor falou que o seu Renato da Rocha Miranda, pai do Renatinho chegou a ser preso.

ALOYSIO SILVA: Foi, porque o Getúlio Vargas tava (...) só no momento de escutar fazendo discurso. O senhor ouviu falar no Plínio Salgado? Que é lá do sul... Era outro chefão... E tinha amador!

SIDNEY AGUILAR FILHO: O senhor sabe se ele veio alguma vez aqui. O Plínio Salgado?

ALOYSIO SILVA: Não, aqui não. Então o Getúlio mandou a polícia dele lá no Rio, catou todos eles lá e mandou prender. Então naquela época o major de lá mandou um telegrama aí... Que era pro administrador juntar toda a roupa do integralismo e mandou uma máquina abrir no chão, furar o chão lá e jogou tudo lá enterrou tudo no campo de aviação deles. E cada fazenda tinha seu campo de aviação.

SIDNEY AGUILAR FILHO: Isso na fazenda Santa Albertina?

ALOYSIO SILVA: Santa Albertina, Cruzeiro do Sul...

SIDNEY AGUILAR FILHO: Onde enterrar as fardas?

ALOYSIO SILVA: No campo de aviação.

SIDNEY AGUILAR FILHO: Da Santa Albertina?

ALOYSIO SILVA: É.

SIDNEY AGUILAR FILHO: Que coisa, o senhor falou em nazismo. Porque o senhor falou em nazismo?

ALOYSIO SILVA: Ouvi falar agora, por causa daquele tijolo que tem aquele emblema...

SIDNEY AGUILAR FILHO: Mas aquele emblema, o senhor na época... ele aparecia muito? O povo usava muito?

ALOYSIO SILVA: Não, aqui... O Dr. Sergio, que era irmão do seu Osvaldo, ele tem a fazenda lá, e nessa fazenda dele tem esse tijolo na igreja que tem lá, que tá caindo.

SIDNEY AGUILAR FILHO: Essa fazenda que é...

ALOYSIO SILVA: Fazenda Cruzeiro do Sul.

SIDNEY AGUILAR FILHO: Mas este tijolo com a suástica nazista, o senhor não se recorda na época... de quem fez aqueles tijolos. Não foram vocês que fizeram?

ALOYSIO SILVA: Não.

SIDNEY AGUILAR FILHO: Ninguém andava com aqueles símbolos?

ALOYSIO SILVA: Não só o fazendeiro do Dr. Sergio, lá as criação dele era tudo marcado com aquele embrema.

SIDNEY AGUILAR FILHO: Sergio Rocha Miranda?

ALOYSIO SILVA: É. Morreu novo aquele homem solteiro com 42 anos.

SIDNEY AGUILAR FILHO: Então esses símbolos nazistas apareciam mais na fazenda do Sergio da Rocha Miranda. Isso? Vocês iam lá?

ALOYSIO SILVA: Em dia de festa, a gente ia pra tocar lá com a banda de música.

SIDNEY AGUILAR FILHO: Mas o senhor nunca viu ninguém com aquela insígnia nazista...

ALOYSIO SILVA: Não. O Sr. Sergio que tinha esse gado, esse gado nelore ele criava dentro da cocheira, fazia baile tudo pro gado perder o medo né? E acostumar com gente porque sempre era gado de exposição que ele levava para São Paulo, Rio de Janeiro.

SIDNEY AGUILAR FILHO: Esse gado era marcado com a suástica.

ALOYSIO SILVA: Era tudo... toda criação dele marcado assim.

SIDNEY AGUILAR FILHO: Marcado com a suástica nazista.

ALOYSIO SILVA: É, certo.

SIDNEY AGUILAR FILHO: Aquela meia cruz.

ALOYSIO SILVA: Certo.

SIDNEY AGUILAR FILHO: O Sr. Sergio era irmão...

ALOYSIO SILVA: Do Osvaldo Rocha Miranda, eles eram 4 irmão.. era o major Osvaldo Rocha Miranda, o Dr. Octávio, o Sérgio Rocha Miranda, tem outro: o doutor Armênio, lá no Rio de Janeiro.

SIDNEY AGUILAR FILHO: E Edgar?

ALOYSIO SILVA: Edgar era filho do Dr. Octávio. Esse mora lá nos EUA, né? Ele é homem que faz negócio de... participa de cinema, tudo.

SIDNEY AGUILAR FILHO: Sim, ele se tornou um grande teatrólogo, depois eu até mostro uma obra que ele fez que eu trouxe para o senhor.

ALOYSIO SILVA: Era um homem muito nervoso demais.

SIDNEY AGUILAR FILHO: É?

ALOYSIO SILVA: Ih!

SIDNEY AGUILAR FILHO: Mas era muito novinho quando...

ALOYSIO SILVA: Era novo.

SIDNEY AGUILAR FILHO: Ele, não... Quando o senhor era menino, ele era responsável ou não?

ALOYSIO SILVA: Tinha a fazenda dele, Retiro Feliz, que era do pai dele.

SIDNEY AGUILAR FILHO: Que mais que o senhor se lembra de nazistas na região, naquela época, seu Alo.

ALOYSIO SILVA: Foi só eles que eu ouvi falar.

SIDNEY AGUILAR FILHO: Tá. O senhor sabe dizer até quando que o integralismo foi propagandeado na colônia? Quando que aconteceu esse... Quando que eles enterraram esses uniformes aí, o senhor não sabe a da mais precisa?

ALOYSIO SILVA: Quando nós viemos de São Paulo, aí no outro dia já veio o telegrama e foi...

SIDNEY AGUILAR FILHO: Mas o senhor não sabe o ano, mais ou menos...

ALOYSIO SILVA: É.. por aí que o senhor falou... de 37.

SIDNEY AGUILAR FILHO: 37... E depois disso, parou o negócio de integralismo na região?

ALOYSIO SILVA: Aí parou tudo... Encerrou tudo.

SIDNEY AGUILAR FILHO: De nazismo também?

ALOYSIO SILVA: Tudo.

SIDNEY AGUILAR FILHO: De nazismo também... Eh... Seu Aloysio Silva... Eh... Eu vou fazer uma pergunta pra você, se o senhor não quiser responder, o senhor não responde. O senhor sabe de algum outro tipo de violência física, além dos castigos, chicotes, alguma coisa que algum dos meninos sofreram...? Abuso sexual, não sofriam?

ALOYSIO SILVA: Não.

SIDNEY AGUILAR FILHO: O senhor nunca ouviu falar disso?

ALOYSIO SILVA: Não.

SIDNEY AGUILAR FILHO: Nenhum menino...?

ALOYSIO SILVA: Nada disso.

SIDNEY AGUILAR FILHO: Muito bem... Eu só pre... Desculpa, mas eu precisava perguntar...

ALOYSIO SILVA: Não, tá certo, é um direito.

SIDNEY AGUILAR FILHO: É... alguma criança ainda faleceu... Alguma criança faleceu ainda na infância? O senhor falou dum menino...

ALOYSIO SILVA: O Fausto?

SIDNEY AGUILAR FILHO: O Fausto. Ele, ele morreu de quê?

ALOYSIO SILVA: Ele caiu de um burro.

SIDNEY AGUILAR FILHO: Dum burro?

ALOYSIO SILVA: É.

SIDNEY AGUILAR FILHO: Mas ele caiu e morreu... Ou ele ficou sofrendo na cama...?

ALOYSIO SILVA: Não, ele... Não morreu na hora, não...

SIDNEY AGUILAR FILHO: Ele teve assistência?

ALOYSIO SILVA: Teve.

SIDNEY AGUILAR FILHO: Levaram ele pro hospital?

ALOYSIO SILVA: Não, não levaram. Aqui nem farmácia, num existia... Naquela época...

SIDNEY AGUILAR FILHO: Mas nenhum médico veio vê-lo?

ALOYSIO SILVA: Nem médico num tinhá.

SIDNEY AGUILAR FILHO: Nem médico tinha... Vocês também usavam farda no dia-a-dia, na escola?

ALOYSIO SILVA: Tinha.

SIDNEY AGUILAR FILHO: A mesma farda? Essa farda integralista, ou não?

ALOYSIO SILVA: Não, não. Quando a gente sai do Rio, saímo com uma muda de ropa no corpo e ota em baxo dos braços, com um livrin, um cofinete de igreja...

SIDNEY AGUILAR FILHO: Hum...

ALOYSIO SILVA: Que troussêmo, e um cartão com documento. Uma ficha. Mas a minha queimaro no escritório. Negócio de troca, de guardá livro... Queimaro uma papelamba ali, que tinha rolo no meio, e minha ficha foi junto.

SIDNEY AGUILAR FILHO: Mas no dia a dia, o senhor vestia o que pra trabalhar e pra estudar?

ALOYSIO SILVA: Ah, tinha a... a ropa de trabalho, né...

SIDNEY AGUILAR FILHO: Não era uniforme?

ALOYSIO SILVA: Num era. Uniforme so pra escola... Ou senão, pra visti sábado, domingo...

SIDNEY AGUILAR FILHO: Mas esse uniforme, era nos anos 30, não era o integralista, era o que os outros usavam?

ALOYSIO SILVA: Não, não...

SIDNEY AGUILAR FILHO: Não.

ALOYSIO SILVA: Não.

SIDNEY AGUILAR FILHO: Que bom.

ALOYSIO SILVA: Esse integralismo, isso não foi... Quando estourou lá em São Paulo, acabô si no...

SIDNEY AGUILAR FILHO: Acabou... 37, essa história morreu...

ALOYSIO SILVA: Morreu. Essa história aí, aí começo, aí porque teve um... Um barbudo acho que o senhô deve te ouvido fala nele... Ele... se amigô com a Senhorinha, com a viúva...

SIDNEY AGUILAR FILHO: Sim.

ALOYSIO SILVA: E então, ele taí nessa herança que o Renatinho dexô, né...

SIDNEY AGUILAR FILHO: O Tatão?

ALOYSIO SILVA: O Tatão. Intão ele cavo lá no pé da igreja lá que tava começano a caí... Ele viu lá e fico curioso e depois e foi vê as fotografia que ele tava cum... fotografia daquele tempo que troussero, que tinha a fazenda lá e marca as criação... E por aí foi indo essa história...

SIDNEY AGUILAR FILHO: Sim. Quem era os Caicós, seu Aloysio Silva?

ALOYSIO SILVA: Ah... Já... U'monte dele já morreu, otos ta pra lá da linha...

SIDNEY AGUILAR FILHO: Mas eles chegaram antes do senhor?

ALOYSIO SILVA: Não, depois.

SIDNEY AGUILAR FILHO: Depois. O senhor já era mais velho?

ALOYSIO SILVA: Já.

SIDNEY AGUILAR FILHO: O senhor não era mais menino?

ALOYSIO SILVA: Não.

SIDNEY AGUILAR FILHO: Quando vocês chegaram aqui, quem que trabalhava na fazenda, seu Aloysio? Eram outros meninos...?

ALOYSIO SILVA: Não... Era home adulto... Porque esse major, o major, ele tinha um administrador da otra fazenda que ele tinha nas Palmeiras, lá em Angatuba... Ele mandava ele lá em Minas, trazê uma turma de gente aí, da otra fazenda pa...

SIDNEY AGUILAR FILHO: Senhor não sabe de onde de Minas?

ALOYSIO SILVA: Num sei.

SIDNEY AGUILAR FILHO: Não é Carangola?

ALOYSIO SILVA: Num sei também.

SIDNEY AGUILAR FILHO: Carangola não diz nada ao senhor?

ALOYSIO SILVA: Não.

SIDNEY AGUILAR FILHO: Tá. Seu Aloysio Silva, eu vou falar o nome de uma série de pessoas, se o senhor se lembra de algumas o senhor me avisa...

ALOYSIO SILVA: Hum.

SIDNEY AGUILAR FILHO: Amaro Lamari.

ALOYSIO SILVA: Amaro Lamari... Mai da onde é?

SIDNEY AGUILAR FILHO: São todos figuras importantes da política nacional, lá no Rio de Janeiro...

ALOYSIO SILVA: Hum...

SIDNEY AGUILAR FILHO: E não tem ninguém vivo.

ALOYSIO SILVA: Não, num conheço não...

SIDNEY AGUILAR FILHO: Belisário Penna? Também não?

ALOYSIO SILVA: Não.

SIDNEY AGUILAR FILHO: Capanema?

ALOYSIO SILVA: Também não.

SIDNEY AGUILAR FILHO: O Plínio Salgado, o senhor já falou. Francisco Campos?

ALOYSIO SILVA: Num lembro, não.

SIDNEY AGUILAR FILHO: Assis Chateaubriand?

ALOYSIO SILVA: Num tô lembrado, mais ouvi falar muito nesse nome aqui, mais conhecer eu não conheci ele, não.

SIDNEY AGUILAR FILHO: Então, mas o senhor ouviu falar desse nome... quem? Desse Assis Chateaubriand?

ALOYSIO SILVA: Desse, eu me lembro.

SIDNEY AGUILAR FILHO: Dos outros, não?

ALOYSIO SILVA: Dos outro, não...

SIDNEY AGUILAR FILHO: Gustavo Barroso?

ALOYSIO SILVA: Teve um Barroso que morou aqui, mai não sei se é esse...

SIDNEY AGUILAR FILHO: Que era um escritor?

ALOYSIO SILVA: Não é...

SIDNEY AGUILAR FILHO: Que também era da AIB?

ALOYSIO SILVA: Num é. Esse era um home piquininho.

SIDNEY AGUILAR FILHO: Oliveira Viana.

ALOYSIO SILVA: Não...

SIDNEY AGUILAR FILHO: Paula Souza?

ALOYSIO SILVA: Paula Souza que eu conheço era uma fazenda que tem... pra frente ai...

SIDNEY AGUILAR FILHO: Perto ali...? Perto da... da...

ALOYSIO SILVA: Não. É longe.

SIDNEY AGUILAR FILHO: Não tem nada a vê com a...

ALOYSIO SILVA: Não, não tem nada a vê.

SIDNEY AGUILAR FILHO: Com a história. O senhor já ouviu falar de um homem que chama Karl von Ritter?

ALOYSIO SILVA: Não.

SIDNEY AGUILAR FILHO: Ritter.

ALOYSIO SILVA: Hitler não era aquele...

SIDNEY AGUILAR FILHO: Não, não, não é Hitler. Ritter, com dois "t's".

ALOYSIO SILVA: Ah... sei... Não.

SIDNEY AGUILAR FILHO: Não?

ALOYSIO SILVA: Ah, esse não.

SIDNEY AGUILAR FILHO: E um... Hans Hening von Cossel?

ALOYSIO SILVA: Também não.

SIDNEY AGUILAR FILHO: Também não... O município de Carangola também não diz nada pro senhor?

ALOYSIO SILVA: Não.

SIDNEY AGUILAR FILHO: E... Ah... Tinha um sócio, tinha sócios alemães aqui na região? Tinha fazenda de alemás aqui na região? Austríacos...? Alemães...? Ninguém que o senhor se recorde?

ALOYSIO SILVA: Não...

SIDNEY AGUILAR FILHO: Quem que é esse tal de Krupp?

ALOYSIO SILVA: Também num...

SIDNEY AGUILAR FILHO: Essa madame Krupp?

ALOYSIO SILVA: Ahhh, é aqui... O Retiro Feliz.

SIDNEY AGUILAR FILHO: Retiro Feliz...

ALOYSIO SILVA: É a dodô... pai do, do, do... Seu Ricardo...

SIDNEY AGUILAR FILHO: Então, mas esses Krupp, eles já tinham negócio aqui na região quando o senhor era menino? Quando o senhor chegou?

ALOYSIO SILVA: Não, depois de home feito já.

SIDNEY AGUILAR FILHO: Antes não tinha nada dos Krupp aqui?

ALOYSIO SILVA: Num tinha. A madame é...

SIDNEY AGUILAR FILHO: A madame chegou depois também? Quando o senhor era menino, ela não tava aí?

ALOYSIO SILVA: Não, quando ela chegou eu era home feito... Que essa turma aí da Campina, que começaro... mudaro tudo... hoje pra lá...

SIDNEY AGUILAR FILHO: É... Sabe porque que eu to perguntando isso, seu Aloysio Silva? Porque os Krupp eram pessoas importantes na Alemanha, na época do Hitler...

ALOYSIO SILVA: Certo.

SIDNEY AGUILAR FILHO: E eu gostaria de saber se foi, se é mera coincidência, se é pura coincidência, que depois que eles saíram lá da Alemanha, eles vieram morar justamente aqui perto dessa colônia nazista que tinha aqui... Perto das coisas... Será que não era sócio do Sergio, antes?

ALOYSIO SILVA: Não, porque esse Dr. Sérgio, eu vejo falá, eu ouvi falá quando ele era mai novo... As vei que ele foi muito educado lá pela Europa né...

SIDNEY AGUILAR FILHO: Há... O Sergio estudou na Europa?

ALOYSIO SILVA: Isso. E ia embora pra lá.

SIDNEY AGUILAR FILHO: Quando o senhor era menino?

ALOYSIO SILVA: Nói já home feito, já... Iscutava muita conversa já...

SIDNEY AGUILAR FILHO: Hum...

ALOYSIO SILVA: Até... Diz que uma vez ele saiu fugido daqui, o motorista dele, o Vicente Rochel... Paranapanema...

SIDNEY AGUILAR FILHO: Que é o que eu conheci?

ALOYSIO SILVA: Que cunduzia ele... Até a Record foi uma vez faze uma entrevista lá, eu fui junto.

SIDNEY AGUILAR FILHO: O senhor acha que aqueles tijolos que o Tatão encontrou, que eu encontrei lá nos anos 90...

ALOYSIO SILVA: Hum...

SIDNEY AGUILAR FILHO: Eles são antes da guerra ou depois da guerra? Quem fez aqueles tijolos? Deve ser antes da guerra, né?

ALOYSIO SILVA: Ah, é.

SIDNEY AGUILAR FILHO: É antes da Segunda Guerra?

ALOYSIO SILVA: É.

SIDNEY AGUILAR FILHO: Antes da guerra. Depois da guerra, não é?

ALOYSIO SILVA: Num é depois da guerra...

SIDNEY AGUILAR FILHO: Que eu ainda não entendi qual é a participação desses nazistas aqui na região, sabe? Que os integralistas eu já entendi bem, mas os nazistas, não...

ALOYSIO SILVA: É o que eu vi, iscutei falá... Que esse Hitler interessava comprá o país aqui, né...

SIDNEY AGUILAR FILHO: Sim...

ALOYSIO SILVA: Cum'é que a noi ia vive... na mão deles ai... num'é...?

SIDNEY AGUILAR FILHO: Eu queria tentar entender, porque que na fazenda do Sergio tinha tanto tijolo nazista... Porque que ele marcava o gado com a insígnia nazista...

ALOYSIO SILVA: Puis é, issu tamem não sei, tamem respondê...

SIDNEY AGUILAR FILHO: Deixa eu perguntar uma coisa para o senhor... Na época em que o senhor era menino... Aqui na região tinha alguma fábrica de adubo?

ALOYSIO SILVA: Não.

SIDNEY AGUILAR FILHO: Potássio, lembra alguma coisa para o senhor?

ALOYSIO SILVA: Potássio?

SIDNEY AGUILAR FILHO: É.

ALOYSIO SILVA: Não...

SIDNEY AGUILAR FILHO: Fosfato?

ALOYSIO SILVA: Nada...

SIDNEY AGUILAR FILHO: Ninguém falava de fosfato aqui na época?

ALOYSIO SILVA: Não...

SIDNEY AGUILAR FILHO: Porque o Edgar fala muito numa obra dele, que aqui na região tinha... faltava fosfato e não sei o que... O senhor nunca ouvi fala?

ALOYSIO SILVA: Ele tento... é... negócio d... quando fizeram analise de terra na fazenda né...

SIDNEY AGUILAR FILHO: E aí faltava fosfato?

ALOYSIO SILVA: É...

SIDNEY AGUILAR FILHO: Mas o senhor não sabe se tinha alguma mina de fosfato...

ALOYSIO SILVA: Num sei...

SIDNEY AGUILAR FILHO: Se tiraram do chão fosfato, qualquer coisa...

ALOYSIO SILVA: Porque aqui geralmente aí quano foram fazê as lagoa tudu aí, as cultura, as terra foram tudu analisada né... I levava um punhado pum lado, oto no oto canto... Mandava pa...

SIDNEY AGUILAR FILHO: Mas fábrica de NPK, nunca teve aqui...

ALOYSIO SILVA: Não, issu nunca teve...

SIDNEY AGUILAR FILHO: Deixa eu vê... As fazendas viviam do quê? A fazenda Santa Albertina e a... E a Cruzeiro do Sul?

ALOYSIO SILVA: Vivia dê que jeito, o senhor fala?

SIDNEY AGUILAR FILHO: É... Produzia o quê? Fazia o quê? Funcionava para quê?

ALOYSIO SILVA: Era lavora e criação de gado...

SIDNEY AGUILAR FILHO: Na época em que o senhor era menino?

ALOYSIO SILVA: É...

SIDNEY AGUILAR FILHO: E o senhor sabe produzir o quê? Que lavoura?

ALOYSIO SILVA: É de tudo... Arroz, fejão, milho, soja...

SIDNEY AGUILAR FILHO: Mas, era pra consumo local ou não? Era pra vender, vendia?

ALOYSIO SILVA: Vendia...

SIDNEY AGUILAR FILHO: Era fazenda produtiva? Grande?

ALOYSIO SILVA: É.

SIDNEY AGUILAR FILHO: Era grande a fazenda?

ALOYSIO SILVA: É... grande.

SIDNEY AGUILAR FILHO: Havia muita festa?

ALOYSIO SILVA: De primeiro... Sempre fazia uma... Mai a festa mai que tinha era Campina, Monte Alegre...

SIDNEY AGUILAR FILHO: Mas nas fazendas né?, até o seu... Até eles começarem a ser perseguidos pela polícia... Os primeiros anos, antes de, antes de proibir o integralismo... Tinha muita festa, muito campanha?

ALOYSIO SILVA: Não... Festa era só quando era o dia de São Sebastião... Que era padroero lá do Rio, né... Faziam uma festa...

SIDNEY AGUILAR FILHO: Porque ouvi falar de festa que vinha gente de tudo quanto era canto, que vinha... Passava um monte de avião...

ALOYSIO SILVA: Esse negócio... quano começô esse negócio de rodeo de animal...

SIDNEY AGUILAR FILHO: Anh...

ALOYSIO SILVA: Aí começo...

SIDNEY AGUILAR FILHO: Mas aí o senhor não era mais menino?

ALOYSIO SILVA: Não já era home feito... Mas só que eu num entrava, nunca fui... De tão revoltado que era eu, era no trabaio, senão tava na na minha casa queto...

SIDNEY AGUILAR FILHO: É... Seu Aloysio Silva, eu vou fazer uma outra pergunta difícil paro senhor, se o senhor não quiser, não precisa responder, não... Quando vocês eram meninos ainda...

ALOYSIO SILVA: Hum...

SIDNEY AGUILAR FILHO: Deram, davam álcool pra vocês? Davam bebida alcoólica pra vocês beberem?

ALOYSIO SILVA: Não... A gente aprendeu porque memo deixo para ali pa... I toma um gole aí, dexa ali, fazia que tava diferente, ia meio disfarçadu e pega pra ixprimenta...

SIDNEY AGUILAR FILHO: Isso com quantos anos?

ALOYSIO SILVA: Já cum 12 ano.

SIDNEY AGUILAR FILHO: Com 12 anos...

ALOYSIO SILVA: Pegava toco de cigarro e jogava o cigarro grande... jogava lá, a gente ia com pé descalço...

SIDNEY AGUILAR FILHO: Sim, sim.

ALOYSIO SILVA: Eu fui carça a primeira butina com 16 ano...

SIDNEY AGUILAR FILHO: Até aí era chinelo...

ALOYSIO SILVA: Não, descalço.

SIDNEY AGUILAR FILHO: Descalço.

ALOYSIO SILVA: Naquele tempo geava né... A gente quebravo o gelo no pé... Precisava fazê fogo pra se'squentá...

SIDNEY AGUILAR FILHO: Seu Aloysio Silva, vamos voltar àquela escola que o senhor estudou durante um ano...

ALOYSIO SILVA: Hum...

SIDNEY AGUILAR FILHO: É... Tinha livros?

ALOYSIO SILVA: Tinha.

SIDNEY AGUILAR FILHO: O senhor não tem nenhum guardado?

ALOYSIO SILVA: Não. Isso foi tudu recolido.

SIDNEY AGUILAR FILHO: Mas o senhor não se recorda... Tinha lousa, na...

ALOYSIO SILVA: Tinha.

SIDNEY AGUILAR FILHO: Tinha lousa... Tinha carteira?

ALOYSIO SILVA: Tinha tudo.

SIDNEY AGUILAR FILHO: Caderno...?

ALOYSIO SILVA: Tudo.

SIDNEY AGUILAR FILHO: Vocês recebiam caderno, lápis, essas coisas?

ALOYSIO SILVA: Tudo.

SIDNEY AGUILAR FILHO: O senhor não sabe de alguém que possa ter esse material, né?

ALOYSIO SILVA: Ah ninguém tem mais!

SIDNEY AGUILAR FILHO: Ninguém tem mais.

ALOYSIO SILVA: Até a iscola lá, a sede de lá, dirrubaram tudo. Que hoje é de uns turco né...

SIDNEY AGUILAR FILHO: Quando o senhor fala sede...

ALOYSIO SILVA: Hum...

SIDNEY AGUILAR FILHO: Da escola é onde... Era da fazenda Santa Albertina?

ALOYSIO SILVA: Isso, era.

SIDNEY AGUILAR FILHO: Onde hoje está a Pousada do Lago, é isso?

ALOYSIO SILVA: Certo.

SIDNEY AGUILAR FILHO: Era lá que ficava a escola?

ALOYSIO SILVA: Certo.

SIDNEY AGUILAR FILHO: Era lá?

ALOYSIO SILVA: Era.

SIDNEY AGUILAR FILHO: Será que se eu for nessa Pousado do Lago aí, será que eles não guardaram nada...

ALOYSIO SILVA: Xééé!

SIDNEY AGUILAR FILHO: Acha difícil?

ALOYSIO SILVA: Né, difícil...

SIDNEY AGUILAR FILHO: Eu vou, quem sabe, eu vo... A professora, o senhor tem que lembrança dela? Ela era muito violenta?

ALOYSIO SILVA: Num era. Era muito boa. Era gente do bem, a gente respeitava muito ela.

SIDNEY AGUILAR FILHO: Como é que ela se chamava mesmo?

ALOYSIO SILVA: Olivia. Dona Olivia.

SIDNEY AGUILAR FILHO: Dona Olivia.

ALOYSIO SILVA: Ela morreu e... um impregado aqui morava com ela e deixou com ela... uma que trabalha como professora, dá aula lá em Itapetininga...

SIDNEY AGUILAR FILHO: O senhor não sabe o nome dessa...

ALOYSIO SILVA: Clarice...

SIDNEY AGUILAR FILHO: Sobrenome o senhor não sabe?

ALOYSIO SILVA: É dos Potazio, da família Potazio...

SIDNEY AGUILAR FILHO: Clarice Potazaio? Essa conheceu bem a professora do senhor?

ALOYSIO SILVA: Cunheceu.

SIDNEY AGUILAR FILHO: E ela ainda é viva será lá em Itapetininga?

ALOYSIO SILVA: Im Itapetininga... Agora num sei a... a sede... aonde ela mora lá, não...

SIDNEY AGUILAR FILHO: Legal... Como é que é o nome dela mesmo?

ALOYSIO SILVA: Clarice.

SIDNEY AGUILAR FILHO: Clarice...

ALOYSIO SILVA: Potazio...

SIDNEY AGUILAR FILHO: Potazio?

ALOYSIO SILVA: Tem que ser Potazio, porque o pai dela era Potazio...

SIDNEY AGUILAR FILHO: É... A professora do senhor... Ela andava fardada?
ALOYSIO SILVA: Não.

SIDNEY AGUILAR FILHO: Ela não ia dar aula fardada?

ALOYSIO SILVA: Não.

SIDNEY AGUILAR FILHO: Ela não era integralista?

ALOYSIO SILVA: Num era.

SIDNEY AGUILAR FILHO: Tá. Seu Aloysio Silva, o senhor fala... Eu tenho documentação que me leva a crer que pelo menos 50 meninos foram trazidos... Isso é verdade?

ALOYSIO SILVA: É verdade. Mai cum... o Major crio 53.

SIDNEY AGUILAR FILHO: 53.

ALOYSIO SILVA: É. Dois era do Cruzeiro, mai houve uma briga grande de home lá no...

SIDNEY AGUILAR FILHO: Quando o senhor fala "Cruzeiro"...

ALOYSIO SILVA: Cruzeiro do Sul.

SIDNEY AGUILAR FILHO: Ah, a fazenda Cruzeiro do Sul.

ALOYSIO SILVA: Briga lá, negócio de homem grande.. Tudo bêbado... E matarô o pai dos dois meninos, aí o doto Sérgio veio aí e falo pro major pra coloca os dois menino pra acabá de cria junto com nois...

SIDNEY AGUILAR FILHO: Tá... Aí ficaram cinquenta e...

ALOYSIO SILVA: Dois.

SIDNEY AGUILAR FILHO: 52.

ALOYSIO SILVA: O outro ta aí, ainda vivo ainda... Que o pai dele morreu num lenheiro e era mui pobrezinho, num tinha renda, era criança. Aí o major pego ele e mando fica junto cum nóis tudo. Hoje ele é home casado, tem a vida dele.

SIDNEY AGUILAR FILHO: Esse o senhor não sabe o nome?

ALOYSIO SILVA: Esquici o nome dele...

SIDNEY AGUILAR FILHO: Hm... Não tem problema. Desses 50, seu Aloysio Silva, quantos eram, nos termos da época, preto e pardo? Ou quantos eram brancos?

ALOYSIO SILVA: Ahh tem uma misturança de genti.

SIDNEY AGUILAR FILHO: Então, mas dos 50, quantos eram branquinhos, branquinhos, de pele clara que nem a minha assim...?

ALOYSIO SILVA: Ah num... Se tivesse era muito pouquinho...

SIDNEY AGUILAR FILHO: Mas dos 50, menos de 10?

ALOYSIO SILVA: É, mais ou menos por aí...

SIDNEY AGUILAR FILHO: Seu Aloysio Silva havia tratamento diferenciado dos meninos brancos pros meninos pretos?

ALOYSIO SILVA: Não.

SIDNEY AGUILAR FILHO: Tudo era tratado do mesmo jeito?

ALOYSIO SILVA: Tudo igual.

SIDNEY AGUILAR FILHO: Os meninos brancos também apanhavam?

ALOYSIO SILVA: Apanhava.

SIDNEY AGUILAR FILHO: Seu Aloysio Silva, dos meninos que o senhor se recorda, dos colegas do senhor... Quantos se casaram e já tiveram filhos? Ou se o senhor quiser, quantos acabaram sozinhos e não se casaram e não tiveram filhos? Muitos ficaram solteiros?

ALOYSIO SILVA: A maior parte.

SIDNEY AGUILAR FILHO: A maior parte...

ALOYSIO SILVA: É... Casado foi só eu, o Renato, o Dois... Só. Qu'eu sei.

SIDNEY AGUILAR FILHO: Dos 50.

ALOYSIO SILVA: O resto ficarô tudo... E sabe que jeito que foro embora pro Rio depois que... Lá o negócio num é bem assim... Um negócio meio assim... O major quando adoeceu, ficô 14 ano na cadeira de roda... Aí ele queria morrê aqui na fazenda pa ser interrado lá na igrejinha que tem lá lá na fazenda... A Igrejinha tá conservada...

SIDNEY AGUILAR FILHO: Na Cruzeiro do Sul?

ALOYSIO SILVA: Não, não, aqui na Santa Albertina... Mas os médico que trataro dele lá no Rio num deu ordem dele vim pra cá, ele queria morrê aqui na fazenda pra se enterrado lá... Aí, quando ele viu que num guentava mais... Ele chamou o seu Renato... O Renatinho que já tava como dono da fazenda... Sócio dele, chamo lá e cunversô... Seu Renato depois contô pra nóis que ele chamo, falo o nome de um por um nosso lá e disse "ói, fulano, cicrano, bertano, isso e aquilo, aquele que quisé fica cum você, você emprega na fazenda... I os que num quisé, você dá um jeito di coloca fora..." Mai nada disso ele fez... E o que ele fez? Ele foi lá no Rio e recebeu todas as ordens, tudo lá e ai, nu otro dia ele já tava aqui... Mandô o fiscal de turma chamá nóis tudo e boto lá no terreno da fazenda ali no meio do pátio e daí disse "Olha, meu tio me chamou assim e agora daqui, de hoje em diante, eu sou responsável por vocês..."

SIDNEY AGUILAR FILHO: E o senhor tinha quantos anos?

ALOYSIO SILVA: Num tinha 20 ano ainda.

SIDNEY AGUILAR FILHO: Tá.

ALOYSIO SILVA: Que ele era responsável por nóis aí até 21 anos de idade, mai ele num fez... Aí ele disse "Óia, eu vou escolher quem vai ficá comigo aqui..." Intão ele disse "Dois, você pra cá... I vocês, se virem!" O resto, falou... Dos 49... Era 50 com o Dois... Aí nóis ficamo um olhando pra cara do otro e dizia "e agora? O que nois vamo fazê?" E eu num sei... No otro dia cedo, um atrás do otro, pegava o caminho da Hermillo... Uns foro pela linha de trem, otros... Antigamente essa história aí, era malavem... otros pela estrada, tudo de a pé, sem um tostão no bolso, foro bate no Rio de Janeiro...

SIDNEY AGUILAR FILHO: E desses, quantos ficaram aqui?

ALOYSIO SILVA: Aí fico eu, o Renatão e o Dois...

SIDNEY AGUILAR FILHO: Hm... O senhor ficou por quê?

ALOYSIO SILVA: Eu fiquei porque acustumei com o ambiente aqui e... o majó mandô um dos nortista, os Caicós me ensiná uma porção besta de loco, que hoje eu falo memo.

SIDNEY AGUILAR FILHO: Hum...

ALOYSIO SILVA: Domá, aprendi a domá burro, cavalo, tudo aí...

SIDNEY AGUILAR FILHO: O senhor é domador?

ALOYSIO SILVA: Fui. Hoje num sô mai.

SIDNEY AGUILAR FILHO: Que coisa, seu Aloysio Silva. Que maravilha...

ALOYSIO SILVA: Eu tenho, eu tenho um negócio porque eu quebrei aqui a perna e hoje eu num posso... Mai do jeito que eu fui criado ali memo... Eu ficava revoltado aí eu num sei lá, eu fazia cada bestera, cada locura...

SIDNEY AGUILAR FILHO: É, deixa eu voltar a história... É... Poucos então conseguiram constituir família, seu Aloysio Silva?

ALOYSIO SILVA: Poco. Não, não, dois morreu mai deixo casal de filho.

SIDNEY AGUILAR FILHO: Sim.

ALOYSIO SILVA: Num a mulher mora ali em Campina, o rapaz tá... Teve até na Alemanha o rapaz...

SIDNEY AGUILAR FILHO: Esse que... Qual é o nome desse que deixou filho?

ALOYSIO SILVA: O... José de Almeida... O... A gente chamava ele mai pelo número. Que nóis era tudo numerado...

SIDNEY AGUILAR FILHO: O senhor era que número?

ALOYSIO SILVA: Na primeira turma era sete.

SIDNEY AGUILAR FILHO: E depois?

ALOYSIO SILVA: Quano comprêtô 50, eu fui pra 23. Que ali era po iscala...

SIDNEY AGUILAR FILHO: E os filhos desse número 2, o senhor sabe...

ALOYSIO SILVA: O José de Almeida?

SIDNEY AGUILAR FILHO: O senhor sabe o nome deles?

ALOYSIO SILVA: O filho dele... isquici o nome dele... Ô Roma! Venha cá...

ROMANA: Eu ou o Dito?

ALOYSIO SILVA: Qualquer um... Ocê lembra o nome do... Aquele Reginaldo, o filho do Dois...

ROMANA: Ele lembra mais do que eu... (risos).

ALOYSIO SILVA: Agora que veio... Eu tô dizendo pro senhor que a gente pode...

SIDNEY AGUILAR FILHO: Não, mas eu tô puxando justamente...

ALOYSIO SILVA: Tá certo... Eu acertei?

DITO: O filho do dois? Reginaldo.

ALOYSIO SILVA: Reginaldo. É... E o da mulher, Maria da Glória de Almeida... Por causa do nome da mãe...

SIDNEY AGUILAR FILHO: E eles vivem aqui na região?

ALOYSIO SILVA: É mais, mais tudo.

ROMANA: Ele eu nunca mais eu vi, aquele moço...

ALOYSIO SILVA: Ele anda pela Alemanha...

ROMANA: É, ela vive...

DITO: Mas é perigoso puxar sardinha pra esse Renato...

ALOYSIO SILVA: Não, qui num puxa pra coisa nenhuma...

DITO: Essa Maria da Glória de Almeida, se ela é titular de menor, ela é uma mocinha meio...

ALOYSIO SILVA: É mai a Maria da Glória de Almeida, ela num sabe...

SIDNEY AGUILAR FILHO: Ela foi...

DITO: Titular de menor...

SIDNEY AGUILAR FILHO: Anh? Ela foi do conselho tutelar?

DITO: Isso...

SIDNEY AGUILAR FILHO: Então é provável que eu, provável que eu tenha uma conversa boa com ela...

DITO: A Divanildes Theodoro de Almeida a mãe dela é viva...

ALOYSIO SILVA: É viva...

ROMANA: Dessa turma, todo mundo...

ALOYSIO SILVA: A Divanildes Theodoro de Almeida mora ali no lago, ali tamem...

DITO: É subindo na parte...

SIDNEY AGUILAR FILHO: Divanildes Theodoro de Almeida... Quem é a Divanildes Theodoro de Almeida?

DITO: Divanildes Theodoro de Almeida é mulher do Dois. Que é do Dois que veio...

ALOYSIO SILVA: É a sogra do Dois... É a mulher do dois... É, é isso...

SIDNEY AGUILAR FILHO: Olha aí...

DITO: A Divanildes Theodoro de Almeida é a mulher do home que veio co pai órfão... Era o cozinheiro do seu Renato...

ALOYSIO SILVA: Ele veio na segunda turma...

DITO: Ele veio na segunda...?

ALOYSIO SILVA: Foi.

SIDNEY AGUILAR FILHO: Depois eu vou anota esses nomes pra ver se eu ainda consigo falar com eles essa semana...

DITO: Esse Reginaldo é um espetáculo, ele é muito... boa gente...

ROMANA: Ela também é...

DITO: É, vai conversa com ela, tem tê corage...

ROMANA: Eu não tenho o que fala nada cum ela...

ALOYSIO SILVA: Não, ela até já fez entrevista com o pessoal da Record...

ROMANA: Já?

ALOYSIO SILVA: Já.

ROMANA: Muito bom pra ela...

SIDNEY AGUILAR FILHO: E o que tá me assustando é essa pergunta: essa resposta do senhor sobre a pergunta... Quantos constituíram família?

ALOYSIO SILVA: Pois é.

SIDNEY AGUILAR FILHO: O senhor está me dizendo que foram pouquíssimos...

ALOYSIO SILVA: Foi. A maioria era solteiro...

DITO: É, mais cê sabe... discupa interrompe... mai de família, mesmo quase poco, Vinte num teve?

ALOYSIO SILVA: Não, Vinte não. Vinte morreu soltero.

DITO: Esse Dois teve família...

ALOYSIO SILVA: O Dois teve um casal de filhos...

DITO: O Renatão... O Renatão não era do Rio, era pai?

ALOYSIO SILVA: Era... ú... O Renatão vem da última turma, em 42.

DITO: Depois, eu num conheci mais nenhum.

ALOYSIO SILVA: Não... os oto já tinha ido embora, já...

ROMANA: Seu Aloysio Silva conseguiu uma imensa família, não é seu Aloysio Silva?

SIDNEY AGUILAR FILHO: (risos). Que bom, né...

ROMA: É...

DITO: E ele é bom de memória...

ROMA: Eu falo pra ele: num basta ser revoltado que se ele num tivesse aqui, num tinha criançada aqui né...

ALOYSIO SILVA: Mais aí tem dia que eu tô revoltado porque vem coisa na minha cabeça e aí desaparece, some...

ROMANA: Mais apesar de quantos netos o senhor tem aí, né... Se num fosse ele, num tinha essa netaiada aí, né...

SIDNEY AGUILAR FILHO: É, e o que tá ficando claro que é que o senhor foi uma exceção mesmo né...

ALOYSIO SILVA: (risos).

SIDNEY AGUILAR FILHO: Foi uma exceção porque a maioria... Deixa eu pergunta uma coisa: o senhor tem notícias na época, lá quando o senhor era menino, da existência de algum núcleo do partido nazista aqui na região?

ALOYSIO SILVA: Não...

SIDNEY AGUILAR FILHO: Porque aqui pra frente em Presidente Venceslau teve muita sede... Aqui o senhor nunca ficou sabendo de nada?

ALOYSIO SILVA: Não.

SIDNEY AGUILAR FILHO: É... Deixa eu ver... Seu Aloysio Silva, é... o senhor sabe se na época tinha negociação de armas aqui na região?

ALOYSIO SILVA: Não.

SIDNEY AGUILAR FILHO: O senhor nunca ouviu falar que no Rio, Paranapanema teve negócio de arma...

ALOYSIO SILVA: Não.

SIDNEY AGUILAR FILHO: Antes da guerra...

ALOYSIO SILVA: Até pelo contrário naquela guerra, essa última guerra que houve, eu fui campero, aí num achava armamento, fuzil, dente de bala... trincheira que os paulista deixaro pra gauchada.

SIDNEY AGUILAR FILHO: Mas isso na Revolução de 32?

ALOYSIO SILVA: De 42.

SIDNEY AGUILAR FILHO: Não, da Revolução de 32... E da guerra, da Segunda Guerra... na época...

ALOYSIO SILVA: É, foi 32 memo, é isso memo...

SIDNEY AGUILAR FILHO: Na época da Segunda Guerra, o senhor não se lembra...

ALOYSIO SILVA: Não, não...

SIDNEY AGUILAR FILHO: De arma...

ALOYSIO SILVA: Não.

SIDNEY AGUILAR FILHO: O senhor sabe que esse Krupp era dono de uma grande indústria de armas na Alemanha, né?

ALOYSIO SILVA: Não.

SIDNEY AGUILAR FILHO: O senhor não sabia disso?

ALOYSIO SILVA: Num sabia...

SIDNEY AGUILAR FILHO: É... Seu Aloysio Silva o senhor também não precisa responder se o senhor não quiser... O senhor acha que o senhor e os outros meninos fizeram parte de algum tipo de experiência...? Porque que trouxeram os senhores pra cá? Vocês pra cá?

ALOYSIO SILVA: Isso o majó iscrareceu pro juiz de menor... dizendo que tinha que cumprir uma promessa, que ia cumpri uma promessa, de criar 50 meninos aqui e foi pelo contrário, ele num criou ninguém, ele criou só selvageria que eu sei disso...

SIDNEY AGUILAR FILHO: Então o senhor se sente parte de um... Anh... de uma experiência religiosa?

ALOYSIO SILVA: É.

SIDNEY AGUILAR FILHO: Ele queria pagar promessa, é isso?

ALOYSIO SILVA: Pois é, isso.

SIDNEY AGUILAR FILHO: O Senhor se considera injustiçado pelo o que aconteceu quando o senhor era pequeno, seu Aloysio Silva?

ALOYSIO SILVA: Considero.

SIDNEY AGUILAR FILHO: Por quê?

ALOYSIO SILVA: Uma por caus'que eu num conhecia mãe nem o pai... que era um direito que eu tinha, né?

SIDNEY AGUILAR FILHO: Sim.

ALOYSIO SILVA: Agora vivia aí como um indigente... Enquanto num casei eu era um indigente...

SIDNEY AGUILAR FILHO: Que mais, seu Aloysio Silva? Por que que o senhor foi injustiçado? Por que que o senhor se sente injustiçado?

ALOYSIO SILVA: Sei lá... A gente fica muito revoltado, né?

SIDNEY AGUILAR FILHO: Então, mas eu queria entender por que, Seu Aloysio Silva...

ALOYSIO SILVA: Porque uma vez esse Renatinho, eu tava juto cum ele lá, i ele tava fazendo uma visita pum médico, amigo dele, i cum aquela bebedera deles doi lá... numa daquela, ele me deu fora comigo e começou só... me acusa, e disse "olha doutor vou fazer desse negro um homem, que ele é muito trabalhador e tudo, mas tem um defeito, é muito brabo demais..."

SIDNEY AGUILAR FILHO: Isso era quantos anos?

ALOYSIO SILVA: Isso faz pouco tempo...

SIDNEY AGUILAR FILHO: Anh?... Mas a injustiça que o senhor sente é uma coisa mais...

ALOYSIO SILVA: Aaah, aí eu deixei ele falá... Porque quando ele tem medo de fala, hoje ele é casado... Ele é até o meu cumpadi... Falei "cumpadi cê já falou?" "Já." "Intão...", ele disse pa mim se "ocê que fala uma coisa?", "quero", "intão fale". Eu digo: "ói, seu cumpadi, o senhô foi criado em berço de oro... e eu sou um miserável, sô um pobre... mais um carinho que o senhor teve da sua... seu pai, sua mãe, eu da minha, da minha parte eu num tive... minha mãe nem pai. E até num cunheci ninguém... eu sou um home indigente" Aí o home paro e dissi: "tenente, cabô a noite" aí foro durmi...

SIDNEY AGUILAR FILHO: Então o senhor se sente injustiçado por ter sido separado da mãe?

ALOYSIO SILVA: Certo.

SIDNEY AGUILAR FILHO: Por ter sido explorado no trabalho não?

ALOYSIO SILVA: Não. Porque até quando eu saí dele em 1970, eu agradeci seu Renato: "ói, eu fico muito agradecido de me educá, acabá de mi educá e mi ensiná a trabaiá".

SIDNEY AGUILAR FILHO: Então, mais depois de adulto o senhor começou a receber salário? Na Fazenda dele?

ALOYSIO SILVA: Ah isso era... quando dava certo...

SIDNEY AGUILAR FILHO: Tá... Até os 21 anos de idade o senhor nunca recebeu salário nenhum?

ALOYSIO SILVA: (risos). Não...

SIDNEY AGUILAR FILHO: E o senhor não acha que o senhor foi explorado?

ALOYSIO SILVA: Fui explorado bastante.

SIDNEY AGUILAR FILHO: A pergunta é o seguinte: O senhor foi escravizado?

ALOYSIO SILVA: A lei da escravidão, naquele tempo...

SIDNEY AGUILAR FILHO: O que eu que estou chamando de escravidão: o senhor trabalhou sem receber e se o senhor se negasse a trabalhar tinha castigo.

ALOYSIO SILVA: Tinha castigo.

SIDNEY AGUILAR FILHO: Se o senhor tivesse que nomear quem são os responsáveis por essa injustiça, quem que o senhor... Quem foram os... Os culpados?

ALOYSIO SILVA: De certo eu não posso responde pro senhor que eu num...

SIDNEY AGUILAR FILHO: O senhor num...

ALOYSIO SILVA: Num lembro de nada disso.

SIDNEY AGUILAR FILHO: Mas desses que o senhor se lembra, se o senhor tivesse que escolher um deles, seria o Osvaldo, é isso?

ALOYSIO SILVA: O Rocha Miranda, é esse...

SIDNEY AGUILAR FILHO: O Osvaldo. (Fica à vontade. Isso é coisa minha... Mis pode mexer... Eu já mostro pra você... Mas pode mexer, não tem problema nenhum). É... Algum responsável direto pelo que aconteceu com o senhor, o senhor sabe se está vivo? Ou morreu todo mundo?

ALOYSIO SILVA: eu acho que já morreu tudo...

SIDNEY AGUILAR FILHO: Morreu tudo... Seu Aloysio Silva, o senhor tem interesse em processar o Estado brasileiro?

ALOYSIO SILVA: Cumo o senhô falô que, se eu fô capaz... é o único recurso intão...

SIDNEY AGUILAR FILHO: Eu não. É... o senhor precisa querer...

ALOYSIO SILVA: Hum.

SIDNEY AGUILAR FILHO: É porque... Não há como eu processar o Estado pro senhor. Teria que o senhor querer. Eu posso arrumar os advogados, eu posso arrumar tudo. Mas o senhor é que tem que querer.

ALOYSIO SILVA: Mais disso daí... primeiro precisa ter uma consulta cu advogado, né...

SIDNEY AGUILAR FILHO: Ah, sim! Mas, se o senhor aceitar, os advogados vêm aqui, visitar o senhor aqui...

ALOYSIO SILVA: Bom, se for assim eu interesso.

SIDNEY AGUILAR FILHO: Então tá... É...

ALOYSIO SILVA: Mai ai o Estado vai me indeniza depois?

SIDNEY AGUILAR FILHO: Não sei seu Aloysio Silva... O que me interessa, sinceramente, o que me interessa é que o Estado não permita que essas coisas continuem acontecendo com as crianças, hoje...

ALOYSIO SILVA: Pois é, o Estado não permite tudo isso ai mai, mai tá aconteceno. O senhô não vê esse negócio, esses deputado, esses pessoal grande aí, o que tão fazendo ai... Isso já tá uma vergonha po país...

SIDNEY AGUILAR FILHO: É... E eu posso dizer pro senhor que nas FEBEMs que ainda existem, eu vejo coisas...

ALOYSIO SILVA: Em vez de melhorá, deixa as coisas pior ainda.

SIDNEY AGUILAR FILHO: É. Concordo com o senhor. É... o que que o senhor pode dizer sobre a educação que o senhor foi submetido quando era menino?

ALOYSIO SILVA: Cumo é que é?

SIDNEY AGUILAR FILHO: O que que o senhor pode dizer sobre...

ALOYSIO SILVA: Se foi bom...?

SIDNEY AGUILAR FILHO: É. Sobre a educação.

ALOYSIO SILVA: Não, pela educação achei muito boa, viu. Eu aprendi a respeitá todo mundo... Em todo lugar que eu chegava, já peguei todo cunhecimento daí... E tanto que era respeitado, tudo era respeitado pela vizinhança, tudo...

SIDNEY AGUILAR FILHO: Hum...

ALOYSIO SILVA: Que depois que eu me formei tudu aí, aí eu comecei a fazer o trecho, comecei... Eu cunheço essa região tudo lá antes deles fazerem tudo esse asfalto aí, no tempo do maluco...

SIDNEY AGUILAR FILHO: (risos).

ALOYSIO SILVA: A casco de cavalo.

SIDNEY AGUILAR FILHO: É, eu vou fazer uma pergunta que eu já fiz, mas é importante a gente repetir... É... O senhor considera que quando era menino...

ALOYSIO SILVA: Hum.

SIDNEY AGUILAR FILHO: O senhor foi escravizado aqui?

ALOYSIO SILVA: Escravizado...

SIDNEY AGUILAR FILHO: O senhor vivia em cativeiro? O senhor não podia ir e vir? O senhor não tinha liberdade...

ALOYSIO SILVA: Não, liberdade não tinha. O cativeiro nosso é vivê ali, preso ali... Hora de folga que a gente pudia brincá ou jogá uma bola, nóis ficava tudo sentadinho ali, sem saí dali. Que se saí dali, já o tutor já vinha já com o cachorro e tudo lá í...

SIDNEY AGUILAR FILHO: E na hora de trabalhar também tinha alguém te vigiando?

ALOYSIO SILVA: Ficava... Ele junto.

SIDNEY AGUILAR FILHO: E se não trabalhasse?

ALOYSIO SILVA: Ahhhh, aí já não dava comida. Ficava ajuelhado em cima de grão de milho...

SIDNEY AGUILAR FILHO: Havia capanga?

ALOYSIO SILVA: Capanga é... Capanga que a gente conheceu era eles, os próprio tutor.

SIDNEY AGUILAR FILHO: Tutor.

ALOYSIO SILVA: É.

SIDNEY AGUILAR FILHO: O senhor chama de tutor?

ALOYSIO SILVA: É.

SIDNEY AGUILAR FILHO: Mas eles se comportavam como capangas, eles andavam armados?

ALOYSIO SILVA: Depois que foi trocado, pareceu um baiano que andava com um punhado de cabeça pra baixo... I depois otro nortista tamem... Andava cum baita punhalão.

SIDNEY AGUILAR FILHO: Me diga uma coisa...

ALOYSIO SILVA: E teve um dia, que de cedo domingo, o administradô ia lá no orfanato, no colégio nosso, levava nóis com revorvão na cinta e intãoo nóis saímos e fechemos a roda e daí cerquemo ele num luga mai lá ele se sentiu apavorado e deu um tiro pra cima pra assusta nóis.

SIDNEY AGUILAR FILHO: Isso o senhor era menino?

ALOYSIO SILVA: Já era um mulecão, já... Já criado, já.

SIDNEY AGUILAR FILHO: Mas era menor de idade?

ALOYSIO SILVA: É menor de idade. Nóis íamos linxar ele... (risos).

SIDNEY AGUILAR FILHO: Então quer dizer que vocês tinham raiva?

ALOYSIO SILVA: Tinha.

SIDNEY AGUILAR FILHO: Na época?

ALOYSIO SILVA: É.

SIDNEY AGUILAR FILHO: E não era só o senhor, eram os outros meninos...

ALOYSIO SILVA: Todos os outros.

SIDNEY AGUILAR FILHO: Tinham vontade de pegar o tutor e dar uns tapas, é isso?

ALOYSIO SILVA: É. E nessa parte nóis era tudo unido...

SIDNEY AGUILAR FILHO: Pra se defender, uns com os outros?

ALOYSIO SILVA: É... Certo.

SIDNEY AGUILAR FILHO: O senhor considera então que esses, pelo menos parte desses meninos, foram os seus irmãos?

ALOYSIO SILVA: Foram, foram.

SIDNEY AGUILAR FILHO: O senhor tem um carinho por muitos deles como irmãos?

ALOYSIO SILVA: É verdade.

SIDNEY AGUILAR FILHO: Quem que o senhor consideraria mais próximo do senhor dos meninos? Que o senhor consideraria irmão do senhor mesmo?

ALOYSIO SILVA: Ali num tinha que separa nenhum não, era tudo igual...

SIDNEY AGUILAR FILHO: Vocês eram muito grudados?

ALOYSIO SILVA: Era.

SIDNEY AGUILAR FILHO: Seu Aloysio Silva, o senhor sabe se tinha alguma figura importante da igreja que aparecia? Tinha algum bispo, algum monsenhor que frequentava a fazenda Santa Albertina, a fazenda Cruzeiro do Sul...? O pessoal lá do orfanato, lá do Rio, nunca veio pra cá?

ALOYSIO SILVA: Não.

SIDNEY AGUILAR FILHO: Nunca veio também nenhum juiz...

ALOYSIO SILVA: Não, nem notícia, nada.

SIDNEY AGUILAR FILHO: Nem pra averiguá se vocês estavam bem?

ALOYSIO SILVA: Não. Nada.

SIDNEY AGUILAR FILHO: É... Seu Aloysio Silva o senhor aceitaria ir ao Rio de Janeiro?

ALOYSIO SILVA: Oh! Mai é que eu não tenho condição de ir...

SIDNEY AGUILAR FILHO: Não mais isso daí o senhor não se importe. Isso aí se o senhor for com a gente...

ALOYSIO SILVA: Se for isso aí, eu faço questão.

SIDNEY AGUILAR FILHO: O senhor iria lá pro educandário Romão Duarte?

ALOYSIO SILVA: Certo.

SIDNEY AGUILAR FILHO: Iria?

ALOYSIO SILVA: Quem sabe nói pudia encontrá arguma das frera que...

SIDNEY AGUILAR FILHO: Acho muito difícil que a gente encontre alguém vivo lá...

ALOYSIO SILVA: Daquele tempo né?

SIDNEY AGUILAR FILHO: É. Mas as pessoas que trabalham hoje...

ALOYSIO SILVA: Tinha a Irmã Paulínia, a Irmã Genoveva...

SIDNEY AGUILAR FILHO: Olha aí, o senhor tá lembrando, tá vendo? Lá no começo eu perguntei pro senhor e o senhor não se lembrava...

ALOYSIO SILVA: Pois é.

SIDNEY AGUILAR FILHO: Irmã Paulínia e Irmã Genoveva.

ALOYSIO SILVA: Isso.

SIDNEY AGUILAR FILHO: E o senhor lembra com carinho delas?

ALOYSIO SILVA: Isso...

SIDNEY AGUILAR FILHO: Com carinho?

ALOYSIO SILVA: Ô! (sim).

SIDNEY AGUILAR FILHO: É... Então o senhor iria com a gente lá? Se for com filho, com acompanhante o senhor vai?

ALOYSIO SILVA: Ô!

SIDNEY AGUILAR FILHO: É...

ALOYSIO SILVA: Que hoje eu sô um home aposentado e ele que tá me tratando agora... que a parte minha eu já fiz... criei sete filho no cabo da enxada...

SIDNEY AGUILAR FILHO: É o seu... o seu... o seu filho me falou muito bem do senhor... Seu Aloysio Silva, o senhor sabe que tem uma... uma... produtora de vídeos, que faz vídeos pra TV Cultura, faz vídeos... pra televisão, videodocumentário... que chama "Giros Produções"... Eles estão atrás de mim pra gente fazer um documentário sobre o assunto.

ALOYSIO SILVA: É?

SIDNEY AGUILAR FILHO: É. Só que aí não é aquela coisa de vir a reportagem aqui, vem faz uma meia pergunta e fica uma hora e vai embora...

ALOYSIO SILVA: É precisa ver, agora que eu comecei a pensa muito, eu acho que tô é perdendo tempo conversando com a televisão.

SIDNEY AGUILAR FILHO: Da televisão. Mas por exemplo se fosse um documentário serio pra vir aqui, passar vários dias com o senhor...

ALOYSIO SILVA: Eu pedi pra eles butá a reportagem que fizeram comigo no ar pa vê se aparecia uma pessoa estranha pra me reconhecê ali, mais até no dia de hoje, nada.

SIDNEY AGUILAR FILHO: Mas, por exemplo, o senhor concordaria em, por exemplo, falar, da entrevista pra essa produtora de vídeos...

ALOYSIO SILVA: Faze uma gravação?

SIDNEY AGUILAR FILHO: Sim, sim. Vier comigo?

ALOYSIO SILVA: Aí, tudo bem.

SIDNEY AGUILAR FILHO: Se vier comigo tudo bem?

ALOYSIO SILVA: Tudo bem.

SIDNEY AGUILAR FILHO: E... seu Aloysio Silva... Deixa eu ver aqui... Seu Aloysio Silva, tem mais uma pergunta, eu acho que é a derradeira. Seu Aloysio Silva, tem alguma pergunta que eu devia ter feito pro senhor, que eu não fiz?

ALOYSIO SILVA: Hm. Eu num sei.

SIDNEY AGUILAR FILHO: Não, eu também não sei, eu tô assim... Tem alguma coisa que o senhor gostaria de contar e que eu não perguntei? Tem alguma coisa que o senhor acha que é importante que seja dito e que... E que eu não perguntei pro senhor? O senhor não disse...

ALOYSIO SILVA: Agora também num... O tempo passa, muita coisa na nossa cabeça, né...

SIDNEY AGUILAR FILHO: Eu imagino, seu Aloysio Silva... Não, nem eu imagino, acho que...

ALOYSIO SILVA: Eu, de tão reberde que eu fui, eu perdi muita... muita coisa... muita... quando eu penso que eu pudia hoje tá melhor de vida... Por exemplo: fui aprende uma coisa difícil, a domá criação bruta, que o senhor sabe que uma criação tem mai força que um home né?

SIDNEY AGUILAR FILHO: Ô!

ALOYSIO SILVA: Mai ela num, num tem recurso né...? Então o home domina tem mais... Mai uma defesa... Pois é. Hoje, todos pião de fazenda que eu cunheço hoje num tem nada na vida, sabe? Só tem o dia e a noite. Depois que entrou essa circulação de rodeio, é tudo segurado lá, é... Antigamente num era, era tudo brutal.

SIDNEY AGUILAR FILHO: Sim.

ALOYSIO SILVA: Certo? Depois que eu tive no Joquey Club e tava indo bem mal por causa di...

SIDNEY AGUILAR FILHO: Joquey Club...?

ALOYSIO SILVA: Tinha em Pinheiro, São Paulo.

SIDNEY AGUILAR FILHO: O senhor chegou a ir ao Joquey Club São Paulo?

ALOYSIO SILVA: É, eu era iscovador de cavalo. Tinha cavalo pra iscová, zelá i levá po... po jóquei corre lá na pista... I de dia de semana, eu que treinava... Agora como já tinha que aprendê esse negócio de lida com animar já... Eu amansei muito potros ali na pista...

SIDNEY AGUILAR FILHO: Seu Aloysio Silva, o senhor diria que o senhor foi vítima de racismo?

ALOYSIO SILVA: Eu acho que sim.

SIDNEY AGUILAR FILHO: Pelos donos da fazenda?

ALOYSIO SILVA: Isto.

SIDNEY AGUILAR FILHO: Quando eu perguntei para o senhor se havia tratamento diferenciado para os meninos brancos (dos meninos negros), o senhor disse que não... Mas eu vou insistir... Porque que então o senhor se sente vítima de racismo na época?

ALOYSIO SILVA: Por causa da cor, né...

SIDNEY AGUILAR FILHO: Mas o senhor percebia que havia diferenciação?

ALOYSIO SILVA: Sabia. O senhor sabe que depois que a Princesa Isabel libertou, aí já foi já melhorando, depois que eu ouvi falá no Nelson Mandela que eu pensei e vi esse home passa na televisão aí que ele fez a lei, né?

SIDNEY AGUILAR FILHO: Aí melhorou um pouco...

ALOYSIO SILVA: Melhorou porque hoje, eu sô chamado de home e levado na justiça, né? Né?

SIDNEY AGUILAR FILHO: Mas o senhor é... Quando de menino, quando o senhor saiu lá do orfanato e o senhor veio pra cá. Hoje o senhor olhando pra trás, o senhor acha que foi vítima de racismo lá, como menino?

ALOYSIO SILVA: Fui, fui.

SIDNEY AGUILAR FILHO: O senhor acha que foi escolhido lá porque o senhor era negro?

ALOYSIO SILVA: O major escolhia pela ligereza que a gente tinha né?

SIDNEY AGUILAR FILHO: Pela ligeireza...

ALOYSIO SILVA: Eu fiz, ah, teste de futebol. Não fui um profissional por causa... fugia do clube pra i bebe na rua. Bebi todo esse tempo.

SIDNEY AGUILAR FILHO: E... E quando que o vício do senhor começou de bebida alcoólica?

ALOYSIO SILVA: De 12 anos.

SIDNEY AGUILAR FILHO: 12 anos...

ALOYSIO SILVA: Fui largá agora em 1999.

SIDNEY AGUILAR FILHO: Então ainda você estava lá na fazenda Santa Albertina?

ALOYSIO SILVA: Tava. Eu aprendi tudo isso foi lá.

SIDNEY AGUILAR FILHO: Mas tinha bar lá?

ALOYSIO SILVA: Não, nóis bebia na Campina.

SIDNEY AGUILAR FILHO: Então, e como é que essa bebida chegava na mão de uma criança de 12 anos de idade?

ALOYSIO SILVA: Ah, os colono às vezes levava né? Os colono vinha fazê compra na Campina lá...

SIDNEY AGUILAR FILHO: E quem eram os tutores do senhor, os responsáveis? Não falavam nada?

ALOYSIO SILVA: Ah, mas depois de 12 anos nóis já começou não obedecê mais nem ordem de tutor.

SIDNEY AGUILAR FILHO: Muito bem...

ALOYSIO SILVA: A revolta da gente era muito grande né? Por isso que só trocava de tutor tudo, não parava, não.

SIDNEY AGUILAR FILHO: Deixa eu ver, deixa eu ver. Tô quase terminando, seu Aloysio Silva. Vamos ver... Quer ver, agora vamos ver se o senhor, se o senhor se lembra do nome da madre superiora lá no Rio de Janeiro, o senhor não lembra ainda?

ALOYSIO SILVA: Da madre?

SIDNEY AGUILAR FILHO: É.

ALOYSIO SILVA: A superiora? Não é Mamed que eu falei?

SIDNEY AGUILAR FILHO: O primeiro nome o senhor não lembra?

ALOYSIO SILVA: Num lembro.

SIDNEY AGUILAR FILHO: Não lembra. É... Dessa imagem o senhor se lembra, alguma coisa?

ALOYSIO SILVA: Lembro, a igreja.

SIDNEY AGUILAR FILHO: Essa vem bem à frente, né?

ALOYSIO SILVA: É.

SIDNEY AGUILAR FILHO: A igreja lá do Educandário Romão Duarte. Deixa eu ver... Tem mais alguma coisa que o senhor queira contar, seu Aloysio Silva? De quando o senhor era menino...

ALOYSIO SILVA: Acho que não.

SIDNEY AGUILAR FILHO: A tese que eu tô defendendo é sobre a História da Educação, seu Aloysio Silva. Interessa-me tudo que se relacione com como o senhor foi educado, foi escolarizado. Se o senhor se lembrar de mais alguma coisa que gostaria de contar.

ALOYSIO SILVA: Qué dizê que isso daí vai, vai fazê um livro?

SIDNEY AGUILAR FILHO: Isso aqui, seu Aloysio Silva, é... Isso aqui é uma parte...

ALOYSIO SILVA: Mas tira umas palavra daí pra forma a história.

SIDNEY AGUILAR FILHO: Isso aqui, seu Aloysio Silva, eu vou... Eu tô defendendo uma tese acadêmica de um doutorado na Unicamp, na Universidade de Campinas. Eu estou defendendo que na década de 1930 nós tivemos no Brasil uma política é... eugenista, uma política seletiva. Que o Estado... eu tô defendendo que o Estado cometeu crimes contra negros, contra crianças abandonadas, contra deficientes físicos, deficientes mentais. E que... e que de alguma maneira o que aconteceu com vocês, com o senhor, aconteceu com os outros meninos que vieram com o senhor, fez parte desse, dessa política de limpeza da capital. Queriam tirar da capital os meninos pobres, os meninos negros, queriam tirar da capital todos os que eram considerados inconvenientes. E que de alguma maneira, então, o senhor fez parte dessa triste história brasileira. Então o que eu fiz foi um levantamento sobre as leis da época, sobre os discursos da época, sobre a imprensa da época. E o que a minha pesquisa está mostrando é que havia um racismo absurdo...

ALOYSIO SILVA: Havia.

SIDNEY AGUILAR FILHO: Havia uma violência muito grande, que vocês foram submetidos a isso, mas que vocês não foram os únicos [para] que[m] isso aconteceu. Mas que vocês são, o senhor é a prova viva de que isso aconteceu.

ALOYSIO SILVA: Porque quando eu tava servindo o exército quando era 13 de maio, os branco não entrava no salão de negro lá de Itapetininga. Hoje... hoje tá tudo unido.

SIDNEY AGUILAR FILHO: Tinha separação?

ALOYSIO SILVA: Era uma separação. Hoje ocê frequenta baile ali aos domingo aí, pra essas cidades aí, pra fora aí.

SIDNEY AGUILAR FILHO: Todo mundo junto.

ALOYSIO SILVA: Todo mundo junto.

SIDNEY AGUILAR FILHO: Na época, não?

ALOYSIO SILVA: Não, na época, não. Aqui na Campina nóis temo um grupo da terceira idade, né? Então de domingo onde tá anunciado o regional, a gente vai. Todo mundo diverte, tudo aí. Ali entra branco, entra negro, entra moreno.

SIDNEY AGUILAR FILHO: Mas quando o senhor era menino aqui na região, não?

ALOYSIO SILVA: Não tinha nada disso.

SIDNEY AGUILAR FILHO: Onde branco frequentava, negro não entrava?

ALOYSIO SILVA: Não. O pau quebrava.

SIDNEY AGUILAR FILHO: É... Seu Aloysio Silva, então, quem o senhor acha que pode tá vivo ainda, além do senhor? Que o senhor tem notícia?

ALOYSIO SILVA: Num tenho notícia de ninguém de lá.

SIDNEY AGUILAR FILHO: O último que tinha era o Renatão?

ALOYSIO SILVA: É, o Renatão. Nem o seu Argemiro que eu falei po senhor, que mora em Cabo Frio. Cabo Frio onde é... é ali perto de Búzios, né?

SIDNEY AGUILAR FILHO: Sim, sim.

ALOYSIO SILVA: Agora não sei se ele tá vivo ainda, mas se tivé vivo ele é...

SIDNEY AGUILAR FILHO: Aquele que era motorista do doutor Sérgio?

ALOYSIO SILVA: Vicente Rochel.

SIDNEY AGUILAR FILHO: Esse tá vivo ainda né?

ALOYSIO SILVA: Esse tá. Esse mora lá em Paranapanema.

SIDNEY AGUILAR FILHO: Eu vou, agora, começar a anotar uns nomes seu Aloysio Silva. Para eu poder... Olha, se o senhor quiser ver mais, ó. O senhor tá conseguindo enxergar daí?

ALOYSIO SILVA: Tá. Uh... Pois é, aí nóis era bem educado aí. Fazia catecismo, tudo, se preparava pra primeira comunhão.

SIDNEY AGUILAR FILHO: Aqui é o fundo da casa... O senhor tá vendo?

ALOYSIO SILVA: Tô.

SIDNEY AGUILAR FILHO: Essa é a frente, né? A igreja.

ALOYSIO SILVA: É... Então quer dizer que a Marquês de Abrantes não existe mais ali?

SIDNEY AGUILAR FILHO: Não, é assim, aqui na... Eles... Porque aqui na frente, que que tinha? Tinha um jardinzão enorme, não é isso? Que ia até pra Marquês de Abrantes, né? Agora aqui na frente, bem aqui na frente, tem uma rua chamada Paulo VI, tem um estacionamento, mas entre a Paulo VI e a Marquês de Abrantes tem um quarteirão inteiro de casas, de... Então eles recortaram, então hoje o educandário Romão Duarte é só o prédio. Só o cercadinho ao redor, não tem mais o quintal grande como tinha, o que aparece quando o senhor fala. Logo aqui na frente tem um portão e já acabou. Tem o portão, a gruta, tem a entrada que é a igreja. Aqui é o salão, o pátio interno. Aqui é outro pedaço do pátio interno. Aqui também ó, o pátio interno. O senhor tá conseguindo enxergar aí?

ALOYSIO SILVA: Tô.

SIDNEY AGUILAR FILHO: E aqui é onde ainda funciona o...

ALOYSIO SILVA: O berçário.

SIDNEY AGUILAR FILHO: É, ainda tem muitos internos. Esses são os documentos, os que... Onde eu encontrei, ó, os papéis do senhor. Fiquei fuçando esses livros, li todos aí, um por um, fui pegando e nesse livro aqui eu encontrei a... Aí o nome, o Argemiro, Almir, Fernandes, aí o senhor Aloysio Silva. O senhor reconhece essa assinatura do doutor Osvaldo? Osvaldo Rocha Miranda.

ALOYSIO SILVA: Ah, conheço.

SIDNEY AGUILAR FILHO: É ela mesmo?

ALOYSIO SILVA: É... É.

SIDNEY AGUILAR FILHO: Eu vou deixar uma cópia com o senhor aí. É até importante. Ó lá, porque é a mesma assinatura tá vendo?

ALOYSIO SILVA: Porque quando...

SIDNEY AGUILAR FILHO: Afonso, ó lá.

ALOYSIO SILVA: O senhor telefono pro Dito se eu aceitava a ver ocê, disse que pode dizê que venha. Porque eu sabia já o nome da mãe, mai nunca falei pra ninguém aqui. Ai ele veio com quatro cartas pra mim ... Camilo, eu li e guardei. E um dia veio aí o Renatinho tava indo do Rio, eu escrevi. Fiz a resposta da carta e pedi pra ele po num correio pra mim.

SIDNEY AGUILAR FILHO: A mãe do senhor?

ALOYSIO SILVA: É.

SIDNEY AGUILAR FILHO: A mãe do senhor tentou entrar em contato então?

ALOYSIO SILVA: Mai num recebeu porque pra mim ou ele leu ou roubo.

SIDNEY AGUILAR FILHO: Mas o senhor recebeu a carta dela?

ALOYSIO SILVA: Recebi.

SIDNEY AGUILAR FILHO: Isso é muito importante.

ALOYSIO SILVA: Eu não sei como é que acharam o endereço que eu tava, foi direito pra mim lá. Mai com o negócio de mudá pra li, mudá pra qui, perdi muita coisa. Era 16 ano. Eu tava com 16 ano aquela época. Ela tava fazendo, tava procurando. Então é isso que eu tinha pra vim te contá pra esse livro. Pa sabê porque que me abandonou, porque... não é? É um direito que eu tenho.

SIDNEY AGUILAR FILHO: É... Eu... O que eu posso dizer pro senhor, seu Aloysio Silva, eu sei que isso não vai...

ALOYSIO SILVA: Constranger?

SIDNEY AGUILAR FILHO: Não, não vai resolver nada, mas o que eu posso dizer pro senhor é o seguinte olha, essa é a roda.

ALOYSIO SILVA: Hum. É isso aí.

SIDNEY AGUILAR FILHO: É.

ALOYSIO SILVA: É.

SIDNEY AGUILAR FILHO: O senhor não foi deixado na roda.

ALOYSIO SILVA: Não foi, né?

SIDNEY AGUILAR FILHO: E o que eu posso dizer pro senhor, que pelos documentos que eu analisei, é... 95% dos casos era de miséria, viu? De pobreza extrema. Então, provavelmente, a mãe do senhor teve que entregar ou foi retirado dela...

ALOYSIO SILVA: Tá certo.

SIDNEY AGUILAR FILHO: Por miséria, por pobreza, viu, seu Aloysio Silva? Então, o senhor não era órfão, não é? É... Eu sei que isso não... não muda muita coisa, mas eu gostaria que o senhor soubesse que a mãe do senhor não colocou o senhor na roda e foi-se embora, não. Ela... ela...

ALOYSIO SILVA: Pegô?

SIDNEY AGUILAR FILHO: É. Por quê? Eu não sei. Mas o senhor foi entregue à guarda do juizado de menores... É, não foi a mãe do senhor que entregou o senhor na roda. Quem entregou... O senhor chegou ao orfanato pelas mãos do juiz Mello Matos. Então ou foi...

ALOYSIO SILVA: Então ela mandô a polícia, então?

SIDNEY AGUILAR FILHO: Ou foi, ou foi alguma coisa ligada à polícia ou foi, por exemplo, era muito comum que um padre diante de uma situação de miséria extrema pegasse a criança e entregasse pro juiz, ou é padre ou é delegado ou é freira de hospital. Talvez a mãe do senhor tenha ficado doente, por exemplo, na

Santa Casa de Misericórdia, as freiras pegaram o senhor e mandaram pro orfanato, entendeu?

ALOYSIO SILVA: Uhum.

SIDNEY AGUILAR FILHO: Então pode ser que a mãe do senhor tenha ficado doente, pode ser que tenha acontecido alguma miséria extrema, não é? Mas o senhor não entra como órfão, não é? Então, que é uma coisa...

ALOYSIO SILVA: Mas o...

SIDNEY AGUILAR FILHO: É uma coisa que eu gostaria que o senhor soubesse.

ALOYSIO SILVA: Mas nesse cartório não tem...se tem irmão... se tem... ?

SIDNEY AGUILAR FILHO: Então, na... lá no... Porque não fui no cartório, é documentação do educandário Romão de Mattos Duarte.

ALOYSIO SILVA: Mai no cartório tem que tê isso.

SIDNEY AGUILAR FILHO: Então, mas o que eu... Não sei, seu Aloysio Silva, não sei se a gente vai conseguir isso no cartório. É, o que eu posso dizer para o senhor é que quando... é, tinha irmão lá no orfanato, como o irmão da Judite...

ALOYSIO SILVA: Sei.

SIDNEY AGUILAR FILHO: Eles colocavam... Quando os dois irmãos entravam juntos.

ALOYSIO SILVA: É porque tem o Afonso e o Silvio, são Custódio os dois.

SIDNEY AGUILAR FILHO: Exato. Então, é... Eles anotavam no livro: "Fulano, irmão de Cicrano". Por isso que eu descobri que a Judite é irmã de um deles. E que eu descobri os dois irmãos que o senhor citou agora.

ALOYSIO SILVA: A Judite, ela tomava conta dos pato lá da lagoa, lá em cima pra subi o morro.

SIDNEY AGUILAR FILHO: Lá no Rio ainda?

ALOYSIO SILVA: No Rio. Que nóis sempre, às vezes, subia o morro pra catá coquinho, essas coisa.

SIDNEY AGUILAR FILHO: Ali no alto do morro, era já o Palácio da Guanabara, não é?

ALOYSIO SILVA: Já, já.

SIDNEY AGUILAR FILHO: O senhor não via de vez em quando o Getúlio, lá, não?

ALOYSIO SILVA: Não.

SIDNEY AGUILAR FILHO: Naquela época, quando o senhor era menino, o Getúlio morava ali, não é?

ALOYSIO SILVA: Pois é.

SIDNEY AGUILAR FILHO: O senhor não viu o carro do presidente chegando e saindo ali?

ALOYSIO SILVA: Não, não.

SIDNEY AGUILAR FILHO: Os senhores ficavam bem restritos, né?

ALOYSIO SILVA: Certo. Então, lá dá muito feiticeiro, macumbero, né? E quando escutava aquela batida de macumbeiro, nóis pulava dos coquero e saía correndo com saquinho pequeno, ensaca o coco pra quebra ele, pra come a castanha.

SIDNEY AGUILAR FILHO: Sim. Aquele de... de... verdinho pequenininho, que dá de cachinho.

ALOYSIO SILVA: Certo. Tinha um tal de Paulo que só tinha uma perna, voava lá em cima, deixava as muleta lá embaixo. Pulava lá de cima, caía lá, pegava as muleta e ia embora.

SIDNEY AGUILAR FILHO: O senhor tem boas lembranças de lá, né?

ALOYSIO SILVA: (Risos).

SIDNEY AGUILAR FILHO: São netas?

ALOYSIO SILVA: São.

SIDNEY AGUILAR FILHO: Tudo neta?

ALOYSIO SILVA: Tem mais ainda. Não sei se é 21 ou 20. Eu tenho quatro bisneta já.

SIDNEY AGUILAR FILHO: Quatro bisnetas?

ALOYSIO SILVA: É.

SIDNEY AGUILAR FILHO: Que maravilha, seu Aloysio Silva. É... queria mostrar pra você... Porque na, na...

DITO: Qué tomá uma laranjada, umas Fanta, Tubaína?

SIDNEY AGUILAR FILHO: Não. Eu já tê terminando aqui. Vou parar de dar trabalho pra vocês aqui.

DITO: Não, não. Magina. O senhor fica a vontade que eu pego umas Tubaína pro senhor, uma Fanta?

SIDNEY AGUILAR FILHO: Não precisa, não.

ALOYSIO SILVA: Pega outro copo.

DITO: Vou trocá esse aqui. Seu Sidney Aguilar Filho, se sinta em casa que é gente boa. Ele não liga pra nossa humildade.

SIDNEY AGUILAR FILHO: Vou dizer uma coisa procê, eu ainda não parei pra fala sobre mim, mas qualquer hora eu vou senta pra conta minha história. Ó que eu tenho uma história comprida. É uma história de pobrezas na infância também, né? Como a do seu Aloysio Silva. Tô tirando quase todas as minhas dúvidas aqui. Então, seu Aloysio Silva, por exemplo, o senhor entrava com o nome, quem era deixado na roda recebia o nome de exposto, os expostos. O senhor não, o senhor recebia o nome de desamparado. Então, o senhor não foi deixado na roda. Isso é uma coisa que eu gostaria que o senhor soubesse.

ALOYSIO SILVA: Certo.

SIDNEY AGUILAR FILHO: Entendeu? Eu peguei todos. E era muita criança lá no orfanato Romão Duarte, né?

ALOYSIO SILVA: É,

SIDNEY AGUILAR FILHO: Era muita criança, muita criança.

ALOYSIO SILVA: É Sidney Aguilar Filho, né?

SIDNEY AGUILAR FILHO: Isso.

ALOYSIO SILVA: Seu Sid... Então, tinha outro colégio novo que o major mandô faze pra trazê 100 de lá. 50 menino e 50 menina.

SIDNEY AGUILAR FILHO: Mas chegaram a trazer ou não?

ALOYSIO SILVA: Não.

SIDNEY AGUILAR FILHO: Isso quando?

ALOYSIO SILVA: Isso foi depois que o seu Renato abandono nóis. Então a turma que foi embora pro Rio, quando chegaram lá foram direto na superiora nossa aí, essa... Não, a Mamed. Eu não sei, eu tô dizendo Mamed. Foi lá e fizeram a queixa pra ela. Na hora se consultô com o juiz de menor lá, foi parado.

SIDNEY AGUILAR FILHO: Cancelou?

ALOYSIO SILVA: Cancelou.

SIDNEY AGUILAR FILHO: Senão, tinham vindo mais 100?

ALOYSIO SILVA: Já tava 50 menino pra ele separá e 50 menina e já tinha um padre escalado pra vim junto. Pra vim com nóis e desfruta de 400 alqueire de terra pra produzi em usufruto. A gente só trabaiava pra produzi isso tudo pra ele.

SIDNEY AGUILAR FILHO: Deixe eu perguntar uma coisa pro senhor. O senhor acha que vocês foram trazidos pra serem educados ou pra trabalhar na fazenda?

ALOYSIO SILVA: Pra trabalha na fazenda. Como escravo. Como trabalhei.

SIDNEY AGUILAR FILHO: Olha, seu Aloysio Silva..

ALOYSIO SILVA: Hoje, hoje é o prédio lá... A mulher que o major se amigô, ficô pra ela, ela pegô, vendeu praquele "Zacarias de Pneus", do 477, hoje já é morto o homem. Daí compro aquele colégio.

SIDNEY AGUILAR FILHO: Quando o senhor fala esse colégio, ele ficaria onde, ficaria hoje onde?

ALOYSIO SILVA: Aqui na Santa Albertina.

SIDNEY AGUILAR FILHO: Na Santa Albertina.

ALOYSIO SILVA: É. Fica pro lado onde é a herança desse Maurício. Que sobra da família.

SIDNEY AGUILAR FILHO: É... O senhor sabe se na época, seu Aloysio Silva, o DEOPS ou DOPS [Departamento de Ordem Política e Social] veio fazer alguma, alguma averiguação aí, veio fazer alguma investigação na fazenda?

ALOYSIO SILVA: Pelo que eu saiba, não.

SIDNEY AGUILAR FILHO: O senhor não tem notícia disso?

ALOYSIO SILVA: Não.

SIDNEY AGUILAR FILHO: Porque eu tenho um documento do DEOPS que diz o seguinte, ó, que diz o seguinte: "Delegado Regional de Polícia Luiz Tavares da Cunha, 38, 1938. Delegado aí de Itapetininga". Que ele informa que o seu Otavio da Rocha Miranda...

ALOYSIO SILVA: Retiro Feliz

SIDNEY AGUILAR FILHO: É... Retiro Feliz, é?

ALOYSIO SILVA: É.

SIDNEY AGUILAR FILHO: Que ele tinha um avião, que ele tinha uma central de rádio, na Santa Albertina.

ALOYSIO SILVA: Hum.

SIDNEY AGUILAR FILHO: E ele diz que é de conhecimento que os proprietários e os empregados eram adeptos, são adeptos do Integralismo.

ALOYSIO SILVA: Hum.

SIDNEY AGUILAR FILHO: Um documento do Departamento de Comunicações e Serviços de Rádio Patrulha, não é? DEOPS. Delegado de Ordem Política. Mas o senhor me disse que, quem que foi que chegou a ser preso?

ALOYSIO SILVA: O seu Renato, o Dati, pai do Renatinho. É tanto que os dele não gostava do Getúlio Vargas.

SIDNEY AGUILAR FILHO: Não gostava.

ALOYSIO SILVA: É, porque o Getúlio Varga pois a lei trabalhista e o salário mínimo que tá correndo até hoje, né? Aqui, antigamente, era tudo no mil-réis. Pro colono vim aqui fazê compra pra casa tudo aí, era um vale que pegava, um papelzinho com aquele valor. Pegava no escritório pra...

SIDNEY AGUILAR FILHO: Dinheiro não tinha?

ALOYSIO SILVA: Não, não tinha.

SIDNEY AGUILAR FILHO: Dinheiro não tinha. Olha aqui, deixa eu ver. Essa aqui é quando eu vim aqui em 94, 95. Eles foram derrubar lá, né?

ALOYSIO SILVA: Sim.

SIDNEY AGUILAR FILHO: Essa aqui... Qual que é essa fazenda aqui? Deixa eu ver. Essa fazenda que tem essa capela qual que é? É a Santa Albertina ou é a Cruzeiro do Sul? Pode fuçar aí, seu Aloysio Silva.

ALOYSIO SILVA: Essa aqui é o Cruzeiro do Sul.

SIDNEY AGUILAR FILHO: É a fazenda Cruzeiro do Sul, né?

ALOYSIO SILVA: É. Tá começando caí por aqui já. É daqui que eles tiraram os tijolos pra mostrá pro povo. E eles num deve tá nem capinando, deve tá cuma capoeira, né?

SIDNEY AGUILAR FILHO: Mas nessa época o senhor frequentava esse lugar também?

ALOYSIO SILVA: Já! Eu trabalhei cinco anos nessa fazenda aí. O Renatinho me levô daqui pra trabaiá com uma tropa de burro num...

SIDNEY AGUILAR FILHO: Mas com quantos anos o senhor chegou a ir nessa fazenda? O senhor se lembra? Logo que o senhor chegou aqui o senhor ia lá?

ALOYSIO SILVA: Não, foi quando comecemos a conhecê tudo aí. Daí os irmão se encontraram.

SIDNEY AGUILAR FILHO: Mas quando o senhor veio, o senhor ficava mais na Santa Albertina?

ALOYSIO SILVA: É, mais aqui.

SIDNEY AGUILAR FILHO: Tá.

ALOYSIO SILVA: Aí quando eles faziam uma festa, daí vinha aí, cunvidava o irmão dele pra i lá e levava nóis tudo. Porque nóis tinha uma banda de música aqui. Ele formô uma banda de música aqui com nóis. E trouxe mais de Buri e tudo. Ensinô nóis.

SIDNEY AGUILAR FILHO: E qual era a relação do Sérgio com o Osvaldo? Além de serem irmãos. Eles tinham negócio juntos? Eles eram sócios?

ALOYSIO SILVA: Não. Cada um tinha o que é seu. O doutor Sérgio tinha a fazenda dele e ele ia sempre pro Mato Grosso caça onça.

SIDNEY AGUILAR FILHO: E esse doutor Sérgio não tinha muito contato com vocês?

ALOYSIO SILVA: Não. E o major era pra cá, né.

SIDNEY AGUILAR FILHO: Mas eles se davam bem?

ALOYSIO SILVA: Se davam. Ele tinha um irmão que mora no Rio, se tivé vivo, eu acho que não ta vivo, o dotor Armênio vinha ai só pra caça codorna e perdiz. Otra pessoa não podia entra na fazenda. Tinha orde de não dexa memo. Era só o irmão dele que tinha. Ó aqui a fazenda Cruzeiro do Sul. Então a reportagem me levô pa mostra como é que era, que eles chamam de cadeia, pra nóis é balel. Esse silo descia num sei quantos metro pra baixo. Era pra armazená ração pra criação, né?

SIDNEY AGUILAR FILHO: Sim.

ALOYSIO SILVA: Então quando não tinha onde prende a gente, mandava jogá lá dento.

SIDNEY AGUILAR FILHO: Mas o senhor chegou a ser colocado lá dentro?

ALOYSIO SILVA: Ô!

SIDNEY AGUILAR FILHO: Com quantos anos?

ALOYSIO SILVA: Era mulecão já.

SIDNEY AGUILAR FILHO: Mas mulecão de 12 anos, 13 anos?

ALOYSIO SILVA: Mai, mai disso.

SIDNEY AGUILAR FILHO: 20 anos?

ALOYSIO SILVA: Não, não. Menos.

SIDNEY AGUILAR FILHO: Menor de idade ainda?

ALOYSIO SILVA: É, menor de idade.

SIDNEY AGUILAR FILHO: Então o senhor, então menor de idade, o senhor chegou a frequentar essa fazenda Cruzeiro do Sul?

ALOYSIO SILVA: Já. Mai só que essa cadeia aí era di...di alumínio. Não era de madera ou tijolo não.

SIDNEY AGUILAR FILHO: Sim. Mas o senhor chegou, por exemplo, a ficar preso nesse lugar?

ALOYSIO SILVA: Eles vieram me levá lá fazê a entrevista pra... mas também pra representá o bailel que o coiso falava. Eu sei onde é tudu esse bailel. Tudo ai onde é. Onde armazena ração pro gado.

SIDNEY AGUILAR FILHO: O senhor se recorda de ter sido preso aí quantas vezes?

ALOYSIO SILVA: Ah, mai de.. Foi de... Daí fui crescendo ai não puderam mais.

SIDNEY AGUILAR FILHO: Mas, várias vezes o senhor?

ALOYSIO SILVA: Várias vezes.

SIDNEY AGUILAR FILHO: Colocaram o senhor...

ALOYSIO SILVA: É...mai esse bailel era mais fraco porque assim no perto do chão quando cede pra cima. Quando era hora de levá comida lá, de dentro eu falava: trai uma vasia d'água, móia a parede ai e cutuca com ferro que troxa um tijolo, aí derruba. Era assim.

SIDNEY AGUILAR FILHO: Quer dizer, eu poderia afirmar então que o senhor chegou a ser preso nessa fazenda nazista?

ALOYSIO SILVA: Ô! Então. Isso aqui tudo era..

SIDNEY AGUILAR FILHO: Porque aí...

ALOYSIO SILVA: Gado. Queria fazê a exposição.

SIDNEY AGUILAR FILHO: Porque aí os símbolos nazistas estão por todos os cantos né?

ALOYSIO SILVA: É.

SIDNEY AGUILAR FILHO: Inclusive na época que o senhor era menino?

ALOYSIO SILVA: Certo, é.

SIDNEY AGUILAR FILHO: Mas o senhor chegou a ver esses símbolos naquela época ou não? O senhor sabia que nos tijolos tinham marcado?

ALOYSIO SILVA: Sabia.

SIDNEY AGUILAR FILHO: Sabia?

ALOYSIO SILVA: Sabia por que o barbudo tinha já mostrado pra mim, né?

SIDNEY AGUILAR FILHO: Não, mas lá na época?

ALOYSIO SILVA: Ah, naquela época, não, não sabia.

SIDNEY AGUILAR FILHO: Mas as construções são as mesmas?

ALOYSIO SILVA: É, a igreja lá do Cruzeiro.

SIDNEY AGUILAR FILHO: Mas as construções são as mesmas daquela época?

ALOYSIO SILVA: São as mesmas. É, tá querendo caí, as outras casas dos moradô tá acabando também tudo lá. Caiu, o bailel. Esse vai lá pra cima, pra baixo vai seis metro.

SIDNEY AGUILAR FILHO: Quer dizer que eu poderia afirmar, por exemplo, que o senhor chegou a ficar preso num silo dessa fazenda...

ALOYSIO SILVA: De ração de criação.

SIDNEY AGUILAR FILHO: Pra ser castigado?

ALOYSIO SILVA: É.

SIDNEY AGUILAR FILHO: É, seu Aloysio Silva...

ALOYSIO SILVA: Aqui é ali perto das mangueiras do Cruzeiro memo. Essa fazenda Cruzeiro, quando era do doto Sérgio, era a melhor da fazenda, mais bem arrumadinha na região. Tinha até zoológico aí, o home criava bicho de tudo qualidade. Hoje, se eu fô lá hoje, o que não é lavora é mato.

SIDNEY AGUILAR FILHO: E na época que o senhor era menino, quem que trabalhava nessas fazendas, nessa fazenda Cruzeiro do Sul?

ALOYSIO SILVA: Ah, ali trabalhô muita gente, não.

SIDNEY AGUILAR FILHO:. Mas não eram só meninos trazidos?

ALOYSIO SILVA: Não, não. Era gente que pedia colocação, tudo. Aí trazia a família e criava a família ali.

SIDNEY AGUILAR FILHO: Tá certo. Aqui o senhor se lembra de ver gado marcado com a suástica na época?

ALOYSIO SILVA: Aqui lembro.

SIDNEY AGUILAR FILHO: Na mesma época que o senhor era preso aí, que o senhor foi preso, o senhor se lembra do gado marcado com a suástica ou não?

ALOYSIO SILVA: Quando, nesse tipo assim, era tudo certinho. Essa igreja era bem arrumadinha, limpinha. Hoje é... Essa aqui, essa árvore aqui tranca a frente tudo.

SIDNEY AGUILAR FILHO: Sim.

ALOYSIO SILVA: Num tinha essa aqui, tá tudo... O que não tá limpo ali tá tudo em mato.

SIDNEY AGUILAR FILHO: Uma pena né?

ALOYSIO SILVA: É.

SIDNEY AGUILAR FILHO: Ou não, né? Também, produziu tanto sofrimento né?

ALOYSIO SILVA: Pois é.

SIDNEY AGUILAR FILHO: Isso aí foi uma viagem que eu vim aí...

ALOYSIO SILVA: Boa essa fotografia. Interinha a cochera.

SIDNEY AGUILAR FILHO: É, isso daí foi em 97, se eu não me engano estive aí. Ai logo em seguida o... faleceu...o...

ALOYSIO SILVA: Seu Abreo?

SIDNEY AGUILAR FILHO: Como que chamava o pai da Suzana, o pai da... Um dos herdero do Renatinho?

ALOYSIO SILVA: Ah, o Manezinho?

SIDNEY AGUILAR FILHO: O Manezinho. Aí, logo depois que ele morreu, eu me afastei, né.

ALOYSIO SILVA: Pois é, aquele rapaiz num ergueu uma palha pro povo, o Renatinho e o nome dele tá lá, no testamento. Pra mim, quando ele teve vida, o Renatinho, ele chego a fala pro amigo dele, o doto Assum: "olha doto Assum, eu vou dá dois cavalo: um pra ele e um pro filho dele, dos melhó animá que eu tenho aqui na fazenda". Morreu e tá ai. Também, nunca procurei e nem preciso.

SIDNEY AGUILAR FILHO: É, seu Aloysio Silva... Bom, seu Aloysio Silva, é o seguinte...

ALOYSIO SILVA: Ó aqui, como tá tudo sujo ali em volta da igreja. Tá tudo boa essas fotografia.

SIDNEY AGUILAR FILHO: Muitos anos atrás que eu tirei.

ALOYSIO SILVA: E o Manezinho se matô.

SIDNEY AGUILAR FILHO: Quem?

ALOYSIO SILVA: O Manezinho, passo aqui qui nem um loco ai. Foi morrê lá na, lá na frente lá, perto daquele trio.

SIDNEY AGUILAR FILHO: Mas o quê? Por quê?

ALOYSIO SILVA: Locura demais. E o pessoal tava gostando dele lá, porque ele abriu um servição de lavora pro povo, pra dá serviço pro povo.

SIDNEY AGUILAR FILHO: Mas, a troco do que assim? Tava bêbado é isso?

ALOYSIO SILVA: Bêbado.

SIDNEY AGUILAR FILHO: Ai, que pena. Triste né, seu Aloysio Silva?

ALOYSIO SILVA: É.

SIDNEY AGUILAR FILHO: Deixa eu separar agora aqui o documento do senhor. Eu vou deixar isso com o senhor, seu Aloysio Silva, mas eu vou fazer uma foto melhor porque esse documento aqui, o senhor sabe que a hora que eu...

ALOYSIO SILVA: Eu tenho que guardar ele bem guardado, não?

SIDNEY AGUILAR FILHO: Ó, seu Aloysio Silva, agora, é assim: se o senhor perde, eu arrumo pro senhor outro. Porque agora...agora...

ALOYSIO SILVA: Mai, o senhor tem jeito de fotografá sem se tê essa cópia assim?

SIDNEY AGUILAR FILHO: Não entendi, seu Aloysio Silva.

ALOYSIO SILVA: Mai tem jeito de fotografa sem leva essa cópia pra leva?

SIDNEY AGUILAR FILHO: Isso aqui eu vou deixar com o senhor. Mas o que eu prometo é fazer uma outra foto melhor, pra ficar mais nítido.

ALOYSIO SILVA:. Mai porque que vai faze mai? Mai tem cópia pa copiá ela?

SIDNEY AGUILAR FILHO: Ah. Isso aqui, seu Aloysio Silva, que que eu fiz? Eu peguei minha máquina, tirei uma foto do documento que tá lá, no educandário Romão Duarte e imprimi. O senhor não viu que eu fiz isso, fiz isso pra... Aí ó, fiz isso pra vários... Aí ó... Fiz pra todo mundo que eu encontrei ó: Judite, José, né aí... Jorge, o Almir, não é? Aí, eu tirei fotos pra, de todos que eu encontrei lá. Ó, eu tenho as cópias em papel, eu tenho cópia no computador, eu tenho outras cópias em casa e tem os originais lá no Romão Duarte.

ALOYSIO SILVA: É? Mai tem jeito de pegá lá do Romão Duarte?

SIDNEY AGUILAR FILHO: O original, provavelmente não, né. Por que eles tão... faz parte do arquivo deles né? Mas, dá pra gente ir lá, pro senhor vê, pro senhor olha seu documento.

ALOYSIO SILVA: Me diga uma coisa: essa promessa que o majó falo pro juiz que ia cumpri, essa promessa com criá esse 50 muleque aqui, que nem troxe. Eu num, não entendi nada disso aí.

SIDNEY AGUILAR FILHO: O senhor está querendo sabre o que eu acho?

ALOYSIO SILVA: Anh?

SIDNEY AGUILAR FILHO:. É isso?

ALOYSIO SILVA: É.

SIDNEY AGUILAR FILHO: Eu acho que vocês foram explorados. Eu acho, seu Aloysio Silva, sinceramente. É...O senhor pode, o senhor pode discordar de mim inclusive...

ALOYSIO SILVA: Não, não discordo não.

SIDNEY AGUILAR FILHO: Mas acho... Mas eu acho... Eu acho que alguns homens muito ricos do Rio de Janeiro, muito ricos...

ALOYSIO SILVA: Porque o rico memo ali era a mulher dele, a dona Aurinha.

SIDNEY AGUILAR FILHO: Bom, olha: os Rocha Miranda, eles eram donos, assim, de grandes hotéis, de construtoras..

ALOYSIO SILVA: Pois é. Essa região foi o pai dele que compro.

SIDNEY AGUILAR FILHO: Sim, o Luis.

ALOYSIO SILVA: É.

SIDNEY AGUILAR FILHO: O Luis. Então, era uma das famílias mais poderosas do Rio de Janeiro, na época.

ALOYSIO SILVA: Certo.

SIDNEY AGUILAR FILHO: E o Rio de Janeiro tava crescendo muito, e pra mim, eles estavam querendo pegá aquele pedaço da Glória, do Flamengo até Copacabana e livrá aquele pedaço de pobre e...

ALOYSIO SILVA: É.

SIDNEY AGUILAR FILHO: Principalmente, de menino órfão. E juntaram a vontade de tirar vocês de lá com a vontade de por vocês pra trabalhar aqui...

ALOYSIO SILVA: Virá escravo deles aí.

SIDNEY AGUILAR FILHO: Com... Eu acho que, eu acho que juntou ainda o fato de que acreditavam, talvez até acreditassem que estavam fazendo o que era certo. Apesar de eu achar que não. Mas o fato é que a impressão que eu tenho é que vocês, realmente, foram...

ALOYSIO SILVA: Sabe por que tem o hotel tem o nome de Glória?

SIDNEY AGUILAR FILHO: Hum?

ALOYSIO SILVA: Por causa da mãe do Renatinho. O majó pois o nome da Santa Albertina porque a mãe do majó era Albertina, a dona Albertina. E agora, o hotel Glória lá no Rio, botaram Glória por causa da mãe do Renatinho.

SIDNEY AGUILAR FILHO: Olha aí. Quer ver?, deixa eu... Quer ver?... Inclusive eu vou pegar, então já que o senhor trouxe esse assunto. Tem uns nomes também aqui, ó. O importante, seu Aloysio Silva, é que isso não volte a acontecer, sabe seu Aloysio Silva?

ALOYSIO SILVA: Mais volta, porque do jeito que tava não tem jeito, não. Cada dia aparece mais miséria ainda.

SIDNEY AGUILAR FILHO: Ah. O senhor recebeu as cópias das matérias que saíram no jornal, na imprensa?

ALOYSIO SILVA: Eu tenho o jornal guardado aí.

SIDNEY AGUILAR FILHO: Esse aqui o senhor chegô a recebe né? Esse aqui da Telma?

ALOYSIO SILVA: Recebi.

SIDNEY AGUILAR FILHO: Esse aqui, né?

ALOYSIO SILVA: Recebi.

SIDNEY AGUILAR FILHO: Recebeu, né? É.. o que saiu na Alemanha o senhor recebeu?

ALOYSIO SILVA: Não recebi. Ele disse que ia mandá depois de pronto, mandá uma revista, num mando.

SIDNEY AGUILAR FILHO: Olha, eu fiz uma cópia pro senhor da que saiu na internet. Inclusive uma imagem do senhor aqui... duas imagens. Fiz uma cópia pro senhor aqui. Aproveitei e trouxe uma do jornal Cruzeiro do Sul. Só que tá em alemão, né?

ALOYSIO SILVA: Hum.

SIDNEY AGUILAR FILHO: Mas fique uma cópia pro senhor.

ALOYSIO SILVA: Certo.

SIDNEY AGUILAR FILHO: E tem uma outra, que é a tradução aqui. Eu trouxe uma, eu fiz uma cópia do que saiu, tô deixando também aqui os documentos do senhor. Essa matéria o senhor se recorda ou não? Essa foi a primeira, lá em 90, noventa e pouquinho. Não, né?

ALOYSIO SILVA: Não lembro.

SIDNEY AGUILAR FILHO: Eu vou deixar uma cópia dessa pro senhor também. Ó, tá aqui a tradução. Tá aqui.

ALOYSIO SILVA: Num tô lembrado dessa aqui, não. É da Record esse daqui?

SIDNEY AGUILAR FILHO: Não. Esse foi uma matéria, se eu não me engano em 97, seu Aloysio Silva, eu falei disso, dessa história... Esse número Sete, quem que é?

ALOYSIO SILVA: Era eu.

SIDNEY AGUILAR FILHO: Ah, ó lá ó. Nossa, mais antiga a foto do senhor aqui, né?

ALOYSIO SILVA: É.

SIDNEY AGUILAR FILHO: E o Vinte. Tá o senhor e o vinte.

ALOYSIO SILVA: Ah, mais então isso daí num foi comigo. Fizeram com o Vinte lá na ponte do Paranapanema.

SIDNEY AGUILAR FILHO: O Roque.

ALOYSIO SILVA: É. Roque Paturi o nome dele.

SIDNEY AGUILAR FILHO: Ele será que está vivo ainda?

ALOYSIO SILVA: Não. Já morreu.

ALOYSIO SILVA: Daquela turma só existe, eu agora. Ah, o outo que eu queria falá, o Moacir. Nóis era em 50, mais o doto Sergio boto dois, misturaro dois e mais o Moacir. O majó pego pra criá ele que o pai tinha morrido lá no Lenheiro da Barrinha. O Moacir não veio do Rio não. Ele é daqui. Ele era fio de um carroceiro que bombardeava lenha ali na barrinha. Mais a... pai dele e a mãe dele era pobrezinho. Morreu ela, daí o majó pego ele, boto junto pra criá cum nóis.

SIDNEY AGUILAR FILHO: É, eu tô deixando um documento, tá com uma foto muito malfeita porque eu fiquei nervoso na hora que eu encontrei o documento do seu Aloysio Silva. Mas eu vou fazer uma cópia melhor...

DITO: Sei.

SIDNEY AGUILAR FILHO: Mais é a declaração do juiz Mello Mattos que aparece o nome do seu Aloysio Silva e o nome da mãe.

DITO: Sei.

SIDNEY AGUILAR FILHO: Então eu tô deixando essa daqui, mas eu vou fazer uma cópia melhor pra vocês terem o documento.

DITO: É, nóis vamos pôr numa pastinha...

ALOYSIO SILVA: Ah, agora eu to sabendo mais ou menos...

SIDNEY AGUILAR FILHO: Tudo isso daqui são matérias que saíram, viu seu Aloysio Silva? Na imprensa aqui no Brasil, na Europa, na Record...

ALOYSIO SILVA: Eu não fui na Roda não, foi o juiz que me cato e me pois lá na quadra.

DITO: O que eu entendi do seu Sidney Aguilar Filho foi assim pai: aquele tempo, o que aconteceu? Que nem eles mandavam, os poderoso lá no Rio. O que aconteceu? Quando tinha... acho que eles vieram pra cá pro estado de São Paulo, compraram as fazendas, eles acharam jeito, jeito de quê? De dá uma esvaziada lá e aproveita a mão de obra aqui.

SIDNEY AGUILAR FILHO: É isso aí.

DITO: E foi o que aconteceu. Agora o que aconteceu? Eu falei que, o pai, ele foi discriminado no meio de todos. Por quê? Só os que eram mais escuros. Porque a maioria, eu falo, pai, ele bate de frente comigo. O pai foi um dos únicos que só foi escravizado...

SIDNEY AGUILAR FILHO: Então, dos meninos algum ficou bem?

ALOYSIO SILVA: Não.

DITO: Não.

SIDNEY AGUILAR FILHO: Não.

DITO: Não. Mais daí só que o pai foi o que mai aguentou lá. E a maioria tudo saíram bem lá, porque o pai não tinha boca pra nada.

ALOYSIO SILVA: Ele tá dizendo que os que saíram bem, não saíram. Outra gente de fora que pescou.

DITO: Mas eles investiram nesses homens...

ALOYSIO SILVA: Pois é.

DITO: O Nestor.

ALOYSIO SILVA: O Nestor, o Nestor e o Paulo Guerra, eles meteram a mão. Eles meteram a mão própria que eu vi. A própria que eu vi. Nóis era tudo colega de trabaio, trabaiô tudo junto. Mai ninguém contava da sujeira de um do outro.

SIDNEY AGUILAR FILHO: Ó, dexa, dexa eu vê se eu to, to certo. Então Armênio...

ALOYSIO SILVA: Dotor Armênio é irmão do Osvaldo Rocha...

SIDNEY AGUILAR FILHO: Ele é irmão do Osvaldo, e irmão do Sérgio, e irmão do Otávio e irmão do Renato.

ALOYSIO SILVA: É. O seu Datinho, pai do Renatinho.

SIDNEY AGUILAR FILHO: E todos eles eram filhos do Luis?

ALOYSIO SILVA: Isso.

SIDNEY AGUILAR FILHO: É... Com a dona Albertina.

ALOYSIO SILVA: Certo.

SIDNEY AGUILAR FILHO: É... o senhor já ouviu falar de algum Guinle?

ALOYSIO SILVA: Guili?

SIDNEY AGUILAR FILHO: Guinle. Evangelina Guinle, Candido Guinle, Guilherme Guinle, não?

ALOYSIO SILVA: Não.

SIDNEY AGUILAR FILHO: Carlos Eduardo Guinle da Rocha Miranda.

ALOYSIO SILVA: Carlos Eduardo...

SIDNEY AGUILAR FILHO: Guinle da Rocha Miranda.

ALOYSIO SILVA: Acho que não. Esse Carlos...

SIDNEY AGUILAR FILHO: O Rodolfo Nogueira, aquele irmão mais velho do Renato, do Armênio o senhor chego a conhece?

ALOYSIO SILVA: Dotor Armênio? Conheci.

SIDNEY AGUILAR FILHO: Não, o irmão mais velho dele, Rodolfo, Rodolfo Nogueira.

ALOYSIO SILVA: O mais velho era o dotor Armênio.

SIDNEY AGUILAR FILHO: É que o Luis teve dois casamentos, né?

ALOYSIO SILVA: Ah, bom. Ai tá certo.

SIDNEY AGUILAR FILHO: Esse do Renato é o segundo casamento.

ALOYSIO SILVA: Do Rodolfo eu não sei.

SIDNEY AGUILAR FILHO: O Rodolfo foi Ministro da Agricultura do Brasil em 1909, 1910. Era do primeiro casamento.

ALOYSIO SILVA: Porque lá, lá de Vassoura, o senhor num conhece lá né? Lá no Rio?

SIDNEY AGUILAR FILHO: Que que o senhor poderia me falar lá de Vassoura? Lá do Barão do Pantanal?

ALOYSIO SILVA: Lá tem um que é criado com nóis, o Alvarenga. Ele tava lá, lá em Vassoura né? Que os Miranda tinha fazenda lá no Itatiaia, lá na serra.

SIDNEY AGUILAR FILHO: Rocha Miranda era parente de Rocha Clote? Ou não?

ALOYSIO SILVA: Isso eu não sei.

SIDNEY AGUILAR FILHO: Quando o senhor fala Itatiaia, o senhor fala o município ali de Rezende, é isso?

ALOYSIO SILVA: Isto.

SIDNEY AGUILAR FILHO: O senhor acha que pode ter algum sobrevivente lá?

ALOYSIO SILVA: O Alvarenga deve tá lá, que ele, quando o majó mandô levá ele daqui, ele era muleque novo ainda, ele tava aprendendo a passar carpinere em roça ainda, ele foi...

SIDNEY AGUILAR FILHO: Mas Alvarenga era um dos 50?

ALOYSIO SILVA: Era.

SIDNEY AGUILAR FILHO: Olha aí!

ALOYSIO SILVA: Esse era mais moreno claro. E se ele tivé já, se ele fô vivo ainda, ele já deve ta com, dum sessenta em diante já.

SIDNEY AGUILAR FILHO: Muito bem. Seu Aloysio Silva, tem mais alguma coisa que o senhor queira dizer? Porque a gente já tá aqui tem duas horas... (risos).

Caderno de imagens

Figura 1: Exemplo do Livro de Circulação dos Internos

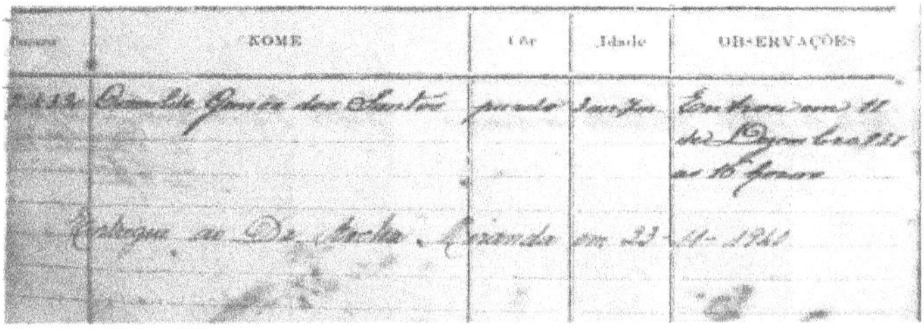

Fonte: Arquivos do Educandário Romão de Mattos Duarte, na cidade do Rio de Janeiro

Figura 2: Exemplo de atestado do Juizado de Menores do Distrito Federal

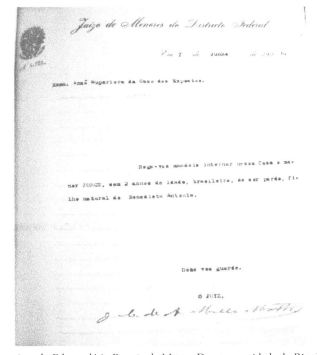

Juizo de Menores do Districto Federal

Em 7 de Junho de [illegible]

Exma. Irmã Superiora da Casa dos Expostos.

Rogo-vos mandeis internar nessa Casa o menor JORGE, com 2 annos de idade, brasileiro, de cor pardo, filho natural de Benedicta Antonia.

Deus vos guarde.

O JUIZ,

Fonte: Arquivos do Educandário Romão de Mattos Duarte, na cidade do Rio de Janeiro

Figura 3: Capa do Relatório de Ensino

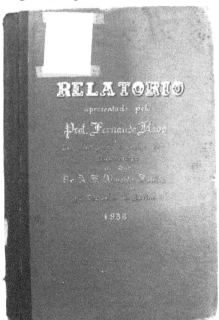

Fonte: Acervo do Arquivo Público do Estado de São Paulo

Figura 4: Folha de rosto do Relatório de Ensino

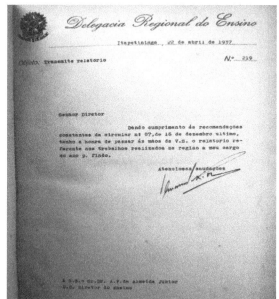

Fonte: Acervo do Arquivo Público do Estado de São Paulo

Figura 5: Exemplo de resultado obtido

CAPÍTULO IV

DA FAMÍLIA E EDUCAÇÃO

Art. 167. A família, constituída pelo casamento indissolúvel, está sob a proteção especial do Estado.

Art. 168. O casamento será civil, e gratuita a sua celebração e respectivo registo.

Parágrafo único. O casamento poderá ser validamente celebrado pelo Ministro de qualquer confissão religiosa, previamente registado no juizo competente, depois de reconhecida a sua idoneidade pessoal e a conformidade do rito respectivo com a ordem pública e os bons costumes. O processo de habilitação obedecerá ao disposto na lei civil. Em todos os casos, o casamento somente valerá depois de averbado no Registo Civil. A lei estabelecerá penalidades para a transgressão dos preceitos legais atinentes á celebração do casamento.

Art. 169. Aos contraentes é obrigatória a prova prévia de exame de sanidade física e mental, segundo os moldes da eugenia, estabelecido sem lei federal.

Fonte: Documentos da Assembleia Nacional Constituinte de 1933-1934

Figura 6: Roda de Expostos

Fonte: Museu do Educandário Romão de Mattos Duarte

Figura 7: Foto de satélite mostra no canto inferior direito o Palácio Guanabara e no canto superior esquerdo o Educandário Romão de Mattos Duarte. No período em que esta pesquisa se concentra, o espaço entre os dois palacetes era coberto por jardins

Fonte: Google Earth. Disponível em: <www.earth.google.com>. Acesso em: 26 jul. 2010

Figura 8: Livro dos Órfãos da Santa Casa de Misericórdia de Campinas (SP)

Fonte: Centro de Memória da Unicamp

Figura 9: Atestado de Entrada de Menores no Educandário Romão de Mattos Duarte assinado pelo Juiz José Cândido de Albuquerque Mello Mattos

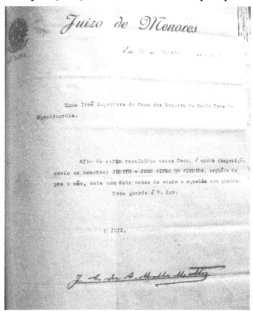

Fonte: Arquivos do Educandário Romão de Mattos Duarte, na cidade do Rio de Janeiro

Figura 10: Recorte de jornal – "O caso dos menores nos espectaculos theatraes"

O CASO DOS MENORES NOS ESPECTACULOS THEATRAES

Preoccupou enormemente a attenção do publico a lucta estabelecida entre o Conselho Supremo da Côrte de Appellação e o Juiz de Menores, que pretendia usurpar o patrio-poder de todos os chefes de familia, arvorando-se em tutor de todos os menores, de todas as edades, quando a lei lhe confere jurisdicção apenas sobre os abandonados e delinquentes.

O theatro tem, entre nós, rumado tão ostensivamente para a licenciosidade que se tornam necessarias medidas energicas que salvaguardem a sociedade do abysmo que se vae dilatando cada vez mais á sua frente. O Juiz de Menores tomou a iniciativa. Fel-o, porém, de modo violento e dictatorial, procurando assumir as funcções que o Codigo Civil commette aos paes de familia e prohibindo que os menores de 18 annos frequentassem os theatros e cinemas, mesmo quando acompanhados pelos seus responsaveis directos.

Parece-nos que o meio de moralisar as casas de espectaculos é bem differente, sendo necessaria apenas a prohibição formal de certas e determinadas peças e films, mediante rigorosa censura prévia, não se fazendo mister a summaria e absurda annullação do patrio poder tentada pelo Juiz de Menores O sr. Mello Mattos deveria exigir fosse cumprida a obrigação da policia; não o fez e, saltando por sobre a lei, obrigou os interessados ao recurso do remedio que consiste no *habeas-corpus*.

O Conselho Supremo da Côrte de Appellação concedeu a medida requerida e declarou nulla a portaria do Juiz de Menores. Todo o mundo acreditou em que seria acatada, como deveria ser, a resolução do Tribunal superior; entretanto, o Juiz de Menores, esquecendo-se de que são justamente os magistrados os que mais obedientes se devem mostrar ás ordens das instancias judiciarias superiores, demonstrou a mais condemnavel das insubordinações.

O Conselho Supremo, após haver censurado por tres vezes o Juiz de Menores, suspendeu-o do exercicio das suas funcções, dando-lhe um substituto, que cumpriu as ordens do mais alto Tribunal local.

É apenas para louvar que se tenha salvaguardado a majestade da magistratura superior que aqui está este commentario. O contrario seria para lamentar, pois o Poder Judiciario é algo de intangivel, e nunca poderão ser acoroçoadas as attitudes que visarem deprimir as ordens dos Tribunaes superiores.

Fonte: Revista da Semana, ano XXIX, n. 14, 29 de março de 1929

Figura 11: Página do Livro dos Órfãos e Desamparados do Educandário Romão de Mattos Duarte, 1933. Constam o número de entrada, o nome, a cor da pele, a idade no ingresso, o nome do responsável pela guarda e a data de saída

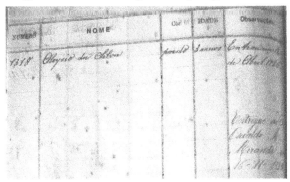

Fonte: Arquivos do Educandário Romão de Mattos Duarte, na cidade do Rio de Janeiro

Figura 12: Folha do canhoto do Talonário de Saída dos órfãos e desamparados do Educandário Romão de Mattos Duarte. Constam o nome da criança, a condição jurídica, o número de ingresso, a data de saída e a assinatura do responsável pela retirada

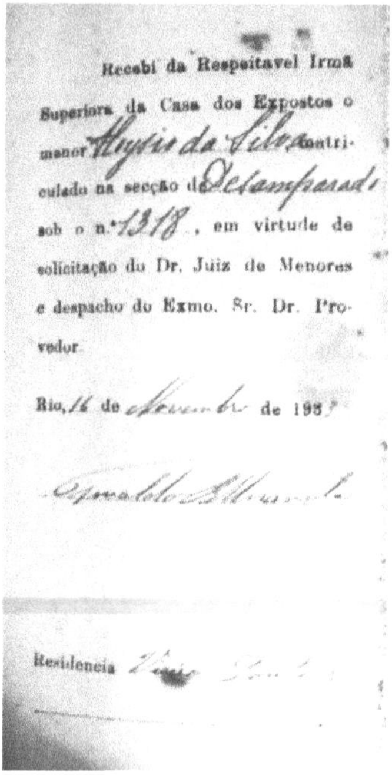
Recebi da Respeitavel Irmã Superiora da Casa dos Expostos o menor Aloysio da Silva matriculado na secção de Desamparados sob o n.º 1318, em virtude de solicitação do Dr. Juiz de Menores e despacho do Exmo. Sr. Dr. Provedor.

Rio, 16 de Novembro de 193

Residencia

Fonte: Arquivos do Educandário Romão de Mattos Duarte, na cidade do Rio de Janeiro

Figura 13: Página do Livro dos Órfãos e Desamparados do Educandário Romão de Mattos Duarte, 1933. Consta o número de entrada, o nome, o nome da irmã, a cor da pele, a idade no ingresso, o nome do responsável pela guarda e a data de saída

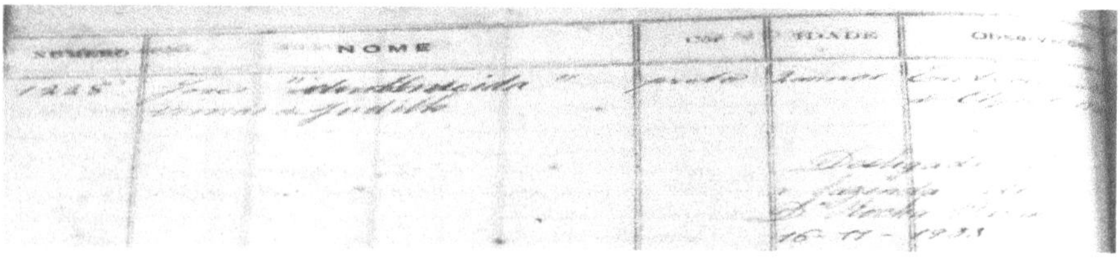

Fonte: Arquivos do Educandário Romão de Mattos Duarte, na cidade do Rio de Janeiro

Figura 14: Mapa rodoviário e foto de satélite do local; em destaque, a antiga pista de pouso

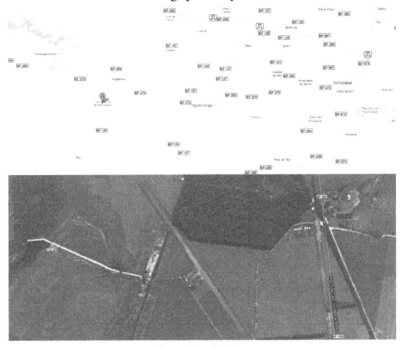

Fonte: Google Maps

Figura 15: Certificado de pedigree

Fonte: Arquivo Edgard Leuenroth

Figura 16: Bandeira da Fazenda Cruzeiro do Sul

Fonte: Arquivo Edgard Leuenroth

Figura 17: Radiotelegrama n.º 167 do Delegado Regional de Polícia Luiz Tavares da Cunha

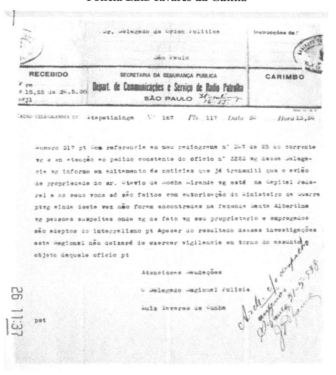

Fonte: Arquivo Público do Estado de São Paulo

Entre integralistas e nazistas 299

Figura 18: Radiotelegrama n.º 134 do Delegado Regional de Polícia Luiz Tavares da Cunha

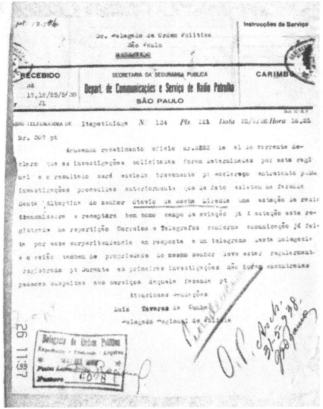

Fonte: Arquivo Público do Estado de São Paulo

Figura 19: Foto de Renato Rocha Miranda em uniforme integralista. Foto enquanto patrono da Escola Estadual Renato Rocha Miranda em Campina do Monte Alegre, provavelmente entre 1933 e 1937

Fonte: Arquivo

Figura 20: Na terceira fileira de cima para baixo, e na segunda da esquerda para a direita aparece a foto de Renato Rocha Miranda, em destaque Plínio Salgado

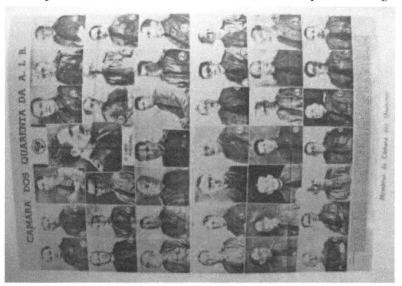

Fonte: Trindade (1974, p. 270)

Figura 21: Logo do Segundo Congresso Internacional de Eugenia, de 1921

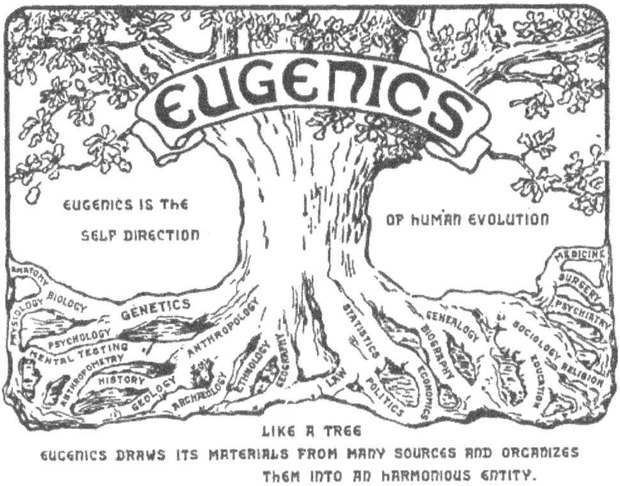

Fonte: Arquivo

Tradução do texto: "Eugenia é o direcionamento da evolução humana" (lados da árvore). "Como uma árvore, a eugenia retira seu material de diversas fontes e as organiza para uma etnia harmoniosa" (base da árvore). "Anatomia. Fisiologia. Biologia. Psicologia. Genética. Testes mentais. Antropometria. História. Geologia. Antropologia. Arqueologia. Etnologia. Geografia. Direito. Estatística. Política. Economia. Biografia. Genealogia. Educação. Sociologia. Religião. Psiquiatria. Cirurgia. Medicina" (raízes da árvore, da esquerda para a direita)

Figura 22: Grupo de Legionários de Pará de Minas (MG)

Fonte: Arquivo Público Mineiro, Fundo Olegário Maciel. Disponível em: <http://www.siaapm. cultura.mg.gov.br/modules/fotografico_docs/photo.php?lid=30297>. Acesso em: 23 abr. 2010

Figura 23: Grupo de Legionários de Pará de Minas (MG)

Fonte: Arquivo Público Mineiro, Fundo Olegário Maciel. Disponível em: <http://www.siaapm.cultura.mg.gov.br/modules/fotografico_docs/photo.php?lid=30297>. Acesso em: 23 abr. 2010

Figura 24: Recorte da *Revista da Semana*

Fonte: *Revista da Semana*, ano XXXVIII, ed. 46, de 25 de outubro de 1937

Figura 25: Recorte da Revista da Semana

Dr. Belisario Penna

O director do Departamento Nacional de Saude Publica foi nomeado para exercer, interinamente, o cargo de ministro da Educação, com a vaga aberta pelo dr. Francisco Campos.

Notavel hygienista e revolucionario de 1922, o grande apostolo do saneamento rural, pelo vulto de sua obra e o valor de sua personalidade, é um nome que dignifica o momento renovador do Brasil.

Dr. Francisco Campos

O dr. Francisco Campos foi exonerado, a pedido, do cargo de ministro da Educação e Saude Publica, que vinha exercendo desde a creação dessa pasta pelo governo Provisorio. Foi a primeira vaga verificada no ministerio da Revolução.

Ex-ministro dr. Francisco Campos.

Fonte: *Revista da Semana*, ano XXXII, ed. 40, de 22 de agosto de 1931

Figura 26: Homem desconhecido

Fonte: *Revista Anauê!*, ano III, n. 14, p. 23

Figura 27: Recorte de revista: "A Educação Physica no Integralismo"

A Educação Physica no Integralismo

TTE. HOLLANDA LOYOLA
CHEFE DO ESTADO MAIOR DA PROV. DO D. FEDERAL

Para um movimento como o Integralismo, que se propõe a tornar o Brasil uma nação soberana e forte, grande e respeitada, a educação physica tem uma importancia capital, um valor decisivo. O homem integral, idealizado pela nossa doutrina, sadio e forte sob o tríplice aspecto — physico, moral e intellectual, não póde prescindir do exercicio physico como um elemento inestimavel, que lhe vae proporcionar a possibilidade de acquisição de saude e força, dextreza e agilidade, belleza de fórma e nobreza de caracter; porquanto a perfeição e o desenvolvimento intellectual não são mais do que uma natural consequencia do perfeito equilibrio organico, o que só se conseguirá por um processo racional, methodico e scientifico de accionar as cellulas, movimentar os orgãos e trabalhar os apparelhos.

A Acção Integralista Brasileira, comprehendendo o alcance da educação physica na finalidade do seu grande movimento nacional, não descuida de sua propaganda e de sua applicação immediata. Dest'arte, trabalhamos pela eugenia do nosso povo, pela definição ethnica de nossa gente; e problema de alta responsabilidade, de tão complexa solução num paiz como o nosso, pobre, atrazado e, acima de tudo, entregue á displicencia criminosa de pessimos dirigentes, só será resolvido pela organização e execução de um plano nacional de educação physica que se propague, se vulgarise e se identifique com o nosso povo em função da complexidade de nossas raças, de nossos climas e de nossas actividades. E' isto o que o Integralismo está fazendo, iniciando nas organizações da Juventude Integralista e da Milicia Nacional, e que dentro em breve se tornará uma bella e esplendida realidade, pois para tanto já dispomos de um programma traçado e de plano estudado em normal execução, cujo bom exito é facil prever, dado o perfeito mecanismo de direcção e controle de que lançamos mão.

Convem encarecer, insistir que a um movimento como o nosso, de coesão e disciplina, de selecção e congraçamento, presta a educação physica relevantes, inconfundiveis serviços, pelos elementos que ella possue, de disciplina, de correcção e de formação; com a applicação racional de seus principios iremos conseguir a formação completa do homem integral nessa maravilhosa ampliação daquelle outro typo de homem sonhado por Voltaire — "cabeça de sabio em corpo de athleta". — Além do seu valor ethnico-social e politico, particular ao nosso movimento, representa a educação physica, para nós, o meio mais economico e mais pratico de diminuir o coefficiente dos males que affectam, infelicitam o nosso povo, como sejam a tuberculose, a syphilis, o amarellidão, etc., cujos effeitos poderão ser, senão evitados, pelo menos modificados, diminuidos com a pratica frequente do exercicios apropriados.

A natureza dessa ligeira exposição não permitte commentarios demorados de ordem technica; no entretanto, não nos podemos furtar ao prazer de relatar aqui, em linhas geraes, o grande plano nacional de educação physica que o Integralismo procura realizar. Em principio, não nos cingiremos a um methodo, (erro crasso dos nossos centros de instrucção); estudaremos todos os methodos para uma adaptação criteriosa que nos permittirá a organização de um systema ecletico em função do nosso clima, de nossa raça e de nossas necessidades politico-sociaes; assim teremos a educação physica de orientação para a criança, para a juventude e para a mulher; a profissional, para o adulto; a de conservação e de hygiene, para a idade madura e para a velhice. Uma ficha morpho-physiologica será distribuida por todos os Nucleos de todo o territorio nacional, e, depois de preenchida, recolher-se-á a uma directoria central para os necessarios trabalhos de estatistica; esses trabalhos, de grande alcance demographico e ethnologico, nos permittirão, independente de estabelecer o typo médio da complexa raça brasileira, aquilatar das deficiencias organicas do nosso povo e, consequentemente, determinar o processo pelo qual possamos sanal-as, extinguil-as. Uma directoria nacional, em perfeita unidade de doutrina, controlará todo esse movimento, distribuindo instrucções, directivas, programmas para todo o Brasil. Na capital da Republica funccionará uma escola technica, eminentemente pratica, para formação de instructores nossos, que se espalharão pelo paiz, executando os programmas estabelecidos. E', como se vê, uma obra de grande vulto e que só o Integralismo será capaz de realizar, porque dispõe do material proprio a ser trabalhado, está disseminado pelo paiz inteiro e conta com a elevada noção de patriotismo de seus filiados.

E' assim que a Acção Integralista Brasileira vae edificar sobre os escombros do Brasil liberal-democratico uma nova nação que se faça respeitar pela sua força e se faça admirar pela grandeza de sua terra e pela capacidade do seu povo.

Fonte: *Revista Anauê!*, ano I, n. 01, janeiro de 1935

Figura 28: Artigo intitulado Ensino

Fonte: *Revista Anauê!*, ano I, ed. 01, janeiro de 1935

Figura 29: Recorte da *Revista Anauê!*

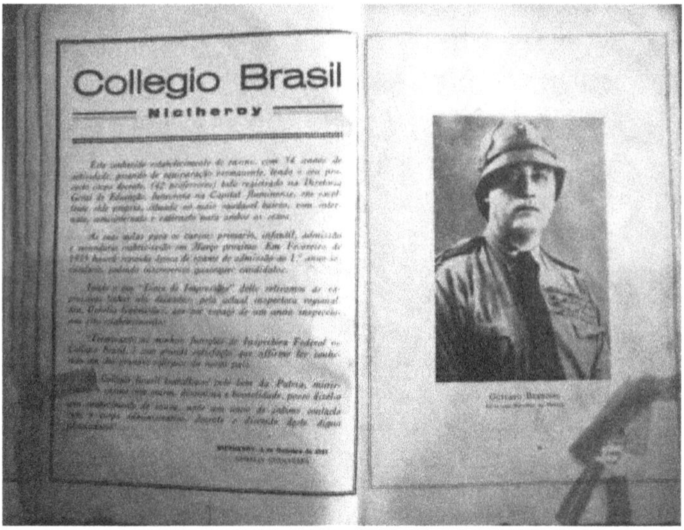

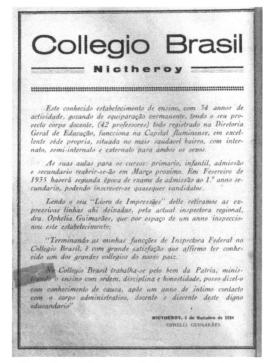

Fonte: *Revista Anauê!*, ano I, ed. 01, janeiro de 1935

Figura 30: Ampliação da Figura 29

Collegio Brasil

Nictheroy

Este conhecido estabelecimento de ensino, com 34 annos de actividade, gozando de equiparação permanente, tendo o seu provecto corpo docente, (42 professores) todo registrado na Diretoria Geral de Educação, funcciona na Capital fluminense, em excellente séde propria, situada no mais saudavel bairro, com internato, semi-internato e externato para ambos os sexos.

As suas aulas para os cursos: primario, infantil, admissão e secundario reabrir-se-ão em Março proximo. Em Fevereiro de 1935 haverá segunda época de exame de admissão ao 1.º anno secundario, podendo inscrever-se quaesquer candidatos.

Lendo o seu "Livro de Impressões" delle retiramos as expressivas linhas ahi deixadas, pela actual inspectora regional, dra. Ophelia Guimarães, que por espaço de um anno inspeccionou este estabelecimento:

"Terminando as minhas funcções de Inspectora Federal no Collegio Brasil, é com grande satisfação que affirmo ter conhecido um dos grandes collegios do nosso paiz.

No Collegio Brasil trabalha-se pelo bem da Patria, ministrando o ensino com ordem, disciplina e honestidade, posso dizel-o com conhecimento de causa, após um anno de intimo contacto com o corpo administrativo, docente e discente deste digno educandario".

NICTHEROY, 1 de Outubro de 1934
OPHELIA GUIMARÃES

Fonte: *Revista Anauê!*, ano I, ed. 01, janeiro de 1935

Figura 31: Recorte da *Revista Anauê!*

Fonte: *Revista Anauê!*, ano I, ed. 01, janeiro de 1935

Figura 32: Recorte da *Revista Anauê!*

Em magnifico officio o Rev. Gastão de Oliveira se desliga do escotismo e se torna pliniano

O Rev. Gastão P. de Oliveira, um dos elementos de maior valor da União de Escoteiros do Brasil, technico competentissimo, escriptor e tribuno, acaba de inscrever-se nas fileiras dos camisas-verdes.

Apreciámos tanto o seu officio dirigido á F. E. E. B., que lhe pedimos permissão para publicá-lo.

E' o que segue:

"Rio, 10 de Janeiro de 1934.

Exmo. Sr. Presidente e D. D. Conselho Administrativo da Federação Evangelica de Escoteiros do Brasil:

Com a mais profunda emoção vos dirijo este officio para me exonerar dos encargos que occupo nessa entidade como Director Technico Geral e Delegado da mesma junto ao Conselho Director da União dos Escoteiros do Brasil; e não só para me exonerar, como para vos declarar a resolução de desligar-me completamente do movimento escoteiro, onde venho militando desde 1922, isto é, ha 12 annos completos. E' que não sou mais escoteiro, muito menos escotista.

Fructo de minha evolução mental, sou hoje completamente incredulo do Escotismo, como doutrina e como pratica, para sanar a vida nacional do Brasil dos grandes males que lhe mirram o organismo. A Escola Badeniana em essencia não póde ser nacionalista, e não o é: pelo contrario, ella constitue um perigoso movimento internacionalista; perigoso, porque subtil e imperceptivelmente instila o ideal do enfraquecimento da idéa da Patria em proveito do exagerado sentido de Fraternidade internacional que colloca a juventude de todos os paizes sob a chefia dum Lord da Inglaterra, sob um subdito do Imperio Britannico, que é o *venerado* e *obedecido* "Chief Scout".

Este internacionalismo, senhores, é peior que o de Moscou, porque é disfarçado e tem o poder de operar insensivelmente e subjectivamente por um processo demorado de educação das novas gerações, desde a tenra infancia. Optimo para a Inglaterra, nas colonias asiaticas e africanas do Imperio de Jorge V; para o Brasil, porém, parece claro, o Escotismo é um mal que enfraquece o que já quasi não possuimos—o nacionalismo, o sentimento de Patria. E mais: o Brasil é uma das nações credoras da Inglaterra a qual financeiramente nos tem explorado de modo revoltante, e nos tem submettido por vezes ás maiores humilhações. A Inglaterra e outros paizes capitalistas teem até influido na nossa politica interna, ao ponto de promover, intencionalmente, em favor de seus interesses mercantis, abalos violentos na união sagrada que deve irmanar a Familia Brasileira, a grande Patria.

Temos sido economicamente uma colonia, e humilhada colonia da Inglaterra, Estados Unidos e França—principalmente da Inglaterra. Como brasileiro que chegou a compreender esta triste situação do meu povo, e como nacionalista intransigente que resolvi ser, não tolero mais um *chief* inglez para a juventude brasileira. Não fiz ainda, e não sei se farei profissão de fé Integralista; apenas tenho estudado com interesse a sua doutrina: e já tenho aprendido com o Integralismo a amar com maior fervor a minha Patria, e a sentir maior repulsa pelo imperialismo estrangeiro, sem me fazer, contudo, xenofobista.

Admitto que se pugne sempre pelo ideal da solidariedade humana universal e internacional—isto é Christianismo, e é tambem um dos ideaes do Integralismo. Nunca, porém, admittirei a absorpção da minha Patria pelo imperalismo estrangeiro. Como pois admittir na chefia suprema dum movimento de caracter civico para o Brasil um subdito do Rei da Inglaterra? Não, meus irmãos brasileiros, não sou mais escoteiro!

Dou-vos assim longamente os motivos da minha renuncia, para ver se desperto, porventura, em alguns de vós ao menos, a mesma vibração da verdade que me abalou a mim, quando tambem um irmão brasileiro Integralista me despertou para vigiar pela Patria, o grande Gustavo Barroso.

Não vos recrimino: conheço a fundo vossa optima intenção; não mais vos serei, porém, solidario no movimento Badeniano; ser-vo-lo-ia, porém no movimento Pliniano!

Com grande estima e respeito, subscrevo-me, Pelo bem do Brasil! Anauê!

REV. GASTÃO P. DE OLIVEIRA

P. S.—Há um movimento "Pliniano"—entre os Integralistas, que aproveitam bem a methodologia pedagogica do Escotismo em tudo o que não collide com a doutrina de Plinio Salgado: são as suas "Decúrias" de "Infantis" (lobinho) "Vanguardeiros" (escoteiros) e "Pioneiros" (*rovers*), que teem por Chefe Nacional e Supremo a pessoa impressionante de Plinio Salgado, que é, a meu ver, o homem-synthese do Brasil.

G. P. O.

Subscrevemos na integra: Cap. Mauricio Braz de Araujo—Euripides Cardoso de Menezes, ex-escoteiros.

Fonte: *Revista Anauê!*, ano I, ed. 01, janeiro de 1935

Figuras 33 e 34: Soldados do Tiro da Academia do Comércio fazem o juramento à Bandeira em homenagem a seu paraninfo, Belisário Penna, então Diretor do Departamento de Saúde ao lado de Cândido Mendes, então Diretor da Academia

Fonte: *Revista da Semana*, ano XXXII, ed. 6, 21 jan. 1931

Fonte: *Revista da Semana*, ano XXXII, ed. 9, 14 fev. 1931

Figura 35: **Militantes integralistas na Estação Ferroviária Pedro II fazendo a saudação típica "Anauê!"**

Fonte: ALERJ. Disponível em: <http://www.alerj.rj.gov.br/livro/pag_64.htm>. Acesso: 15 jan. 2010

Figura 36: Versão digitalizada do documento encaminhado à Comissão Constitucional

N. 781

Onde convier:

CAPITULO — ASSISTÊNCIA SOCIAL

Art. Incumbe á União como aos Estados e aos Municípios, nos têrmos da lei federal:

a) velar pela saude pública, assegurando o indispensável amparo aos desvalidos, creando serviços especializados e estimulando os serviços sociais cujas finalidades procurará coordenar;

b) incentivar a educação eugênica e sexual;

c) amparar a maternidade e a infancia;

d) soccorer as familias de prole numerosa;

e) proteger a juventude contra toda exploração, bem como contra o abandono físico, moral e intelctual;

f) adotar medidas legislativas e administrativas tendentes a restringir a mortalidade e a morbicidade infantil;

g) adotar medidas de higiene social, visando impedir a propagação das doenças transmissíveis;

h) cuidar da higiene mental, incentivando a luta contra os venenos sociais.

Parágrafo único. Todos os problemas relativos á saude e á assistencia públicas serão estudados e coordenados por Conselhos Técnicos e pelos órgãos creados visando o aperfeiçoamento da raça.

Justificação

Não será novidade introduzir na Constituição Brasileira um programa unitário de ação social. A Alemanha, que possue velhas tradições de autonomia local e regional, não hesitou, na Constituição de Weimar, em fazer recair sôbre os poderes públicos a obrigatoriedade de cuidar dos problemas sociais, procurando atenuar os sofrimentos consequentes da miséria (assistência paliativa); reconduzir o indivíduo e a família ás condições normais de existência (assistência curativa); prevenir os flagelos sociais (assistência preventiva); melhorar as condições sociais e elevar o nivel da existência (assistência construtiva).

Assim, a educação eugênica se impõe, atendendo a que a eugenia não só tem por fim a procriação em boas condições fisiológicas, como ainda estuda as causas disgenéticas ou as que podem influir direta ou indiretamente sôbre o valor da espécie, dando a cada cidadão o sentimento da responsabilidade na formação da raça.

A educação sexual é a base da luta antivenérea e é paralela á educação eugênica, de acôrdo com as conclusões da Conferência Internacional para a reafirmação do ideal moral no mundo.

Dessa forma, a atual geração afirmará aos pósteros que os mágnos problemas atinentes ao futuro da raça não deixaram de preocupar os que se empenharam na elaboração da Carta Constitucional de 1933.

Sala das Sessões, 16 de Dezembro de 1933. — *A. C. Pacheco e Silva.* — *Carlota P. de Queiroz.* — *Almeida Camargo.* — *C. de Mello Neto.* — *Roberto Simomsen.* — *A. Siciliano.* — *Ramulpho Pinheiro Lima.* — *Abelardo Vergueiro Cesar.* — *Oscar Rodrigues Alves.* — *Th. Monteiro de Barros Filho.* — *Alcantara Machado.* — *Barros Penteado.* — *José Ulpiano.* — *Abreu Sodré.* — *Cincinato Braga.* — *Manuel Hyppolito do Rego.* — *José Carlos de Macedo Soares.* — *M. Whately.* — *Henrique Bayma.* — *Horacio Lafer.* — *C. Moraes Andrade.*

Fonte: Arquivo

Gráfico 1: Imigrantes estrangeiros entrados no Estado de São Paulo: de 1885 a 1961

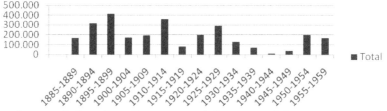

Fonte: Secretaria da Agricultura. Departamento de Imigração e Colonização. Disponível em: <http://www.memorialdoimigrante.sp.gov.br/historico/e6.htm>. Acesso em: 18 fev. 2009

Gráfico 2: Entrada de imigrantes no Estado de São Paulo: de 1870 a 1939

Fonte: Fonte: Secretaria da Agricultura. Departamento de Imigração e Colonização. Disponível em: <http://www.memorialdoimigrante.sp.gov.br/historico/e3.htm>. Acesso em: 18 fev. 2009

Figura 37: Recorte de revista

Fonte: *Revista da Semana*, ano XXV, n. 29, 12 jul. 1924

Figura 38: Recorte de revista

Fonte: *Revista da Semana*, ano XXI, n. 11, 01 mar. 1930

Figura 39: Recorte de revista

Fonte: *Revista da Semana*, ano XXIV, n. 26, 23 jun. 1923

Figura 40: Recorte de revista

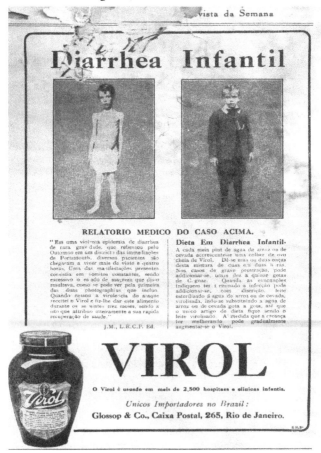

Fonte: *Revista da Semana*, ano XXIII, n. 12, 26 dez. 1923

Figura 41: Recorte de revista

Fonte: *Revista da Semana*, ano XXV, n. 29, 12 jul. 1924

Figura 42: Recorte de revista

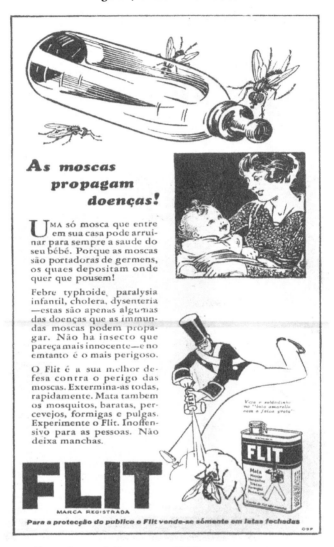

Fonte: *Revista da Semana*, ano XXXI, n. 22, 17 maio 1930

Figura 43: Recorte de revista

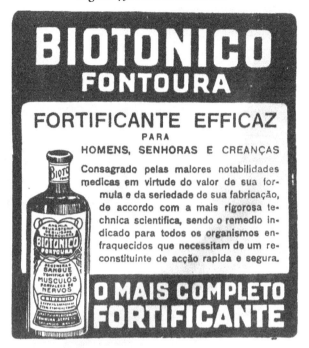

Fonte: *Revista da Semana*, ano XXXIII, n. 19, 30 abr. 1927

Figura 44: Recorte de revista

Fonte: *Revista da Semana*, ano XXXII, n. 12, 07 mar. 1931

Figura 45: Recorte de revista

Fonte: *Revista da Semana*, ano XXXI, n. 20, 05 maio 1930

Figura 46: Recorte de revista

Fonte: *Revista da Semana*, ano XXXII, n. 6, 24 jan. 1931

Figura 47: Recorte de revista

Fonte: *Revista da Semana*, ano XXXIII, n. 46, 25 out. 1937

Figura 48: Recorte de revista

Fonte: *Revista da Semana*, ano XXVII, n. 46, 24 out. 1936

Figura 49: Recorte de revista

Fonte: *Revista da Semana*, ano XXXIV, n. 13, 14 mar. 1933

Figura 50: Recorte de revista

Fonte: *Revista da Semana*, ano XV, s.n., 27 set. 1924

Figura 51: Recorte de revista

Fonte: *Revista da Semana*, ano XV, s.n., 27 set. 1924)

Figura 52: Recorte de revista

Fonte: *Revista da Semana*, ano XXIV, n. 11, 01 abr. 1930

Figura 53: Recorte de revista

Fonte: *Revista da Semana*, ano XXXVIII, n. 7, 28 dez. 1940

Figuras 54 e 55: Recortes de revista

Fonte: *Revista da Semana* – ano XXXIV, n. 16, 14 abr. 1933 (à esquerda)
e ano XXXI, n. 16, 05 abr. 1930 (à direita)

Figura 56: Recorte de revista

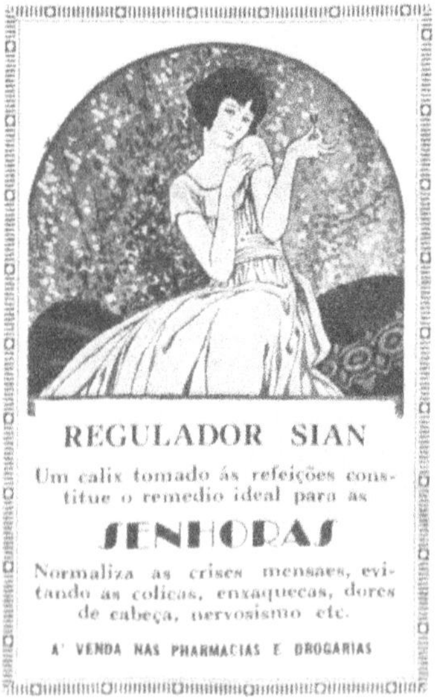

Fonte: *Revista da Semana*, ano XXXIII, n. 43, 08 out. 1932

Figura 57: Recorte de revista

Como as Mulheres Sofrem

As mulheres sofrem muito mais do que os homens e adoecem muito mais facilmente do que elles.

Isto não é nenhum segredo para os bons Medicos.

O organismo da Mulher é muito mais delicado, muito mais vibratil e mais sensivel do que o dos homens.

A prova é que um Susto ou Medo Repentino tem sempre efeitos mais desastrosos e consequencias mais graves para as Mulheres.

Algumas mulheres são tão sensiveis, os seus Nervos são tão delicados, que basta ás vezes a Leitura de um Romance comovente, um aborrecimento ou uma noticia inesperada, para que certos Orgãos internos comecem a sofrer.

Mesmo as Senhoras mais calmas, que se julgam mais fortes e resignadas, contra os desgostos da Vida, sofrem as graves consequencias de Sustos, Contrariedades ou Comoções Violentas.

Uma simples Raiva, um Sobresalto qualquer, até nas mulheres de maior resignação, de mais coragem, de animo mais firme e que parecem ter esplendida Saúde, causa sempre transtornos e perturbações Organicas, que podem ser o começo de certas Doenças Perigosas.

As Senhoras que parecem mais tranquillas e pacientes, contendo e guardando maguas, dissabores e pezares são, no intimo, tão impressionaveis e sensiveis quanto as outras.

Conter as Lagrimas, não se queixar de nada, sofrer tudo calada, como uma santa, dominar-se nos momentos mais dolorosos, exige sempre uma fortissima Tensão Nervosa, que equivale a um grande e imenso sofrimento.

Garanto ser este o supremo sofrimento, a dor suprema, a Verdadeira Tortura!

Nada abala tanto a Saúde e arrisca tanto a Vida.

Não convem facilitar.

Por isto, aconselhamos a todas as Mulheres, de qualquer idade, sejam velhas ou moças, calmas ou nervosas, que leiam e façam o seguinte:

Muitas Senhoras já ha muito tempo que estão sofrendo do Utero e não sabem, nem desconfiam de nada.

Não pode haver Perigo maior!

A Asma Nervosa, Palpitações do Coração, Aperto e Agonia no Coração, Falta de Ar, Sufocações, Sensação de Aperto na Garganta, Cançaços, Falta de Somno, Falta de Apetite, incomodos do Estomago, Arrotos Frequentes, Azia, Boca Amarga, Ventosidades na Barriga, Enjôos, Latejamento e Quentura na Cabeça, Peso na Cabeça, Pontadas e Dores de Cabeça, Dores no Peito, Dores nas Costas, Dores nas Cadeiras, Pontadas e Dores no Ventre, Tonturas, Tremuras, Excitações Nervosas, Escurecimentos da Vista, Desmaios, Zumbido nos Ouvidos, Vertigens, Ataques Nervosos, Estremecimentos, Formigamentos Subitos, Caimbras e Fraqueza das Pernas, Suores Frios ou Abundantes, Arrepios, Dormencias, Sensação de Calor em Diferentes Partes do Corpo, Vontade de Chorar sem ter Motivos, Enfraquecimentos da Memoria, Moleza de Corpo, Falta de Animo para Fazer qualquer Trabalho, Frio nos Pés e nas Mãos, Manchas na Pele, Certas Feridas, Certas Coceiras, Certas Tosses, Ataques de Hemorroidas, etc., etc. Tudo isto pode ser causado pelas Molestias do Utero!

Até o Genio da Mulher pode ficar alterado.

A's vezes a pobre doente pensa que está sofrendo de muitas Molestias, sem saber que tudo isto vem do Utero Doente!

A prova de que tudo vem do Utero Doente é que com o uso do *Regulador* ***Gesteira*** todos estes Males desaparecem e a mulher sente-se outra, como que ressuscitada, alegre com a Vida e com o Mundo.

Use *Regulador* ***Gesteira***

O Melhor tratamento é usar *Regulador* ***Gesteira.***

Sim! Sim!

Regulador ***Gesteira*** é o Remedio de Confiança para tratar inflamação do Utero, Catarro do Utero causado pela inflamação, Anemia, Palidez e Amarelidão das Moças, Ataques e Desarranjos Nervosos causados pelas Molestias do Utero, a Asma Nervosa, a Pouca Menstruação, as Dores e Colicas do Utero e Ovarios, as Hemorragias do Utero, as Menstruações Exageradas e Muito Fortes ou Muito Demoradas, a Fraqueza do Utero, as Dores da Menstruação, as ameaças de Aborto e as Hemorroidas causadas pelo Peso do Utero inflamado!

Comece hoje mesmo a usar *Regulador* ***Gesteira***

Fonte: *Revista da Semana*, ano XXX, n. 18, 19 abr. 1930

Entre integralistas e nazistas 323

Figura 58: Recorte de revista

Fonte: *Revista da Semana*, ano XXXVIII, n. 07, 25 jan. 1937

Figura 59: Recorte de revista

Fonte: *Revista da Semana*, ano XXXV, n. 52, 08 dez. 1934

Figura 60: Recorte de revista

Fonte: *Revista da Semana*, ano XXXII, n. 31, 08 dez. 1931

Figura 61: Recorte de revista

Fonte: *Revista da Semana*, ano XXXI, n. 20, 06 maio 1930

Figura 62: Recorte de revista

Fonte: *Revista da Semana*, ano XXXII, n. 11, 28 fev. 1931

Figura 63: Recorte de revista

Apparelho para poupar os ouvidos alheios

Este apparelho é destinado aos cantores e cantoras que quando estudam não querem incommodar o proximo. Cantam dentro da embocadura ajustada á sua bocca, e os sons passam directamente para os ouvidos do interessados, sem que se possa ouvir o menor som, mesmo estando junto do cantor. Não é elegante nem deve ser das coisas mais commodas cantar com esse apparelho na bocca, mas prova um zelo muito louvavel de poupar os ouvidos do proximo.

Fonte: *Revista da Semana*, ano XXXVIII, n. 46, 23 jan. 1937

Figura 64: Recorte de revista

Fonte: *Revista da Semana*, ano XXXII, n. 09, 14 fev. 1931

Figura 65: Recorte de revista

Fonte: *Revista da Semana*, ano XXXIV, n. 16, 01 abr. 1933

Figura 66: Recorte de revista

Fonte: *Revista da Semana*, ano XXV, n. 29, 12 jul. 1924

Figura 67: Recorte de revista

Fonte: *Revista da Semana*, ano XXXI, n. 41, 27 set. 1930

Figura 68: Livro de Entrada e Saída do Educandário Romão de Mattos Duarte

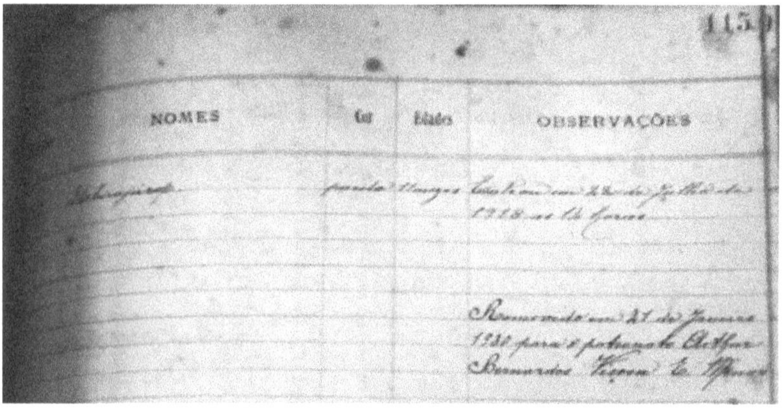

Fonte: Arquivos do Educandário Romão de Mattos Duarte

Figura 69: Destaque ao norte do município de Bury para a Escola Isolada da Fazenda Santa Albertina

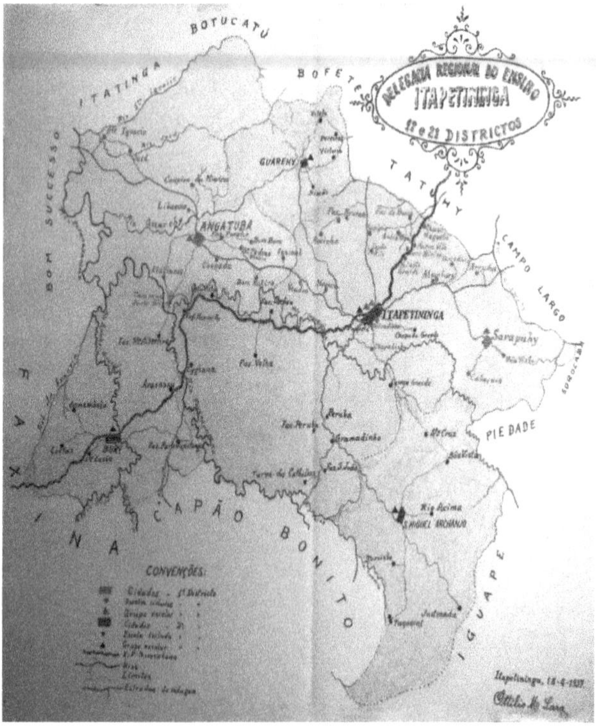

Fonte: Relatório do Diretor da Delegacia de Ensino de Itapetininga, referente ao ano de 1936

Figura 70: Destaque ao norte do município de Faxina, atualmente chamada de Itapeva, para a Escola Isolada da Fazenda Cruzeiro do Sul

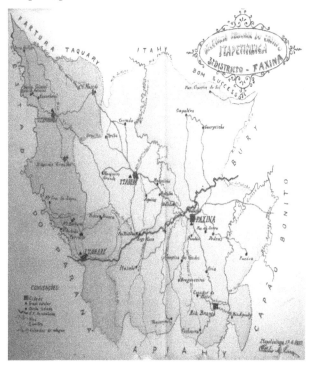

Fonte: Relatório do Diretor da Delegacia de Ensino de Itapetininga, referente ao ano de 1936

Figura 71: Escola Isolada Fazenda Cruzeiro do Sul

Fonte: Relatório do Diretor da Delegacia de Ensino de Itapetininga referente ao ano de 1936

Figura 72: Versão digitalizada do documento

> Crianças imaturas - Na zona rural as crianças de 7 anos, na sua maioria, não têm a necessaria maturidade para aprendizagem das materias fundamentaes do 1º gráu. Nas zonas de população densa, poderá o professor prescindir das crianças de 7 anos. Mas nas de população rarefeita, e flutuante não tem o professor outro remedio sinão chamar as crianças dessa idade, afim de não ficar privado de receber seus vencimentos.

Fonte: Relatório do Diretor da Delegacia de Ensino de Itapetininga referente ao ano de 1936

Figura 73: Versão digitalizada do documento

Nacionalismo

> « O elemento predominante na região é o elemento nacional. Raros os nucleos de estrangeiros. Ha no bairro da Sêda, em Itararé, uma colonia de hungaros, mas pouco numerosa. No bairro da Bôa Vista, em Faxina, ha alguns letoes. No Nucleo Colonial do Barão de Antonina, em Itaporanga, ha uma miscelanea de nacionalidades. Os japonezes estão começando a infiltrar-se na zona rural daqui de Itapetininga. Mas em todos os bairros em que esses estrangeiros se encontram localizados ha escolas estaduaes suficientes.
> Não ha escolas estrangeiras. »

Fonte: Relatório do Diretor da Delegacia de Ensino de Itapetininga referente ao ano de 1936

Figura 74: Registro do "ensino agrícola e de pecuária"

Fonte: Relatório do Diretor da Delegacia de Ensino de Itapetininga referente ao ano de 1936

Figura 75: Registro do "ensino agrícola e de pecuária"

Fonte: Relatório do Diretor da Delegacia de Ensino de Itapetininga referente ao ano de 1936

Figura 76: Registro do "ensino agrícola e de pecuária"

Fonte: Relatório do Diretor da Delegacia de Ensino de Itapetininga referente ao ano de 1936

Figura 77: Registro do "ensino agrícola e de pecuária"

Fonte: Relatório do Diretor da Delegacia de Ensino de Itapetininga referente ao ano de 1936

Figura 78: Registro do "ensino agrícola e de pecuária"

Fonte: Relatório do Diretor da Delegacia de Ensino de Itapetininga referente ao ano de 1936

Entre integralistas e nazistas 333

Figura 79: Registro do "escotismo"

Fonte: Relatório do Diretor da Delegacia de Ensino de Itapetininga referente ao ano de 1936

Figura 82: Registro do "escotismo"

Fonte: Relatório do Diretor da Delegacia de Ensino de Itapetininga referente ao ano de 1936

Figura 83: Versão digitalizada do documento

apenas no começo. Centenas de milhéres de crianças encontram-
se ainda abandonadas, sem instrução e sem assistência da menor
espécie. Os poderes públicos tudo têm feito dentro das pos
sibilidades orçamentárias: o que nos tem faltado e isto o temos
proclamado sempre, é a iniciativa particular. O problema da

Fonte: Relatório do Diretor da Delegacia de Ensino de Itapetininga referente ao ano de 1942

Figura 88: Mapeamento e registro do Núcleo Escolar Santa Albertina

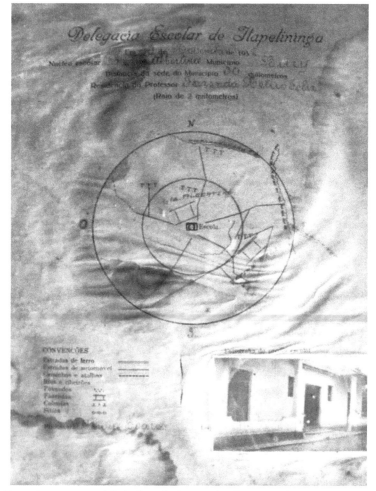

Fonte: Arquivo pessoal de Senhorinha Barreto da Silva, possivelmente extraído em algum momento desconhecido no passado, de Relatório da Delegacia Regional de Ensino de Itapetininga e Região

Figura 89: Destaque à suástica marcada a ferro e fogo na anca do animal

Fonte: Arquivo Edgard Leuenroth

Figura 90: Time de Futebol da Fazenda Cruzeiro do Sul

Fonte: Fazenda Santa Albertina. Arquivo Edgard Leuenroth

Figura 91: Fazenda Santa Albertina

Fonte: Arquivo Edgard Leuenroth

Figura 92: Fazenda Santa Albertina

Fonte: Arquivo Edgard Leuenroth

Figura 93: Certificado de treinamento da Força Aérea dos EUA

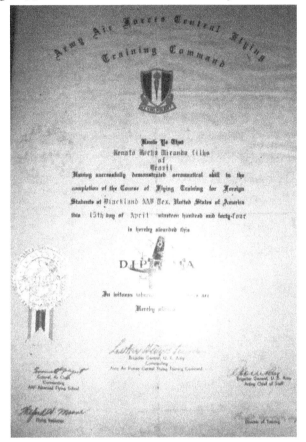

Fonte: Arquivo pessoal de Senhorinha Barreto da Silva Rocha Miranda

Figura 94: Recorte de revista

Fonte: *Revista da Semana*, ano XXXI, n. 11, 01 mar. 1930

Figura 95: Recorte de revista

Fonte: *Revista da Semana*, ano XXXI, n. 30, 12 jul. 1930

Figura 96: Um dos silos citados por Aloysio Silva

Fonte: Arquivo Edgard Leuenroth

Figuras 97 e 98: Moedas internas da Fazenda Santa Albertina e Fazenda Cruzeiro do Sul

Fonte: Arquivo Pessoal de Senhorinha Barreto da Silva

Figura 99: José Alves de Almeida

Fonte: Arquivo Edgard Leuenroth,

Figura 100: Roque "da Silva", em entrevista a João Maurício Rosa, em 1999, afirmou: "A gente apanhava e era trancado em uma cela quando reclamava"

Fonte: Arquivo[1]

Figura 101: Benedito de Jesus

---

1 A editora tentou identificar e entrar em contato com o autor da fotografia, mas não obteve sucesso.

Entre integralistas e nazistas 341

Fonte: Arquivo pessoal de Divanir Theodoro de Almeida

Figura 102: À esquerda, Zacarias também chamado Zé Carias

Fonte: Arquivo pessoal de Divanir Theodoro de Almeida

Alameda nas redes sociais:

Site: www.alamedaeditorial.com.br
Facebook.com/alamedaeditorial/
Twitter.com/editoraalameda
Instagram.com/editora_alameda/

Esta obra foi impressa em São Paulo no verão de 2021. No texto foi utilizada a fonte Adobe Garamond Pro em corpo 10,8 e entrelinha de 15,5 pontos.